böhlauWien

„Die Fledermaus".
Marie Geistinger als „Rosalinde" und Alexander Girardi als „Dr. Falke".

Oswald Panagl / Fritz Schweiger

Die Fledermaus

Die wahre Geschichte
einer Operette

Böhlau Verlag Wien · Köln · Weimar

Coverabbildung:
„Die Fledermaus"
Wiener Staatsoper, 31. 12. 1993
Inszenierung: Otto Schenk
Bühnenbild: Günther Schneider-Siemssen
Kostüm: Milena Canonera
Bildmitte: Hermann Prey

Gedruckt mit Unterstützung durch
das Bundesministerium für Wissenschaft und Verkehr,
das Kulturamt der Stadt Wien,
das Amt der Salzburger Landesregierung,
die Stiftungs- und Förderungsgesellschaft
der Paris-Lodron-Universität Salzburg.

Die Deutsche Bibliothek – CIP-Einheitsaufnahme
Panagl, Oswald:
Die Fledermaus. Die wahre Geschichte einer Operette/
Oswald Panagl/Fritz Schweiger. –
Wien ; Köln ; Weimar : Böhlau, 1999
ISBN 3-205-99087-0

Gedruckt auf umweltfreundlichem, chlor- und säurefreiem Papier.
Druck: Berger, 3580 Horn

Inhalt

Karl Dumphart

in herzlicher Freundschaft gewidmet

Vorhang auf ...

Ein Buch über die in letzter Zeit wieder vieldiskutierte „Fledermaus" ist dann doppelt fesselnd und lesenswert, wenn es aus der Feder von Spezialisten der Sprache stammt. Denn sein *opus summum* zeigt uns Johann Strauß im Bemühen, seine Musiksprache nicht bloß zu erweitern, in Nachbargattungen hinübergreifen zu lassen. Es experimentiert mit allen möglichen Facetten der Sprache, und es erschafft für die als „leichte Muse" rubrizierte Operette ein ehrgeiziges Vokabular. Vorhang auf für ein neues Hören und Verstehen des Werkes!

Dietrich Fischer-Dieskau

Bühnenbildentwurf zur Uraufführung der „Fledermaus" 1874 von Alfred Moser.

9

Vorwort

Ich schätze „Die Fledermaus" nicht bloß als musikalisches Meisterwerk sehr hoch. Johann Strauß, der sonst mit seinen Libretti wenig Glück hatte, bei der Wahl der Stoffe oft auch keine gute Hand bewies, ist da eine vorzügliche Komödie zugefallen, voller Witz und Esprit, mit straffer Handlung und kritischem Auge für menschliche Schwächen und gesellschaftliche Unzulänglichkeiten. Im Vergleich zur französischen Operette eines Jacques Offenbach ist diese österreichische Spielart der Kritik freilich sanfter, weniger direkt, nicht so aufmüpfig. Sie arbeitet mehr mit Augenzwinkern als mit Peitschenhieben und schleicht sich gern durch die Hintertür ein.

Die Welt der „Fledermaus" ist keineswegs heil, sondern von Lüge und Schwindel durchsetzt, vom schönen Schein verbrämt, von glänzenden Festen narkotisiert. Unterhaltung, Hochstapelei und Sinnenrausch täuschen über die Langeweile des Alltags, über eintöniges Eheleben und hohle Freundschaften hinweg. Menschen werden zu Marionetten degradiert, Schadenfreude gilt als Heiterkeit, ein perverser – oder vorzeitig seniler – Lebemann kann nur noch auf Kosten anderer lachen. Und zum Schluß ändert sich gar nichts: Man schiebt die Schuld auf den Champagner, arrangiert sich wieder und lebt weiter wie bisher.

Harry Kupfer

11

K. k. priv. Theater an der Wien.

Unter der Direktion   Geistinger & Steiner.

Sonntag den 5. April 1874.

Die Fledermaus.

Komische Operette in 3 Akten nach Meilhac und Halevy's „Reveillon", bearbeitet von
C. Haffner und Richard Genée. **Musik von Johann Strauss.**
Tänze arrangirt von der Balletmeisterin Frau Therese v. Kilany.
Die neuen Dekorationen des ersten und zweiten Aktes von Herrn Alfred Moser. — Die
neuen Kostüme angefertigt vom Obergarderobier Herrn Schulze.
Möbel von Aug. Kitschelt's Erben (Rudolf Kitschelt), k. k. Hoflieferant.

Gabriel von Eisenstein, Rentier	Hr. Szika.
Rosalinde, seine Frau	Marie Geistinger.
Frank, Gefängniß-Direktor	Hr. Friese.
Prinz Orlofski	Frl. Nittinger.
Alfred, sein Gesanglehrer	Hr. Rüdinger.
Dr. Falke, Notar	Hr. Lebrecht.
Dr. Blind, Advokat	Hr. Rott.
Adele, Stubenmädchen Rosalindens	Fr. Charles-Hirsch a. G.
Ali-Bey, ein Egypter	Hr. Romani.
Ramusin, Gesandschafts-Attaché	Hr. Jäger.
Murray, Amerikaner	Hr. Liebold.
Carikoni, ein Marquis	Hr. Thalboth.
Lord Middleton	Hr. Fink.
Baron Oskar	Hr. Mellin.
Frosch, Gerichtsdiener	Hr. Schreiber.
Yvan, Kammerdiener des Prinzen	Hr. Gärtner.
Ida,	Frl. Jules.
Melanie,	Frl. Kopf.
Felicita,	Frl. Schindler.
Sidi,	Frl. Treuge.
Minni, Gäste des	Frl. R. Grünfeld.
Faustine, Prinzen	Frl. A. Grünfeld.
Silvia, Orlofski	Frl. Künzler.
Sabine,	Frl. Stubel.
Bertha,	Frl. Steinburg.
Lori,	Frl Tonner.
Paula,	Fr. Romani.
Erster	Hr. Buchner.
Zweiter Diener des Prinzen	Hr. Kaschke.
Ein Amtsdiener	Hr. Schwellak.
Herren und Damen, Masken, Bediente.	

Die Handlung spielt in einem Badeorte, in der Nähe einer großen Stadt.

Vorkommende Tänze:

1. **Spanisch**, ausgeführt von Frl. Grillich und 8 Damen vom Ballet.
2. **Schottisch**, Frl. Geraldini, Fechtner, Wollschack, Meter und Wiest.
3. **Russisch**, Frl. Angelina Bonesi, Frl. Stubenvoll, Nagelschmidt, Owetkofsky, Guhr, Schmidt und Graßell.
4. **Polka**, Frl. Walter, Frl. Raab und Anna Thorn.
5. **Ungarisch**, ausgeführt von Frl. Benda und Herrn Teuqui.

Anfang 7 Uhr.

K. k. Hoftheater-Druckerei.

Theaterzettel zur Uraufführung der „Fledermaus" im April 1874.

Zum Geleit

Das vorliegende Buch nützt das Strauß-Jahr und das kleine Jubiläum der *Fledermaus* als willkommenen Anlaß, doch sein Grund liegt tiefer. Die beiden Autoren, im Hauptberuf Universitätslehrer, Philologe und Sprachwissenschaftler der eine, Mathematiker der andere, verbindet neben einer jahrzehntelangen Freundschaft – und als eines der Momente dieser Verbundenheit – eine starke Zuneigung zum Musiktheater, auch und gerade zur klassischen Wiener Operette. In Essays und Vorträgen, in dramaturgischen Aufgaben hat diese Liebe zum Metier immer wieder Gestalt gewonnen. Nunmehr hat sie sich in einem gemeinsamen Buch verdichtet.

Die darauf verwendete Arbeit hat uns mancherlei gelehrt und vieles deutlich gemacht: die schier uferlose Fülle des Schrifttums; die vielfach immer noch prekäre Quellenlage, welche gesicherten Erkenntnisgewinn erschwert; weiters die bisweilen heikle Balance zwischen Tatsachen und Legenden, zwischen nüchternem Befund und wohlfeiler Anekdote. Daß sich der – scheinbar – leichtgewichtige Gegenstand mitunter auch auf die Methode auswirkt, daß die Heiterkeit mancher Sujets fehlenden Ernst und Sorglosigkeit im fachlichen Umgang zur Folge hat, sei als trübe Erfahrung nicht verschwiegen.

Die folgende Darstellung versucht die breite Straße des Üblichen zu verlassen und neben der reichlich vorhandenen Literatur ein eigenes Profil zu gewinnen. Kapitel über die Tanzformen, die Tonarten und ihre Symbolik, dazu musikalische Analysen führen über pauschale Huldigungen und summarische Werturteile hinaus. Daneben wird auch dem Libretto und seinen Vorlagen gebührende Beachtung geschenkt, werden die Bauformen der Handlung und die Elemente des Sprachwitzes ausführlich untersucht, wobei auch mancher Blick auf das zeitgenössische Bühnenschaffen, auf prägende Persönlichkeiten des damaligen Musiktheaters fällt. Wichtige Tondokumente und wesentliche Phasen der Wiener Aufführungsgeschichte kommen gleichfalls zur Sprache.

Möge einiges von der ständigen Freude, die wir beide seit unserer Jugend der *Fledermaus* verdanken, in das Buch eingegangen sein und ihm geneigte Leser bescheren.

Oswald Panagl / Fritz Schweiger

Vom Lustspiel zum Libretto

Zwei notorische Vorbilder

Unter die gesicherten literarischen Quellen des *Fledermaus*-Textbuches rechnet die Libretto-Forschung fast unisono zwei seinerzeit und in ihrem Entstehungsmilieu sehr erfolgreiche Komödien: *Das Gefängnis* von Roderich Benedix und *Le Réveillon* des so fruchtbaren Autorentandems Henri Meilhac und Ludovic Halévy. Im letzteren Fall kann die Spurensicherung auf konkrete historische Daten setzen und den Prozeß der verbalen wie dramaturgischen Umsetzung weitgehend nachvollziehen. Dagegen liegt das Bühnenschicksal des deutschen Lustspiels und verlaufen die Wege seiner Rezeption, vor allem die Beziehungslinien zur französischen Gebrauchsdramatik, weitgehend im Dunkeln: Ein Indizienverfahren ist demnach angesagt.

Doch wer war überhaupt jener Roderich Benedix mit dem klingenden und zugleich etwas skurrilen Namen, von dem selbst gründliche moderne Literaturlexika wenig mehr als schüttere biographische Daten zu vermitteln wissen?

Von Störenfrieden und bemoosten Häuptern

Den 1811 in Leipzig geborenen Julius Roderich Benedix, Zögling der ehrwürdigen Thomasschule, hat es schon früh zum Theater gezogen. Wie sein berühmter gebliebenes österreichisches Pendant Johann Nepomuk Nestroy war er zunächst Sänger und Schauspieler an verschiedenen Orten. Anders als den Wiener Advokatensohn haben ihn aber nicht primär der überquellende Wortwitz und der dramatische Gestaltungstrieb, sondern zunächst die Erfolglosigkeit als Darsteller dem schreibenden Beruf zugeführt. Als Schriftsteller, Zeitungsredakteur,

15

später auch als Lehrer und Intendant war er an rasch wechselnden Plätzen tätig (Elberfeld, Frankfurt am Main, Köln), ehe
er als Fünfzigjähriger wieder in seiner Geburtsstadt seßhaft
wurde. Bereits im Jahre 1873 ist er dort verstorben, ein mittlerweile berühmter, von Theaterdirektoren geschätzter, vom
Publikum geliebter Bühnenautor. Seine gesammelten dramatischen Werke brachten es auf beachtliche 27 Bände. Der
Hintergrund seiner Bildung im Verein mit seiner rhetorischen
Praxis befähigte ihn immerhin zu einem *Katechismus der Rede-
kunst* (1870). Im selben Jahr ließ der Hurra-Patriotismus, mit
dem damals viele Literaten und Musiker das deutsche Heer im
Krieg gegen Frankreich begleiteten, auch *Soldatenlieder* entstehen. Und in der theaterkritischen Schrift *Die Shakespearo-
manie* (1873) ist das wortspielerische Echo der Pyromanie
schier unüberhörbar.

Das umfangreiche Bühnenwerk mit seinen etwa hundert
Titeln fordert aus heutiger Sicht Einwände heraus und bewirkt
ästhetische Distanz. Von „schwacher Charakteristik und höl-
zernem Dialog" ist da zu lesen, doch wird ihm immerhin auch
„geschickter Aufbau" sowie „volkstümliche Situationskomik",
vor allem im beliebten Schema der Verwechslungen zugestanden. Im Bereich der Mentalitätsgeschichte ist der zeittypische
Wandel von der liberalen Gesinnung zur satten spätbürger-
lichen Behäbigkeit bemerkenswert.

Welches Ansehen, ja welche Popularität dieser Autor noch
um die Jahrhundertwende genoß, wird aus dem Vorwort zu
einer Neuausgabe von *Das Gefängnis* deutlich, die als No.1772
der damals beliebten *Bibliothek der Gesamtlitteratur (!) des In-
und Auslandes* (Halle/Saale) erschienen war. In einer seltsamen
Mischung aus politischem Chauvinismus und künstlerischer
Norm wird da das geradezu messianische Auftreten von Benedix um die Jahrhundertmitte gefeiert, der sich der Überschwemmung durch das französische Unterhaltungstheater

16

tapfer entgegengestellt habe: „Das Verdienst, diese Flut gedämmt zu haben, gebührt mit einem Manne, dessen Lustspiele mit ihren Schilderungen des biederen, deutschen Bürgertums einer früheren Generation wieder Geschmack beibrachten an gesunder, heimischer Kost. Und gerade hierin liegt das Hauptverdienst dieses deutschen Lustspieldichters." Nach einem mit Beispielen belegten („Hoppla, Vater sieht's ja nicht!") Rundumschlag gegen den französischen Boulevard und der Klage über fehlende neue deutsche Talente, verbleiben dem Herausgeber nur noch restaurative Hoffnungen: „Da mußte denn in der Not um deutschen Humor und deutsche Heiterkeit der alte Roderich Benedix noch einmal herhalten; seine Lustspiele wurden wieder aufgenommen in den Spielplan der deutschen Theater, und siehe da: der gute Alte wirkt noch immer, weil einstweilen ein besseres Neues noch nicht da ist." Und was das Besondere an seiner Wirkung ist, das wider allen Anspruch der Moderne noch immer für diesen Autor spricht, wird nun auch noch beredt kundgetan: „Gewiß, es geht von ihnen aus wie altmodischer Lavendelduft; gewiß, ihr Ton erscheint uns etwas hausbacken und im Ernste zu rührselig; gewiß, ihre Komik beruht recht oft auf Zufälligkeiten, Verwechslungen und anderen Tricks, die heute ins (!) Bereich der Posse und Operette gehören. Bühnenwirksam aber sind Benedix' Stücke doch noch, und ihr gut deutscher Geist und ihr gesunder sittlicher Gehalt lassen sie als Volksstücke noch heute geeignet erscheinen, als wirksame Gegenmittel gegen den schädlichen Einfluß der französischen Unzweideutigkeiten auf die breiteren Schichten, für die das Theater auch als Unterhaltungsstätte die Bedeutung eines Erziehungsinstituts noch nicht ganz verloren hat." Moralinsaure Pädagogik also im trauten Verein mit emotionaler Antipathie gegen den Erbfeind!

Überblickt man das quantitativ beachtliche Œuvre des fast vergessenen Schriftstellers, so dominieren unter den Bühnenwerken deutlich drei Kategorien alias ‚Strickmuster': die Opern- oder Schauspielparodien, der Studentenulk und das heitere bürgerliche Konversationsstück. Im Vergleich mit Nestroys Posse *Alle wollen den Propheten sehen* oder gar mit seiner *Tannhäuser*- oder *Lohengrin*-Travestie erweist sich das Qualitätsgefälle von Benedix' Erzeugnissen besonders drastisch: nicht bloß in der fehlenden Schärfe des Wortwitzes, sondern auch im bescheideneren Wahrnehmungsvermögen für die ‚Schwächen' – die bisweilen Stärken sind! – der Vorlage, ja überhaupt in deren glaubhafter Präsenz.

Mit der Komödie im studentischen Milieu hat der sächsische Bühnenautor wohl das Genre gefunden, in dem sich eigenes Erleben, kritische Erörterung von Zeitumständen und ein diagnostischer Röntgenblick auf (allzu) menschliche Eigenschaften mit leidlichem Humor zu unterhaltsamer Wirkung verbinden. So hat denn sein lange Zeit erfolgreichstes Stück *Das bemooste Haupt oder der lange Israel* (1840) sogar noch Eingang in den Werkekanon von *Kindlers Literaturlexikon* gefunden. Bemooste Häupter waren im Studentenjargon von anno dazumal fortgeschrittene Aspiranten der Wissenschaft mit dem Anspruch akademischer Erfahrung, aber zugleich auch mit dem Makel endloser Bummelei. So ist der Titelheld Alsdorf ein Studierender der Theologie im dreißigsten Semester, der bereits so lange mit der Näherin Hannchen Nebe verlobt ist, daß ihm in Analogie des Verhältnisses von Jakob und Rahel ein biblischer Spitzname zugewachsen ist. Sein Charakter vereint deutsche Frömmigkeit mit kapitalem Durst und edle Tugend mit Saumseligkeit in praktischen Belangen. Sein Ehrgefühl scheut vor keinem Duell zurück, er mischt sich ständig in fremde Angelegenheiten und versäumt darüber (zunächst) sein persönliches Fortkommen. Sein streitbarer altruistischer Einsatz bringt ihm manches Ungemach, schließlich sogar die Relegation aus der Universitätsstadt, die er unter den Trauerklängen seiner Kollegen verläßt: „Ewig bleiben wir die Alten, bis wir jenseits einst vereint." Doch der Dank eines Brautpaars, das seine Uneigennützigkeit nach vielen Komplikationen zusammengeführt hat, verschafft ihm endlich doch eine eigene Pfarre, in die er mit seiner spät, aber glücklich Angetrauten einziehen kann, was sich in einer begleitenden Sentenz so liest: „Und ob alles im ewigen Wechsel kreist, es beharrt im Wechsel ein gütiger Geist." Nationale Selbstgefälligkeit mit xenophoben Ausritten, dazu ein plakativer Biedersinn und eine idyllische Genügsamkeit umschreiben das Ambiente, in dem auch die Liebe nicht zur Leidenschaft erblüht, sondern nur der Anbahnung der Ehe dient: „Es ist die Seligkeit des Mädchens, den Mann zu lieben, vor dessen Gemüt und Geist sie sich in tiefer Achtung beugt, und das Bewußtsein, von ihm geliebt zu werden, gibt ein Bewußtsein innern Wertes, das über alle Leiden erhebt."

Den dritten, den bürgerlichen Komödientypus, „dem Volke zu guter Kurzweil, zur Erfrischung" geschrieben, verkörpern Titel wie *Doktor Wespe, Die zärtlichen Verwandten, Die Hochzeitsreise, Die alte Jungfer* – und eben auch *Das Gefängnis*. Dieses Stück aus dem Jahre 1851 enthält einige strukturelle Elemente und dramaturgische Kniffe, die im Libretto der *Fledermaus* als Versatzteile wiederkehren, doch ganzheitlich gesehen, im Handlungsverlauf wie in der Attitüde, haben wir es mit zwei ganz verschiedenen Bühnentexten zu tun. Eine kurze Vergegenwärtigung des Inhalts und ein paar sprachliche Kostproben mögen diese Feststellung erhärten.

Kein fideles Gefängnis

Baron Wallbeck, ein lebenslustiger, junger Aristokrat, ist daran, durch Indolenz und Leichtsinn sein verschuldetes Erbgut zu verlieren. Nur die testamentarisch verfügte Heirat mit einer

Verwandten, die er seit Kindestagen nicht mehr gesehen hat, verspricht finanzielle Entlastung. Der Bonvivant hat aber ein Auge auf Mathilde, die Ehefrau des freigeistigen, unbekümmerten Privatgelehrten Doktor Hagen geworfen, die er sich durch eine großzügig geliehene Geldsumme zu Dank verpflichtet weiß. Da Wallbeck von der Vorliebe Hagens für Schachpartien weiß, bestimmt er den Spiel- und Zechkumpanen Ramsdorf dazu, den schrulligen Wissenschaftler bei seinem Steckenpferd festzuhalten, indes er selber bei Mathilde sein Glück versuchen will. Doch nun nehmen die Verwicklungen unversehens ihren Lauf: Der recht unverfrorene Gelehrte hatte einen renommierten Professor verbal beleidigt und muß nun auf vierzehn Tage ins Gefängnis. Er macht noch einen Spaziergang, läßt sich Kleidung und Bücher von Mathilde in die Haftanstalt nachschicken und wahrt nach außen hin den Anschein einer kleinen Reise. Als Wallbeck unvermutet auftaucht und der jungen Strohwitwe heftige Komplimente macht, erleidet er gleich doppelten Schiffbruch: Er wird – wie bei dem treudeutschen Frauenbild des Verfassers gar nicht anders zu erwarten! – mit einer Moralpredigt in die Schranken gewiesen und am Ende von einem Gerichtsdiener, der ihn für Hagen halten muß, zum Antritt der Arreststrafe abgeführt.

Im Gefängnis erleben wir zunächst eine Genreszene zwischen dem Aufseher Friedhelm, einem mittellosen pensionierten Offizier, und seiner Tochter Hermine, die seit der gemeinsamen Zeit im Mädchenpensionat mit Mathilde befreundet ist und von ihrer Patin, einer Stiftsdame (sie ist keine andere als die geheimnisvolle Nichte Wallbecks, die diesen durch Heirat aus seiner materiellen Misere befreien könnte!), aus der Ferne behütet wird. Wallbeck, der neue Sträfling wider Willen, fängt bei Hermine sofort Feuer, erhält aber zunächst eine ‚schickliche‘ Abfuhr. Da tritt auch Ramsdorf auf den Plan: Der notorische Spieler und Flaneur hat einen Wechsel nicht zeitgerecht einlösen können, worauf ihn sein Gläubiger verhaften ließ. Nun kommen auch die anderen Umstände auf: Die spannende Schachpartie und einsetzender Regen zwangen ihn und Hagen im Gasthaus zu übernachten. Der erscheint denn auch ganz frohgemut, um etwas verspätet seine Haftstrafe anzutreten, und erfährt zu seinem Erstaunen, daß er schon ‚brummt‘. Wallbeck gibt der verfänglichen Situation des vergangenen Abends einen harmlosen Anschein: Er habe den Gelehrten besuchen wollen und sei noch im Garten angehalten worden. Um größere Komplikation zu vermeiden oder – im Falle eines Duells – die Möglichkeit zur Flucht zu schaffen, habe er das Mißverständnis nicht aufgeklärt und sich ‚geopfert‘. In Wahrheit hat er zwei andere handfeste Motive für diese Diskretion: Er möchte Hagen gegenüber den Schein wahren – und hat sich in die Wärterstochter ernstlich verliebt. Dem Gelehrten kann er den Rollentausch auf andere Weise schmackhaft machen: Er möge an seiner Stelle auf sein verkommenes Gut reisen, dort juridisch nach dem Rechten sehen – und sich zur Belohnung seiner besonderen Vorliebe, dem Studium alter Urkunden, widmen.

Hagen hat es sich inzwischen auf Schloß Wallbeck gemütlich eingerichtet, und das Archiv bietet nicht nur gelehrte Aufschlüsse, sondern zeigt auch die Rechtslage des verschuldeten Barons in einem freundlicheren Licht. Doch da kommt unverhoffter Besuch: Fräulein von Delmenhorst, die ominöse Verwandte, will getreu dem Testament die Möglichkeit zu einem Ehebund überprüfen. Denn im Falle ihres Verzichts muß sie die Hälfte der Herrschaft an Wallbeck abtreten. Das ungezwungene Benehmen des ‚Stellvertreters‘, der Tabaksqualm und das desolate Milieu verstören die anspruchsvolle Dame, sodaß sie alsbald das Feld räumt. Inzwischen ist das zärtliche Verhältnis zwischen dem Häftling Wallbeck und Hermine

gediehen, und die Liebe hat den Bonvivant zum wahren ‚Edel-
Mann' bekehrt. Und auch aus der Biographie seines Genossen
werden neue Details bekannt: Sein Spieltrieb, sein verworfe-
ner Lebenswandel sind nur die Trotzreaktion auf eine unglück-
liche Leidenschaft. Er ist als armer Bewerber um seine Jugend-
liebe bei den anspruchsvollen adeligen Eltern abgeblitzt, und
die Angebetete – es ist natürlich Adelgunde von Delmenhorst
– hatte nicht den Mut zum Widerstand und zur geplanten Entführung.

Der vierte Aufzug schürzt nochmals den dramatischen
Knoten, bringt neue Komplikationen sowie deren Engführung,
ehe sich alles in Wohlgefallen auflösen kann. Zunächst wartet
die ahnungslose Mathilde auf die Rückkehr ihres grob-
schlächtigen Bücherwurms, der ihr aus dem Gefängnis nicht
einmal eine Zeile geschrieben hat. Als der entlassene Stellvertreter Wallbeck und Hagen, der Archivar aus Liebe, zusammentreffen, scheint zunächst alles aufs beste zu laufen. Das
Quellenstudium aus Passion bringt dem Baron unverhoffte
kommerzielle Vorteile, und die schnöde Behandlung des adeligen Fräuleins kommt ihm durchaus zustatten, da sein Herz ja
inzwischen einen Ankerplatz gefunden hat. Doch dann über-
schlagen sich die Ereignisse und kulminieren die Mißver-
ständnisse. Friedhelm, der Gefängnis-Inspektor, möchte den
neuen Verlobten seiner Tochter sprechen und muß erfahren,
daß Hagen ein verheirateter Mann ist. Dieser macht sich seiner Mathilde gegenüber nur noch dringender verdächtig, als
er leugnet, den Namen Hermine auch nur gehört zu haben.
Als nun auch noch Adelgunde mit einem Geschenk für die
Freundin ihres Patenkindes eintritt, erhält das Verwechslungs-
spiel eine weitere Dimension: Denn der echte Hagen muß nun
der Stiftsdame erklären, wieso er schon verheiratet ist,
während er Mathilde anscheinend seine aristokratische Herkunft verschwiegen hat. Erst der wieder eingetretene Wallbeck

22

und die rasch herbeigeholte Hermine helfen das Verwirrspiel aufklären und sorgen für die rechten Identitäten. Als schließlich noch Ramsdorf erscheint und in Adelgunde seine verschollene Angebetete erkennt, steht dem allgemeinen Glück und der spontanen Versöhnung nichts mehr im Wege; zumal Ramsdorf seine erotischen Ambitionen auf Mathilde eingestanden hat und aufrichtig bereut: mit Hermine als Ehefrau will er nunmehr sein schuldenfrei gewordenes Anwesen selbst verwalten; zumal weiters der hemdsärmelige Hagen hellhörig geworden ist und künftig über den Rändern seines Zettelkastens auch Mathilde wahrnehmen will; zumal endlich der pensionierte Offizier Friedhelm den ungeliebten Gefängnisposten aufgeben kann und als Oberinspektor auf Schloß Delmenhorst gehen wird. Das überhebt ihn auch der Amtspflicht, die vorsätzliche Verwechslung zu ahnden und die vierzehntägige Strafe ein zweites Mal zu verhängen.

Der Aufbau der Handlung, die sich beständig steigernde Konfusion, das geschickte Arrangement der Auftritte und Abgänge verraten nicht bloß handwerkliche Routine, sondern beweisen durchaus dramaturgische Virtuosität. Den bereits skizzierten ideellen und mentalitätsgeschichtlichen Eigenheiten – der Entstehungszeit, des Ambiente und seiner Person – zollt der Autor freilich allenthalben Tribut, wenn er etwa bei jeder sich bietenden Gelegenheit sein Musterbild häuslicher Ordnung und weiblichen Anstands entwirft. So muß sich Walldorf auf seinen amourösen Streifzügen manche Rüge gefallen lassen. Mathilde kühlt seine werbende Glut mit der Belehrung: „Sie müssen nur den Abschaum unseres Geschlechts kennen gelernt haben, denn Sie haben den Glauben an etwas verloren, das doch noch in der Welt vorhanden ist, den Glauben an weibliche Tugend!" Darauf folgt nur noch der schroffe Verweis: „Den Weg aus diesem Hause zu finden, das Sie wohl nie mehr betreten werden, überlasse ich Ihnen selbst." (I/5). Aber

auch Hermine macht ihm im Gefängnis seine Annäherungs-
versuche nicht leicht. Schon ihre erste Reaktion scheint sie
dem Gretchen in Goethes *Faust* abgelauscht zu haben: „Ich
wußte nicht, daß *schönes Kind* eine Anrede ist, die im Deutschen üblich!" Und auch die umgehende Berufung auf poetische Diktion stimmt sie keineswegs milder: „Möglich bei den
Dichtern, da mag sie passen. Vielleicht paßte sie auch in anderen Verhältnissen, schwerlich aber von Ihnen zu mir, da wir in
gar keinem Verhältnis stehen." (II/2). Bei einer weiteren
Begegnung ist sie schon etwas geschmeidiger („Je nun, das ist
schon verzeihlicher! Ein Buch, das man so zufällig findet, reizt
die Neugier."), um sich aber alsbald weitere Vertraulichkeiten
zu verbitten („So oft man sich mit Ihnen einläßt, wenden Sie
das Gespräch so, daß man es abbrechen muß." II/11). Doch in
einem veritablen ‚Liebes-Duett' am Ende des dritten Aufzugs
(und von Wallbecks Haft) ist sie bereits ganz hingegebenes
Mädchen und träumt von künftigem Lebensglück: „Ein Weib
gibt alles auf, nur ihre Liebe nicht!" – „Wie haben Sie es ange-
fangen, mich so umzuwandeln? Ich war still und ernst – und
jetzt – bin ich munter und fröhlich und oft möchte ich auf-
jauchzen vor heller Lust!" (III/4).

Einen herben weiblichen Gegentypus, bereits nahe an der
Grenze zur Persiflage angesiedelt, verkörpert Adelgunde von
Delmenhorst. Ihre ausgeprägte Empfindlichkeit, die besonders
in der Begegnung mit dem vermeintlichen Verwandten, in
Wahrheit also dem unbekümmerten Privatgelehrten Hagen,
zutagetritt, enthält Momente altjüngferlicher Zimperlichkeit,
aber auch von aristokratischem Hochmut, die der national
gestimmte Autor und sein bürgerliches Publikum als verstie-
gen, ja lächerlich empfinden mußten. Schon der Auftritt des
adeligen Fräuleins mit den Worten „Welch entsetzlicher
Tabaksgeruch in diesem Zimmer! Hier kann ich unmöglich
ausdauern!" stellt eine Diskrepanz zwischen banalem Anlaß

und überzogener, pathetisch formulierter Reaktion her. Und das angetönte Motiv wird in der Folge weiterentwickelt und variiert: „Sprengen Sie etwas von diesem Wasser umher, das wird es mir erleichtern" – „Schließen Sie das Fenster wieder, es zieht mir sonst!" – „Es riecht noch immer." Dieses Gehabe, das man im Deutschland des 19. Jahrhunderts wohl ‚blümerant' genannt hätte, setzt sich im Konversationston fort. Die Anrede auf französisch, also in der Sprache des Erbfeindes, wird von dem an klassischer Bildung orientierten Forscher abgefangen: „Mon cher cousin, je suis bien charmée de vous voir." – „Auch ich schätze es mir zur höchsten Ehre – mit dem Französischen komme ich nicht fort – wenn sie noch Latein oder Griechisch spräche." (In diesem linguistischen Punkt mißglückender Unterhaltung werden wir, wenngleich anders motiviert, im Libretto der *Fledermaus* bemerkenswerte Anklänge finden.) Und die Dissonanz wird nicht sogleich fallengelassen, sie kehrt vielmehr mit kulturpolitischem ‚Unterfutter' im Verlaufe des Gesprächs wieder: Als Hagen in den Jargon seiner Studentenjahre verfällt („ich habe gebüffelt nach Noten"), antwortet die Adelige irritiert: „Je ne comprends pas cela. – C'est bien allemand cela." Was für den deutschtümelnden Burschenschafter eine Gelegenheit zu ausführlicher Belehrung schafft: „Ja, gut deutsch, es liegt etwas Dichterisches in dem Ausdruck, wahrhaftig." Und auch den Nachschlag seiner Gesprächspartnerin („Man pflegt sonst bei einem Kavalier die Kenntnis der französischen Sprache als den Grund der Erziehung zu betrachten.") versucht er chauvinistisch zu parieren: „Leider! Besser wäre es, die Edelleute wären deutsche Edelleute geblieben, mit deutschen Gesinnungen, und hätten sich nicht in Kavaliere übersetzen lassen!" (III/4).

Doch die züchtige Liebe mit dem Ziel einer harmonischen, ungetrübten Ehe treibt am Ende auch dieser vornehmen Stiftsdame die Flausen aus. Sie wird, als sie ihren verloren geglaubten Ramsdorf im Laufe der Begebenheiten wiederfindet, gleichsam in die Gemeinschaft der Sympathieträger des Stückes aufgenommen. Ja, sie hat als ‚Diva ex machina' sogar das letzte Wort im Spiel und löst mit ihrem Angebot an den Gefängnisaufseher die bescheidenen Reste der Konfusion auf: „Ich mache Sie zum Oberinspektor auf meinen Gütern, dann hat Ihre Amtspflicht ein Ende."

Zwei dramaturgische Elemente dieser Komödie seien noch etwas näher beleuchtet und in ihrem kulturhistorischen Kontext festgemacht. Als der wißbegierige Hagen umtriebig das Privatarchiv des verlotterten Barons Wallbeck durchstöbert (III/1), da wirkt sein erster Satz wie eine Parodie auf den amtlichen Jargon oder die hochgestochene Diktion der Rechtssprache. „Ah, die Grafschaft Katzenellenbogen wird vom Kammergericht für Kunkellehn erklärt! Das ist der Punkt, worauf es ankommt – das gibt den wichtigsten Aufschluß über die ganze Sache." Doch in der Folge erhält dieser verschrobene Einstieg ein fast bekennerisches Fundament. Mit aufkläreri- schem Anspruch erhebt sich der bürgerliche Wissenschaftler über den dekadenten Lebemann: „ So wohl wird es nicht leicht einem Gelehrten, daß er in ein so reiches Archiv kommt, wo vor ihm noch niemand war und wo er nur die Hand aus- zustrecken braucht, um auf die seltensten Schätze und die belangreichsten Entdeckungen zu stoßen. Und alles das lag seit langen Jahren in Staub und Moder, kein Mensch hat sich darum gekümmert! Und das nennen die Leute Bildung. Die- ser Baron Wallbeck hält sich doch sicher für einen gebildeten Edelmann – und hat keine Ahnung von den Schätzen, die diese alten Mauern umschließen."

Ein zweites Detail, das in das Feld der musikdramatischen Rezeption hinüberweist, betrifft das Milieu des Gefängnisses, in dem mit Beginn des zweiten Aufzuges mehrere Szenen spie- len. Es ist keineswegs der fidele Arrest, über den zu räsonieren der Wärter Frosch im dritten Akt der *Fledermaus* nicht müde wird. *Fidel* reimt sich hier semantisch allenfalls auf *Fidelio*, den Opern-Solitär Ludwig van Beethovens, der Mitte des 19. Jahrhunderts bereits zum Meilenstein des deutsch(sprachig)en Musiktheaters aufgestiegen war. Und so erinnert denn so manches am Szenar von Benedix' Lustspielkerker an die mittlerweile exemplarisch gewordene klassische Vorlage. Hermine und Friedhelm wirken wie eine Neuauflage von Marzelline und Rocco, die schnippisch abgewehrten Anbiederungsversuche des versehentlich eingesperrten Wallbeck lassen – dem Typus nach – an Jacquinos vergebliches Werben um die Gunst des Kerkermeistertöchterleins denken. Und wenn der Aufseher von den „leichten Gefangenen" spricht, die er „in den Hof zum Lustwandeln" entläßt, so ersteht vor uns jene Situation, die im ersten Aufzug von Beethovens Werk den Anlaß und die Voraussetzung des vielgerühmten Gefangenenchores ergibt.

Was ist ein Réveillon?

Der Ausdruck mag dem fremden Ohr militant, ja bedrohlich klingen, vielleicht weil er von ferne an *Revolution* oder *Rebellion* gemahnt. Erst bei näherem Zusehen enthüllt das französische Fremdwort seine Unverfänglichkeit, die uns allenfalls durch Übermut, Lautstärke und Turbulenz des bezeichneten Ereignisses zu beeindrucken vermag. Das Zeitwort *réveiller*, es geht auf das lateinische Verbum *vigilare* zurück, bedeutet „aufwecken", im übertragenen Wortsinn auch „reizen" oder „aufmuntern". Das zugehörige Hauptwort *réveil* bezeichnet neben dem „Erwachen" auch das am Morgen oft verwünschte Gerät, den „Wecker". Die Zusammensetzung *réveille-matin* wiederum benennt den besonders störend empfundenen „Krach am Morgen". Auch *réveillon* gehört in diese Wortsippe: Als üppig zelebrierter Nachtschmaus, der sich unter allerlei Annehm-

27

lichkeiten und bei – vorerst noch – guter Laune bis in die Morgenstunden erstreckt, ist er unserer Alltagskultur von Silvester nur allzu vertraut. Als kulinarisches und gesellschaftliches Pendant der Weihnachtsnacht wirkt der Brauch nach unserer Mentalität ‚exotisch‘, ist aber – und war vor allem – in Frankreich beliebt und als befreiendes Signal nach den verhaltenen Adventwochen geradezu selbstverständlich.

Mehr als viele interpretierende Worte vermag dem Opernfreund und Musikkenner wohl ein Hinweis auf die Stimmung und den Verlauf der ersten beiden Akte von Giacomo Puccinis *La Bohème* intuitiv zu vermitteln. Erinnern wir uns doch an dieses Sujet! Es ist gerade die Atmosphäre vor Weihnachten, die das Zusammensein der Bohemiens in der Mansarde in ein so seltsames Zwielicht taucht: Hochgestimmte, auch sentimental getönte Erwartung kontrastiert mit nüchterner Realität: Für den Philosophen Colline ist es ein apokalyptisches Zeichen, daß an diesem Abend das Pfandhaus geschlossen hält. Rodolfo, der Poet, verbrennt das Manuskript seines Dramas für eine erträgliche Raumtemperatur und erntet das launige Kompliment: „Sehr feurig! Ich find’ dein Opus glänzend, lebhaft, doch allzu kurz!“ Dem Maler Marcello „erfrieren die Finger fast, als wenn sie im Eisschrank gelegen“. Nur der Musiker Schaunard hat unverhofft ein gutes Geschäft gemacht, und an seinem gastronomischen Ertrag tun sich die Freunde gemeinsam gütlich. Als sie mit vereinten Kräften auch noch den Hausherrn losgeworden sind, der zur Unzeit den überfälligen Zins einfordert, steht einem *Réveillon* nichts mehr im Wege. Denn wer bleibt in Paris an einem Weihnachtsabend daheim? „Zu Hause essen? Am heil’gen Weihnachtsabend? Wo das Quartier Latin die Straßen ziert mit Leckerei’n und Wurst in ganzen Lasten? Während der Duft von frischen Kuchen köstlich und süß die Luft durchzieht! Und junge Mädchen friedlich singen … fromm das Weihnachtslied im Chor!“

Jeder Opernfreund kennt den weiteren Verlauf. Während die anderen ins Café Momus vorausziehen, bleibt Rodolfo zurück. Doch an Stelle des Zeitungsartikels, der ihm nicht aus der Feder will, entsteht die Liebesbeziehung zu seiner Wohnungsnachbarin Mimi, die im Finstern ihren Schlüssel sucht und dabei zärtlichen Anschluß findet.

Das kompakte zweite Bild ist dann eine Weihnachtsfeier „ganz nach Pariser Art", die sich vor dem fremden Blick eines anderen Erlebnishorizonts freilich eher wie ein Jahrmarkt ausnimmt: Verkäufer preisen ihre Waren an, ein Spielzeughändler wird von Kindern umdrängt, Rodolfo kauft Mimi eine modische Haube, Musetta läßt sich von ihrem ältlichen Galan verwöhnen, der am Schluß noch für die offene Rechnung des Künstlerkleeblatts aufkommen muß. Und die große Szene endet im Marschschritt der Wachtparade, der sich die Menge, halb bewundernd, halb belustigt, anschließt.

Die ungleichen Musendiener: Meilhac und Halévy

Man kennt sie von Titelblättern, Programmheften und aus der musiktheatralischen Praxis, die ständig wiederkehrenden Tandems von Wort und Musik. Lorenzo da Ponte und Wolfgang Amadeus Mozart, Eugène Scribe und Giacomo Meyerbeer, Hugo von Hofmannsthal und Richard Strauss … Doch daneben gibt es auch die Librettistenpaare, deren regelmäßiges Zusammenwirken und gleichzeitige Nennung nicht selten dazu führt, daß der Bindestrich zwischen den beiden Gliedern als Klammer eines Doppelnamens verstanden wird: Puccinis leidgeprüftes Autorenduo Giuseppe Giacosa und Luigi Illica, F. Zell (d.h. Camillo Walzel) und Richard Genée als verbale Geburtshelfer der goldenen Wiener Operette und eben Henri Meilhac – Ludovic Halévy. Ihr gemeinsames dramatisches Œuvre umfaßt immerhin acht Bände, und die Operntexte

29

unter diesen Stücken haben sich im festen Verbund mit wirkungsvoller Musik bis heute auf der Bühne gehalten: *Carmen* in der Vertonung von Georges Bizet an vorderster Stelle, aber auch zahlreiche Werke aus Jacques Offenbachs Genre der opéra-bouffe, von *La Belle Hélène* über *La Vie parisienne* und *Barbe-Bleu* bis zu *La Grande-Duchesse de Gérolstein* und *La Périchole*. Doch auch ihre gemeinsamen Bühnenerfolge im Metier gepflegter Unterhaltung waren einst beträchtlich: *Fanny, Frou-Frou* und eben auch *Le Réveillon*.

Dabei verliefen die Biographien und Karrieren der beiden scheinbar Unzertrennlichen keineswegs homogen und parallel. Schon die Voraussetzungen für eine künstlerische Laufbahn waren durchaus ungleich verteilt. Ludovic Halévy wurde in eine Familie hineingeboren, in der das musische Geschäft bereits Tradition hatte. Als er im Jahre 1834 in Paris zur Welt kam, war sein berühmter Onkel Jacques Fromental Halévy gerade daran, sein Meisterwerk, die Oper *La Juive (Die Jüdin)* zu vollenden. Dieser Komponist, den auch Richard Wagner besonders hochgeschätzt hat, war mit etwa 40 Opern ein anerkannter und überaus produktiver Musiker seiner Epoche. Wenn er heute nur noch gelegentlich im Bühnenrepertoire aufscheint – etwa mit der komischen Oper *L'Éclair (Der Blitz)* –, so liegt das am veränderten Geschmack, an neuen Kriterien der Spielplangestaltung in unseren Tagen. Der gefeierte Tonsetzer war Mitglied der Akademie, später ihr ständiger Sekretär, und seine gesammelten Erinnerungsreden sind unter dem Titel *Souvenirs et portraits* noch heute ein lesenswerter Band für kulturgeschichtlich Interessierte. Schon sein Vater hatte als Schriftsteller reüssiert, und dieses Talent war offenbar auch auf den Neffen übergesprungen. Dessen intellektuelle Wachheit und sein kritischer Blick auf Unzulänglichkeiten des Alltags und politische Mißstände befähigten ihn auch zu trefflichen Erzählungen über das kleinbürgerliche Familienleben in Paris. Seine Memoiren mit der provokanten Überschrift *L'Invasion* sind eine Fundgrube für Parisfreunde und Mentalitätshistoriker geblieben. Noch die heutige Literaturkritik weiß an den Boulevardkomödien dieses Autors die passende und attraktive Mischung aus „lebendiger Satire der zeitgenössischen Sitten, guter psychologischer Beobachtung, Zynismus und Sentimentalität" zu würdigen. Auch der Sohn des 1908 verstorbenen Schriftstellers ist dem schreibenden Beruf treu geblieben. Der erst 1962 hochbetagt verstorbene Daniel Halévy hat sich freilich vor allem als Biograph, Kulturessayist und Sozialhistoriker einen Namen gemacht: Bücher über Friedrich Nietzsche, Charles Péguy und den Staatsmann Georges Clemenceau haben ihren Rang über die Jahrzehnte bewahrt.

Dem notorischen Partner Halévys, dem 1831 gleichfalls in Paris geborenen Henri Meilhac, waren die schriftstellerische Profession und die Bühnentätigkeit dagegen nicht gleichsam in die Wiege gelegt. Erst über Umwege, so einen Brotberuf als Buchhandlungsgehilfe, hat er seine *gradus ad Parnassum*, gekrönt durch die Aufnahme in die Academie Française, gesetzt. In der gemeinsamen Arbeit für das Theater hat wohl Halévy die feinere Klinge geführt, doch Meilhac war ein geschickter Erfinder überraschender szenischer Effekte und ein Entdecker wirkungsstarker Sujets: So gehen etwa der verblüffende Anachronismus und die parodistischen Grundeinfälle in Offenbachs *La Belle Hélène* (1864) auf seine Initiative zurück: Mythentravestie im Dienste einer ätzenden Abrechnung mit politischen Zeitläufen, hier dem Second Empire Napoleons III. und seinen gesellschaftlichen Auswüchsen, ist danach ein probates Mittel indirekter Kritik am ‚Spiel der Mächtigen' geworden und geblieben. Als Kompagnon anderer Literaturen seiner Zeit (A. Millaud, Ph. Gille) ist er gleichfalls am Erfolg musiktheatralischer Solitäre maßgeblich beteiligt: so an *Mam-*

31

zelle Nitouche von Hervé (eigentlich: Florimond Ronger), besonders aber an Jules Massenets nach wie vor meistgespielter
Oper *Manon* nach dem Roman des Abbé Prévost.

Vom Weihnachtsschmaus zur Fledermaus.
Fakten und Wanderlegenden

Ob das literarische Gespann Ludovic Halévy und Henri Meilhac von Benedix' treudeutsch-patriotischem Lustspiel irgend-
eine Kenntnis hatte, als sie sich an die gemeinsame Arbeit für
ihr Erfolgsstück *Le Réveillon* machten, läßt sich nicht bündig
entscheiden. Die Quellenlage und der biographische Befund
gestatten keine eindeutige Aussage, sodaß man auf Indizien-
beweise zurückgeworfen wird. Und die sind im besonderen
Fall unsicher und lückenhaft genug. Das Gefängnis als dramaturgischer Knotenpunkt, als Anlaß von Verwechslungen und
Konfusionen, auch als zeitweiliger Ort der Handlung ist im
Grunde das einzige verbindende Element. Das szenische
Geschehen, seine Voraussetzungen und die agierenden Personen des französischen Stückes gehen, wie gleich zu zeigen sein
wird, ganz andere Wege. Eine typologische Parallele, eine
zufällige motivische Konvergenz von ansonsten unabhängigen
Plots aus verschiedenen Milieus und Kulturkreisen: so könnte
die vorläufige Diagnose lauten. Freilich dürfen in der zweiten
Hälfte des 19. Jahrhunderts die Mundpropaganda sowie der
Einfluß wandernder Ensembles nicht unterschätzt werden. Die
Bühnenautoren, ständig auf der Suche nach reizvollen Sujets
und unter permanentem Erfolgszwang, hatten ein weitver-
zweigtes Netz von Verbindungspersonen. Informationen über
auswärtige Neuigkeiten, Nachrichten von wirkungssicheren
‚Intrigen' konnten regionale Grenzen wie sprachliche Barrieren mühelos überwinden. Dazu kommt, daß auf dem Feld des
Boulevards der Anspruch an Originalität nur eine subalterne

Rolle spielte. Ob es um eine Figur, ein Ambiente, einen Bühnenkniff oder einen Sprachwitz ging: die Versatzstücke wechselten mühelos ihre Umgebung und fühlten sich in der neuen Konstellation alsbald geborgen und aufgehoben.

Die Handlung von *Le Réveillon* ist rasch erzählt: Sie beginnt im Hause des vermögenden Gaillardin, eines Hausherrn und Grundbesitzers der suburbanen Provinz. Man vernimmt den Klang einer Violine, und die beziehungsreiche Melodie aus Donizettis Oper *La Favorita* erweckt in Fanny, der Dame des Hauses, jähe Erinnerungen: Der Geiger kann nur ihr früherer Verehrer Alfred sein. Dagegen hat das Stubenmädchen Pernette nur Interesse für ein Schreiben ihres Liebhabers, in dem er sie zu einem gemeinsamen Abend einlädt. Da hilft gegenüber der Herrschaft nur die Ausrede eines Krankenbesuchs bei der alten Tante. Doch ein unentschiedenes Gerichtsverfahren gegen Gaillardin verhindert zunächst die Erlaubnis. Da tritt Alfred auf und läßt sich erst unter dem Versprechen vertrösten, daß er bei Antritt der Arreststrafe des Hausherrn wiederkommen darf. Fanny fällt das Zugeständnis leicht, denn sie glaubt nicht, daß ihr Mann wegen eines nur geringfügigen Vergehens hinter Gitter muß. Nun erscheint Gaillardin selbst, und die Aussage seines Anwalts Bidard „Nächstes Mal werden wir Erfolg haben" verheißt nichts Gutes. Der Beschuldigte hat zu einem Wachmann „Dummkopf" gesagt. Eine Äußerung, an der ihn vor kurzem, als diese Amtsperson noch sein persönlicher Diener war, niemand gehindert, wird nun plötzlich zum öffentlichen Anstoß und kriminellen Delikt. Was den ‚Ehrenmann' aber noch mehr ärgert, ist das Verhalten des Gerichtspräsidenten. Fragt ihn der doch glatt nach seinem Namen, obwohl sie einander seit langem bestens kennen! Da hilft nur noch rasches Handeln: Obwohl es Weihnachtsabend ist, will er die achttägige Arreststrafe schon aus Protest stante pede antreten: Fanny soll ihm dafür als Zeichen seiner Empörung und Mißachtung den schlechtesten Anzug hervorholen, und Pernette schickt er zum „Goldenen Löwen" um ein gediegenes Abendessen.

Doch überraschend tritt der Notar Duparquet, ein alter Freund des Hauses, ein: Er lädt den Gefängnisaspiranten auf ein rauschendes Weihnachtsfest, eben ein *réveillon*. Der Prinz Yermontoff hat in der Nähe ein Jagdhaus gepachtet, und sein Sachwalter soll ihm dort das Souper organisieren, mit jungen Schauspielerinnen aus Paris – und einigen Lebemännern seiner Wahl aus Pincornet-les-Boeufs, dem etwas verschlafenen Städtchen in der Nähe der Metropole. Gaillardin wässert angesichts solcher Attraktionen der Mund: Mühelos läßt er sich dazu überreden, seine Strafe mit Verspätung anzutreten. Zur Überraschung seiner Frau wirft er sich in Abendtoilette und verabschiedet sich vergnügt. Doch nun ist Fanny in arger Bedrängnis. Sie fühlt sich an ihre leichtfertige Zusage gegenüber Alfred gebunden und gewährt Pernette ihren Urlaub, um bei dieser heiklen Begegnung wenigstens ohne Zeugen zu sein. Alfred ist, wie sich nun herausstellt, Kapellmeister bei jenem ominösen russischen Prinzen. Vor Jahren war er Fannys Musiklehrer gewesen, und die beiden hatten sich ineinander verliebt. Da ihr Vater gegen eine Heirat war, suchte der Künstler sein Glück in der Fremde und hoffte die Freundin als Arrivierter gewinnen zu können. Doch schon nach sechs Wochen hat sie auf das Drängen ihres Vaters hin den reichen Gaillardin geheiratet. Mitten in die Vorwürfe und Alfreds Geständnis unbeirrter Liebe platzt unvermutet eine Amtshandlung. Bevor noch Fanny ihrem Galan aus seinem Rock und Gaillardins Schlafrock eine Strickleiter knüpfen kann, erscheint der Gefängnisdirektor Tourillon mit seinem Faktotum Léopold. Da Monsieur Gaillardin sich nicht freiwillig gestellt hat, hole man ihn jetzt in den Arrest. Alfred schlüpft nolens volens in die mißliche Rolle des Gesetzesbrechers.

Auf der Fête des Prinzen führt sich der biedere Bourgeois Gaillardin als Marquis de Valangoujar ein und begegnet dort einem vermeintlichen Comte de Villebouzin, hinter dem sich der gleichfalls von Duparquet eingeladene Gefängnisdirektor verbirgt. Unter den aparten Damen trifft der erotische Möchtegern auf die Kokette Metélla, die er aus seiner Junggesellenzeit kennt, wie sich unverhofft herausstellt: Der Trick, im Takt seiner Repetieruhr die Schläge von Frauenherzen zu zählen, kommt dem Objekt der Begierde sehr bekannt vor. Doch nun geht man zu Tisch, und allen Beteiligten (auch dem Publikum) eröffnet sich ein unerhörter Augen- und Ohrenschmaus. Als pikanter Beitrag zur allgemeinen Unterhaltung erzählt Gaillardin, wie er einst seinen Intimus Duparquet dem Spott preisgegeben hat. Nach einem auswärtigen Maskenball hatte er den Volltrunkenen in die Eisenbahn gesetzt und ihn vom Schaffner vor dem Heimatbahnhof wecken lassen. Im Kostüm eines „blauen Vogels" mußte der Gefoppte bei Tageslicht zu seiner Wohnung stolpern. Auch bei diesem Fest heizt der Wein die Stimmung an. Die beiden angemaßten Aristokraten tanzen ausgelassen mit den ‚Demimondänen'. Doch dem Orchester fehlt der gewohnte Schwung. Als Gaillardin nebenbei meint, der Kapellmeister Alfred weile sicher zu einem galanten Abenteuer bei einer Frau, so vermutet er zumindest für den Anfang der Geschichte richtig. Immer turbulenter wird der ‚Weihnachtsabend', immer feuriger werden die Tänze – da erinnert ein unvorsichtiger Blick auf die Uhr den verspäteten Arrestanten und seinen künftigen Chef daran, daß es höchste Zeit ist, das Milieu zu wechseln. Ohne es zu wissen, eilen die beiden Hochstapler zum gleichen Ziel.

Der Domestik Léopold hat auf seine Weise und einsam *réveillon* gefeiert: Nur mühsam können Sprache und Gang die Wirkung des Cognac verbergen. Das Violinspiel aus Zelle 12 erscheint ihm wie Sphärenklang aus dem siebenten Himmel, in dem er sich wähnt. Doch der eintretende Direktor, vor dem er sich gerade noch zurückziehen kann, führt ihn auf den Boden der Tatsachen zurück. Tourillon freilich, gerade im Übergang vom ‚Affen' zum ‚Kater', flößt mit schiefem Hut und schlampig umgehängtem Mantel nicht gerade Respekt ein. Zudem bringt er die Quadrille nicht aus dem Ohr und beginnt in seinem Büro zu tanzen. Mitten in die Teestunde zu Léopolds Rapport platzt Gaillardin herein. Die beiden Schwerenöter lüften ihr Inkognito, wobei es der ‚Gast' mit dem Wahrheitsbeweis schwerer hat, da er ja deutlich bereits seit dem vorigen Abend ‚brummt'. Als auf Verlangen des inhaftierten Virtuosen der schon aus dem ersten Akt bekannte Rechtsanwalt Richard kommt, wechselt Gaillardin erneut Kostüm und Rolle und verwandelt die Konsultation flugs in ein Verhör. Aus dem Munde Alfreds vernimmt er betroffen das Urteil über sein Haus: Fanny sei eine Seele von einer Frau, die mit einem Ungeheuer von Ehemann bestraft wurde („Il faudra dire que le mari est une canaille, mais que la femme est un ange …"). Ehe sich die Situation noch mehr zuspitzt, erscheint die ausgelassene Gesellschaft, an ihrer Spitze Duparquet und der Prinz Yermontoff. Das ganze Quiproquo war ein Racheakt des Notars: der ‚blaue Vogel' hat sich für die anscheinend längst verjährte und vergessene Blamage revanchiert. Gaillardin bleibt nichts übrig, als seine achttägige Strafe doch noch abzusitzen: Es sei denn, das Publikum ließe Gnade vor Recht ergehen …

Die Uraufführung dieser leichtgefügten Komödie, hinter deren Faktur man die Umrisse der *Fledermaus* ebenso deutlich erkennen kann wie deren eigenständige Züge (doch darüber später!), war im Frühherbst 1872 ein riesiger, manche behaupten: sensationeller Erfolg. Das Publikum des Théâtre du Palais Royal von Paris konnte sich mit teilnehmender Beobachtung in das ihm familiär so vertraute Fest versenken, wobei die Üppigkeit der Ausstattung und das fürstliche Ambiente die eigene Realität noch weit hinter sich ließen. Man weidete mit den Augen, wovon sich im Alltag nur träumen ließ: Illusionstheater in einer anderen, überaus wünschenswerten Lesart. Zeitgenössische Berichte lassen uns die naturalistische Inszenierung des Banketts noch erahnen: Die Sitzordnung eines veritablen Schmauses ließ einen Teil der Gäste den Zuschauern den Rücken zukehren, was aber nicht als Geschmacklosigkeit, sondern als authentisches Detail empfunden wurde. Echte Speisen wurden von livrierten Dienern serviert, wobei die Schüsseln noch rauchten und verführerische Düfte verströmten. Auch der Dialog war ungezwungen und lud zur Identifikation ein: So im Dialog der beiden Halbweltdamen, von denen die eine (Toto) zur Schicklichkeit mahnt, als ihre Kollegin (Metélla) sich allzu reich Garnelen auf ihren Teller lädt: „Du sag einmal, nimm doch nicht alles!" Worauf die Gerügte prompt entgegnet: „Aber ja, wenn ich alles nehme, dann reicht man davon nach. Das ist ja kein Souper einer Komödie." Der letzte Satz entfaltet seinen Doppelsinn, da er sowohl die Illusion bestätigt (– indem er sie durchbricht! –) wie auch mit einem Seitenhieb auf die schmale Kost professioneller Schauspielerinnen verweist. Selbst die Trunkenheit wirkte bei Vorstellungen lebensecht – und war es vielleicht auch. Auch bei den Tänzen gegen Ende des zweiten Aktes gab es einigen Grund zu lachen: Wenn der Kavalier aus der Provinz mit Aplomb, aber ganz altmodisch das Parkett traktierte.

Eine Reise nach Wien

Die folgende Episode der Rezeptionsgeschichte zieht sich leitmotivisch und als roter Faden durch fast alle Darstellungen über Johann Strauß und seine Meisteroperette. Der Direktor des Theaters an der Wien Max Steiner hatte vom rauschenden und andauernden Erfolg des Pariser Stücks gehört und wollte es auf seine Bühne bringen. Doch bald merkte er dem Text den entscheidenden Mentalitätsunterschied an: Was für den Pariser die ausgelassene Weihnachtsfeier mit allem Jux und Gepränge bedeutete, hatte für die Wiener Gesellschaft keinen analogen ‚Sitz im Leben'. Der Hofmusikalienhändler Gustav Léwy, ein Jugendfreund des späteren Komponisten des Sujets, wandte sich darauf an Jauner, den Intendanten des Carl-Theaters. Doch auch dieser wollte nicht so recht anbeißen. Da kam Léwy auf den glücklichen Gedanken, aus dem Boulevardstück ein Operettenlibretto zu machen. Der Hausdichter des Carl-Theaters Carl Haffner wurde mit der Übersetzung und Bearbeitung betraut. Dieser Prototyp eines ‚Hungerpoeten', damals bereits an die 70 Jahre alt, mußte seinem Theater jährlich zwölf neue Stücke liefern: selbst dann nach heutigen Begriffen eine Zumutung, wenn eher Routine als Erfindung gefragt war und der Originalitätsanspruch kaum eine Rolle spielte. Richard Genée, Kapellmeister, Librettist und durchaus erfolgreicher Komponist von Operetten und anderer Bühnenmusik, in den Jahren 1868–1878 am Theater an der Wien fest verpflichtet, besah sich das Manuskript Haffners und konnte wenig damit anfangen: „Ich … fand es unmöglich, erbat mir am anderen Morgen das französische Original und schrieb hiernach das Libretto der *Fledermaus*. Von der Haffnerschen Posse, die ich zurückgab, benutzte ich nur die Namen der Personen. Auch von dem Original mußte ich in Szenenbau und Charakteren weit abweichen. Die Direktion zahlte mir damals, wie es für Bearbeitungen kontraktisch stipuliert war, per Akt hundert Gulden und stellte das Libretto dem Komponisten zur freien Verfügung. Um den altbewährten Schriftsteller Haffner nicht zu kränken, wurde er auf den Theaterzettel mit meiner Zustimmung als Kollaborateur genannt. Ich selbst habe Haffner nie gesehen." (nach Grun 1961, S.191).

Das musikalische Panorama
einer Meisteroperette

Einladung zu einem Überblick

Zur Orientierung des geneigten Lesers soll zunächst ein Überblick über den musikalischen Aufbau der Operette gegeben werden. Dabei wird als Grundlage vor allem die gedruckte Ausgabe des Klavierauszuges (*Die Fledermaus*. Operette in drei Akten nach Meilhac u. Halévy von C. Haffner und Richard Genée. Musik von Johann Strauss. Vollständiger Klavierauszug mit Text, von Anton Paulik. Aug. Cranz C. 50021, J.W. 3015a) herangezogen, da diese im Handel jederzeit erhältlich ist und zu selbständigen Entdeckungen einladen kann. Selbstverständlich war es lohnend, auch in die Partitur hineinzuschauen. Racek gibt einen guten Überblick über die (seiner kritischen Edition der Partitur zugrunde gelegten) Quellen zur Musik der *Fledermaus*. Davon sind zu nennen: das handgeschriebene Autograph, eine von Kopisten hergestellte und im autographischen Druck vervielfältigte Partitur des Wiener Theaterverlags Gustav Lévy, eine weitere wenig später hergestellte und vervielfältigte Partitur desselben Verlags, eine wohl erst nach 1900 bei Cranz erschienene, im Zinkätzungsverfahren vervielfältigte Partitur und die bei Friedrich Schreiber in Wien erschienene Erstausgabe des Klavierauszugs. Die genauen Angaben müssen bei Racek 1974 nachgelesen werden. Nach Racek ist an zahlreichen Stellen des Autographen die Handschrift Richard Genées nachweisbar. Insbesonders sei das Melodram N°13 zur Gänze in der Handschrift Genées gehalten. Nun, Richard Genée (1823–1895) war Kapellmeister am Theater an der Wien, Librettist und auch erfolgreicher

39

Komponist. Von seinen vielen Bühnenwerken, für die er die Musik schrieb, war *Nanon* (1877) sehr erfolgreich. Als Librettist hat er jedenfalls Operettengeschichte geschrieben (neben seiner Mitarbeit am Libretto der *Fledermaus* sei nur an *Boccaccio* von Franz von Suppé, *Der Bettelstudent* und *Gasparone* von Carl Millöcker und *Eine Nacht in Venedig* von Johann Strauß erinnert). Der tatsächliche Anteil an der Partitur der *Fledermaus* läßt sich aus der Handschrift im Autograph allein wohl nicht mit Sicherheit rekonstruieren. Die neuere Johann-Strauß-Forschung kann daher über den Anteil Genées am Gelingen dieser Meisteroperette (noch) keine definitiven Aussagen geben. Ein Grund dafür mag sein, daß man das musikalische Œuvre Genées bisher kaum kritisch bearbeitet hat.

In der folgenden Überschau werden Taktart, Tonart, Tempobezeichnung und das Gesangsmotiv angegeben. Dabei ist folgendes zu beachten: Tonarten werden natürlich nicht durchgehalten, gerade Modulationen und leichte Verschiebungen machen oft den Reiz der musikalischen Verarbeitung eines Motivs aus. Manchmal ist aber ein Tonartenwechsel deutlich erkennbar, ohne explizit ausgeschrieben zu sein; dieser wird in runden Klammern notiert. Bei den Tempobezeichnungen gibt es kleine Unterschiede zwischen dem Autograph, einer frühen Abschrift der Partitur und späteren Drucken des Klavierauszuges (siehe Swarowsky 1968), auf die hier nicht eingegangen wird. Auch ein Tempowechsel innerhalb einer Nummer wird nur in groben Zügen berücksichtigt.

Ouvertüre

alla breve	A-Dur	Allegro vivace
		Allegretto
		Tempo I
2/4		Lento
		Allegretto
	D-Dur	Meno mosso

3/4	G-Dur	Tempo di Valse	
2/4		Allegro	
3/4	e-Moll	Andante	
2/4	E-Dur	Allegro molto moderato	
	A-Dur	Tempo ritenuto grazioso	
3/4		Tempo di Valse	
2/4		Allegro moderato	
		Più vivo	

Diese Ouvertüre ist es wert, in einem eigenen Kapitel besprochen zu werden! Daher sei auf das Kapitel *Der Esprit einer Operette im Zeitraffer* verwiesen.

Komm mit mir zum Souper

Erster Akt
N°1 Introduction

6/8	C-Dur	Allegretto	„Täubchen, das entflattert ist"
C		Allegro	
2/4	E-Dur	Allegretto moderato	„Was schreibt meine Schwester Ida"
	(H-Dur)		„Prinz Orlofsky, der feine Offizier"
	(E-Dur)		„Mach dich frei nur und ich wette"
6/8	C-Dur		„Wenn ich jenes Täubchen wär"

Ganz ruhig beginnen Hörner und Pauke, Viola und Violine gesellen sich bei, dann Flöte und Oboe. Das Pizzikato der Streicher signalisiert das Ständchen, ein volksliedhaftes Liebeslied, welches Alfred hinter der Szene singt. Adele tritt auf, mit einem geöffneten Billet und lacht in rascher Koloratur, von h^2 über fast zwei Oktaven hinunter zu dis^1 und wieder hinauf, und wenn sie kann und will, noch Sprung hinunter, wieder hinauf … im letzten Schwung sogar von h bis h^2 (die in der Partitur vorgesehene Koloratur wird aber zumeist gekürzt). Vor dem Hintergrund des Festmotivs rezitiert sie den Brief ihrer Schwester Ida, die ist nämlich beim Ballett. Liebend gern wäre sie beim Fest, aber wie kommt sie weg? In großen Bögen

41

und Intervallschritten (Quinte, Sexte, Septime und Oktave) begleitet das Cello den Wunsch „Wenn ich jenes Täubchen wär …". Da hilft es nicht, das Schicksal zu beklagen.

N° 1a

6/8 C-Dur	Moderato	„Ach ich darf nicht hin zu dir"

Vergeblich versucht Adele schluchzend den Urlaub zum Besuch ihrer Tante zu erhalten. In opernhaftem Aufschwung (Oktavsprung!) sagt Rosalinde „Du darfst heut' nicht zu ihr". De la Motte (1993, 97) verweist auch auf die ungewöhnliche Verteilung der Notenwerte in dieser Phrase. Gibt man einer Sechzehntelnote den Wert 1, so hat man das Verteilungsmuster 2–9–1–1–1–4.

N° 2 *Terzett*

2/4	G-Dur	Allegro moderato	„Nein mit solchen Advokaten"
	(B-Dur)	Meno mosso	„Das beste wär, Sie gehn hinaus"
C	G-Dur	Andante mosso	„Beruh'ge endlich diese Wut"
	B-Dur	Andante	„Ach, mein armer, armer Mann"
2/4	G-Dur	Tempo I	„Ach mit solchen Advokaten"
	D-Dur	Un poco agitato	„Rekurrieren, appellieren"
	G-Dur		„Sie werden schließlich sich blamieren"
		Vivace	„Ach, mit solchen Advokaten"

„Nein, mit solchen Advokaten ist verkauft man und verraten". Eisenstein steigt in wilden Halbtonschritten vom hohen Roß, dem g^1, zum h hinunter; das Orchester spielt eher in die Gegenrichtung und auch die Tonart ist schwankend. Dann ein heftiges Gespräch, in welchem die Ornithologie zu ihrem Recht kommt: „Der Herr Notar schwatzt wie ein Star!" bzw. „Sie krähen wie ein Hahn!". E-Dur wechselt abrupt mit F-Dur,

Fis-Dur mit G-Dur. Rosalinde wechselt in ein freundliches B-Dur und komplimentiert Dr. Blind hinaus. Leider muß sie erfahren, daß es nun keine fünf Tage Arrest sind, sondern acht Tage! „Ach, mein armer, armer Mann, noch heute also mußt du dran?" Diese Klage beginnt in B-Dur (nicht in Moll), möglicherweise ein Schuß Ironie, denn Rosalinde wünscht ja inständig, daß ihr der Konflikt zwischen ihrem Pflichtgefühl und dem Wiedersehen mit Alfred erspart bleibt! Aber Dr. Blind kehrt zurück und kündigt an, was er alles kann: „Rekurrieren, appellieren, reklamieren, revidieren, …" Dr. Blinds Gesang bleibt relativ monoton, aber Violine und Viola spielen dazu eine drängende Melodie, die dann von der Flöte aufgenommen wird und das Material für Rosalindes und Eisensteins Ablehnung bildet. Am Schluß der Szene empfiehlt sich Dr. Blind selbst: „Wenn Sie wieder einmal mit einem Amtsdiener einen Konflikt haben sollte, genieren Sie sich nicht … Das nächste Mal arbeite ich Sie ganz sicher heraus."

N°3 Duo

2/4	E-Dur	Allegretto	„Komm mit mir zum Souper"
	(H-Dur)		„Ballerinen, leicht beschwingt"
	(E-Dur)		„Freundchen, glaub mir, das verjüngt"
6/8	C-Dur	Andantino	„Doch meine Frau, die darf's nicht wissen"
2/4	E-Dur	Moderato	„Ja ich glaub, Du hast Recht"
		Animato	„Soll Dir das Gefängnis nicht schädlich sein"
	A-Dur	Allegro non troppo	„Ein Souper uns heute winkt"

Zunächst wollte ja Eisenstein den ältesten, schmutzigsten, zerrissensten und miserabelsten Anzug anziehen, aber dann soll es doch schwarzer Samt und Seide sein mit einem Chapeau bas …. Was ist da wohl geschehen? Damit das Gefängnis nicht schädlich ist, muß er noch zu einem Souper, ganz in der Nähe.

Ein Sou - per uns heu - te winkt, wie noch gar keins da - ge - we - sen

Vor dem Hintergrund des schon in N°1 angeklungenen Festmotivs überredet Falke seinen Freund. Er hat es nicht schwer,
aber mit feierlicher Wehmut stellt dieser fest „Doch meine Frau,
die darf nichts wissen." Ein Orgelpunkt im Cello auf der offenen Quinte und Harfenklänge unterstreichen den Ernst der
Lage. Doch dann siegt die frohe Laune. Flöte, Oboe, Klarinette
und Violine spielen zum Aufbruch, und ein vibrierendes
Thema markiert die Entscheidung „Ein Souper uns heute
winkt."

N°4 *Terzett*

3/4	c-Moll	Moderato espressivo	„So muß allein ich bleiben"
2/4	C-Dur	Allegro moderato	„O je, o je, wie rührt mich dies"
3/4	c-Moll	Tempo I	„Wo bleibt die traute Gruppe"
2/4	C-Dur	Allegro moderato	„O je, o je, wie rührt mich dies"
C		Maestoso	„Es gibt ein Wiedersehn!"
2/4	C-Dur	Allegro moderato	„O je, o je, wie rührt mich dies"

Rosalinde beklagt ihr Los in traurigen Molltönen, die allerdings immer wieder von Takten in schelmischem Dur unterbrochen werden (z. B. „Wie soll ich dir beschreiben"). Ein
schauriger Tritonus (h^1-f^1-h^1) markiert das Wörtchen ‚bleiben'.
Als Tritonus wird das Intervall bezeichnet, welches drei Ganz-
tonschritten entspricht. In der mittelalterlichen Musik und im
strengen Kontrapunkt wurde er als Dissonanz (auch „diabolus
in musica" genannt) vermieden, aber es gibt viele Belege für
sein Vorkommen schon aus dieser Zeit. Später diente er zur
Ausdeutung von Klage und Tod (auch der viel besprochene
Tristanakkord *f-h-dis^1-gis^1* enthält einen Tritonus). „Wie werd'

ich es ertragen" wird von einem Solo der Trompete untermalt. „Ich werde dein gedenken des Morgens beim Kaffee" – da sind schon vier Takte in aufgehelltem Es-Dur. Aber dann bricht fröhliche Polkalaune durch („O je, o je, wie rührt mich dies"), die letztlich allen Abschiedsschmerz überdauert, pianissimo von Pauke und kleiner Trommel unterlegt. Soloflöte und Soloklarinette stimmen erneut das Trauerthema (in d-Moll) an, während Rosalinde klagt „Und sinkt der nächt'ge Schleier". Der Schmerz wird ungeheuer auf einem lange ausgehaltenen g^2, bis die erste Reprise der Abschiedspolka hereinbricht. Generalpause! Das erste Horn faßt sich alsbald und markiert den synkopierten Polkarhythmus für eine Episode in F-Dur, die über die Dominante nach G-Dur findet. Aber über den G-Dur-Dreiklang landet man überraschend auf der (kleinen) Septime, also auf f, und ist somit zu C-Dur zurückgekehrt: „Leb wohl, du mußt nun gehn". Hörner und Trompeten kündigen feierlich an: „Es gibt ein Wiedersehn!". Das Fagott spielt dazu in höfischer Manier eine markante Gegenmelodie. Aber letztlich kommt die zweite Reprise der Polka, immer noch in behutsamem Pianissimo gehalten, um dann einer Steigerung zum Fortissimo Platz zu machen.

N°5 Finale: a) Trinklied, b) Couplets, c) Terzett

3/4	G-Dur	Allegretto	„Trinke, Liebchen"
		un poco meno mosso	„Sieh'st, wie heiße Lieb ein Traum"
	(D-Dur)	Tempo I	„Flieht auch manche Illusion"
	G-Dur		„Glücklich ist, wer vergißt"
		Tempo I	„Trinke, Liebchen"
		un poco meno mosso	„Brachst du einmal auch die Treu'"
	(D-Dur)	Tempo I	„Glücklich macht uns Illusion"
	G-Dur		„Glücklich ist, wer vergißt"
2/4	(Es-Dur)	Marziale	
3/4	G-Dur	Tempo I	„Trinke, Liebchen"

	Schneller und derber als früher	„Glücklich ist, wer vergißt"
	Nicht zu rasch	„Sie seh'n, ich kann auch gemütlich sein"
	Più animato	„Sie sind es nicht?"
2/4	Allegretto moderato	„Mein Herr, was dächten Sie von mir"
3/4	Tempo di Valse moderato	„Mit mir so spät im tête-à-tête"
C ·C-Dur	Allegro non troppo	„Nein, nein, ich zweifle gar nicht mehr"
alla breve	Vivace con fuoco	
C	Tempo I	„Soll ich schon brummen müssen"
6/8 (As-Dur)	Allegretto	„Sie finden gewiß dort meinen Gemahl"
2/4 C-Dur	Allegretto	„Folgen Sie nun schnell" „Mein schönes, großes Vogelhaus"
	Poco più mosso	„Wenn es sein muß"
(Es-Dur)	Un poco meno	„Genug, mein Herr"
	Più moto	„Mein Herr, genug der Zärtlichkeit"
(C-Dur)		„Sein schönes großes Vogelhaus"
6/8	L'istesso tempo	„Nun wohlan, das Schicksal will"
2/4	Meno ad libitum	„Ach, es muß ja sein"

Das durchkomponierte Finale des ersten Aktes beginnt mit dem Trinklied Alfreds, in welchem sich der Gesangslehrer als Tenor ausweisen soll und mehrmals das a^1 zu erklimmen hat (nur der Racheschrei im dritten Akt veranlaßt ihn, einen Halbton höher auf das b^1 zu kommen). Übrigens wird Alfred im Personenverzeichnis ausdrücklich als Gesangslehrer des Prinzen Orlofsky angeführt, ein Hinweis, der aber nicht weiter für die Handlung entscheidend ist. Der *dolce* zu singende Refrain „Glücklich ist, wer vergißt" bezeichnet zweifellos die Grundstimmung dieser Operette: Inmitten der Widrigkeiten des Lebens, auch nach wirtschaftlichen Zusammenbrüchen, kann das Leben weitergehen, wenn man die Vergangenheit hinter sich lassen kann. Aber Rosalinde versucht noch immer dem betörenden Tenor Widerstand zu leisten. Auf dem Schicksalston h^1 singt sie „Er geht nicht von hinnen, schläft hier wohl noch ein". Offenbar fürchtet sie, kompromittiert zu werden; eine auch nur kokette erotische Situation kommt für sie gar nicht in Frage! Aber schon naht Entlastung. Zwei kurze Paukenschläge. Klarinette und Fagott melden Besuch an. Die ersten Violinen intonieren in Es-Dur das Lied vom schönen, großen Vogelhaus: es ist der Gefängnisdirektor Frank mit seinen Wachebeamten. Alfred scheint unbeeindruckt: „Trinke Liebchen, trinke schnell", aber der frohe Kling-kling-Sang wird nach As-Dur versetzt und die vom ersten Horn mit dem Schicksalston h begleitete Ankündigung des Gefängnisdirektors, daß der Wagen warte, mit einem „Glücklich ist" in festlichem E-Dur quittiert. Ja, Frank läßt sich sogar überreden, anzustoßen und in Terzparallele mitzusingen. Alfred will nun aber partout nicht Herr von Eisenstein sein, was Rosalinde veranlaßt ihren guten Ruf mit einem koketten Lied zu retten, in welchem kühne Septimsprünge (fis^1-e^2, d^1-c^2) dominieren. Mit dem Septimsprung fis^1-e^2 wird nun auch das erste (!) Walzerlied der Operette (nach der Ouvertüre) eingeleitet. Man sollte hier vor allem auf den Text der zweiten Strophe hören „Im tête-à-tête mit mir so spät, schlief er beinah schon ein, so ennüyiert und so blasiert, kann nur allein ein Ehmann sein." Direktor Frank zweifelt nicht länger, und so muß sich Rosalinde in den Abschiedskuß fügen, der von einem Triller der ersten Flöte einbegleitet wird. Das Fagott wandert aufwärts, das Cello abwärts, die Oboe trillert mit, zuletzt auch noch das

Cello. Aber Frank drängt, auch er ist – wie er selber sagt – heute noch invitiert. Das Lied vom schönen, großen Vogelhaus setzt sich nun durch. Es wird ja auch von Trompete und Pikkoloflöte zwar piano, aber entschieden unterstützt. Noch einmal wird um Aufschub gerungen, vor allem um ein Küßchen noch. Aber auch diese Episode in Es-Dur wird von Frank abgebrochen. Das Vogelhaus wartet. Diesmal wird die Melodie auch noch von Klarinette und Violine unterstützt. Das Gewicht der dezidierten Einladung, dort Gast zu sein, wird vor allem von den Posaunen vermehrt. Der fröhliche Ausklang im 6/8- bzw. 2/4-Takt läßt Rosalinde immerhin noch das hohe c^3 erklimmen (ihr höchster Ton, das d^3 bleibt der Ungarin im Csárdás vorbehalten).

Ein Souper heut uns winkt

Zweiter Akt
N°6 Introduktion

2/4	G-Dur	Allegretto con fuoco	
	E-Dur		„Ein Souper heut uns winkt"
	(H-Dur)		„Alles, was mit Glanz die Räume füllt"
	(E-Dur)		„Ja, charmant, amüsant"
	(A-Dur)	Molto animato	„Gefrorenes?"
	(E-Dur)		„Hier, ich bitte sehr"
	(Es-Dur)		„Mir eine Tasse Tee"
	E-Dur	Vivo	„Wie fliehen schnell die Stunden fort"

[N° 6a Sortie = Wiederholung des Schlußchors]

Nach einem kurzem Allegretto con fuoco singt der Chor das Festlied „Ein Souper heut uns winkt". Das bereits zweimal angeklungene Festmotiv (in N°1 und N°3) ist eine verspielte Variante dieser Chormelodie, die übrigens nicht identisch ist mit der Melodie des Schlußgesanges von N°3. Die Gäste sind alle in bester Laune und werden von der Dienerschaft hofiert. Wie gelingt übrigens der Wechsel von E-Dur zu Es-Dur? Der Leitton *dis* wird zu *es* umgedeutet! Auf demselben Wege kehrt man auch wieder zu E-Dur zurück.

N°7 Couplets

alla breve Des-Dur	Allegro non troppo	„Ich lade gern mir Gäste ein" „Und sehe ich, es ennüyiert sich jemand …"
(b-Moll)		„Und fragen Sie, ich bitte"
Des-Dur		„s'ist mal bei mir so Sitte"

Locker und leicht hat dieses Couplet zu klingen, trotz oder wegen der Quart- und Sextsprünge des Anfangs, wobei bei den Sexten die Oboe mithelfen darf. Das Pizzikato der Streicher, Hörner und Posaune vermitteln einen gravitätischen Ernst. Die Stimmung schlägt ein wenig um („Zwar langweil' ich mich stets dabei"): Violinen und Viola begleiten nun arco, d.h. mit Bogenstrich, Fagotte und Posaune schweigen, bis eine elegante Figur, ausgeführt von Bratsche und Cello ein neues Thema einleitet: „Und sehe ich, es ennüyiert sich jemand hier bei mir". Ein Orgelpunkt auf dem *as* gibt der lakonischen Feststellung „'s ist mal bei mir so Sitte" das nötige Gewicht. Das Couplet ist in seiner sparsamen, pointierten Instrumentierung (man denke noch an den Paukenwirbel, der „ihn ganz ungeniert" untermalt) ein Meisterwerk.

N°8 Ensemble und Couplet

2/4 A-Dur	Allegretto	[„Nein, genug mit diesem Spiel"; im Autograph vorangestellt] „Ach meine Herrn und Damen"

49

C-Dur		„Sehn Sie dies Fräulein, zierlich"
(F-Dur)	Più mosso	„Ha ha ha ha"
(D-Dur)		„Wie ungalant"
3/8 G-Dur	Allegretto	„Mein Herr Marquis"
		„Die Hand ist doch wohl gar zu fein"
		„Gestehen müssen Sie fürwahr"
		„Ja sehr komisch, ha ha ha"

Adele hat inzwischen das Geld des Prinzen Orlofsky verspielt. Im Autograph ist nach den ersten Einleitungstakten ein vom Chor begleitetes Duett von Adele und Ida zu finden mit dem empörten Text: „Nein genug mit diesem Spiel, wir verloren allzuviel!". Das Orchester spielt dazu die in N°6 ab Takt 5 vorgesehene Melodie, die das Trio der Fledermaus-Polka op.362 dominiert. Da schon Johann Strauß im Autograph vermerkt hat, daß diese Stelle übersprungen werden kann, findet man sie in den später gedruckten Klavierauszügen nicht mehr. Die musikalische Szene setzt nach der Stelle im Libretto ein, wo Eisenstein alias Marquis Renard (zu Recht) in Fräulein Olga das Stubenmädchen seiner Frau zu erkennen glaubt. Marquis Renard wird beschimpft „Wie ungalant!" und verteidigt sich schwach „Die Ähnlichkeit ist zu frappant!". Jedenfalls kann Adele die Gesellschaft überzeugen, daß diese Verwechslung doch sehr komisch, ja zum Lachen ist. Für diese reizende Melodie, die von der Flöte graziös begleitet wird, gilt zu Recht, was de la Motte über den Operettensänger schreibt und was wohl erst recht für die Operettensängerin Geltung hat: „... die Operettensängerin: leicht, locker, beweglich, spritzig. Atmen scheint unnötig, blitzartig wirft sie ihre Töne in die Luft, sie flattern weg, winzige Pause, da sind die nächsten schon. Deshalb geht man in die Operette: könnte man manches doch auch so leicht nehmen ..." (nach de la Motte 1993, 95). Die Koloraturen führen immerhin bis zum d^3, womit Adele schon jetzt beweisen kann, es wär' der Schaden nicht gering, wenn mit dem Talent sie nicht zum Theater ging.

50

N° 9 Duett

2/4	F-Dur	Un poco moderato	„Dieser Anstand, so manierlich"
3/8		Allegro	„Ei, mein schöner Herr"
2/4		Tempo I	„Wie er girret"
6/8	As-Dur	Moderato	„Ach wie wird mein Auge trübe"
2/4	D-Dur	Allegro	„Eins, Zwei, Drei, Vier"
		Più lento	„Sie habn mich ganz verwirrt gemacht"
		Più allegro	„Jetzt zählen sie"
			„Eins, Zwei, Drei, Vier"
	(F-Dur)		„Nein, nein, nein"
	D-Dur	Poco meno	„Ich danke von Herzen"
			„Sie ist nicht ins Netz gegangen"

Und ein Füß - chen, das mit Küß - chen glü - hend man be - dek - ken sollt

Gefängnisdirektor Frank alias Chevalier Chargrin und Eisenstein alias Marquis Renard sind bald gute Freunde geworden, aber die schöne Ungarin mit der Maske! Da scheint es doch nicht so leicht zu gehen. Irgendwie spricht es doch für Eisenstein, daß er unter allen Damen bei diesem Ball gerade an Rosalinde so großes Gefallen findet. In Lehárs Operette *Die ideale Gattin* (musikalisch auf der älteren Operette *Der Göttergatte* beruhend) ist es Elvira, die sich als ihre eigene Schwester Carola ausgibt und so das Herz ihres Gatten Viconde Pablo de Cavaletti zurückerobert. Die so harmlos anmutende Melodie in F-Dur („Dieser Anstand so manierlich") erweist sich bei näherer Betrachtung als musikalische Zumutung. Vom c geht es in weniger als drei Taktlängen eine Duodezime hinauf zum g^1 und weitere Eskapaden (dreimal ein Oktavsprung von e zu e^1) folgen locker. Zum Schluß der ersten Periode: Ein chromatischer Abstieg zu dem Füßchen, das mit Küßchen man bedecken sollte. Der 3/8-Takt des Zwiegesprächs (Allegro) wird durch sehnsuchtsvolle Triolen vorbereitet. Die Reprise des ersten Themas („Wie er girret, kokettiert") ist als Duett in kanonartigem Wechselgesang gestaltet. Dann läßt Eisenstein seine Uhr ertönen. Der Widerstand der schönen Ungarin wird schwächer (As-Dur!), Eisenstein und Cello trumpfen auf: „Ha, schon meldet sich die Liebe". Stimmen ihres Herzens Schläge mit dem Tik-Tak dieser Uhr überein? Nach einigen vergeblichen Zählversuchen gelingt es bestens (D-Dur), aber plötzlich große Verwirrung, daher Sprung nach F-Dur, Tonart bleibt unsicher (Dominantseptakkord zu D-Dur, aber dann plötzlich B-Dur). Rosalinde jubiliert – der folgende Csárdás ist eigentlich unnötig, das Temperament ist schon erwiesen –, die Uhr ist ‚annexiert' (so steht es im Klavierauszug).

N°10 Csárdás

C	h-moll	Langsam	„Klänge der Heimat"
			„Wenn ich euch höre"
			„O Heimat so wunderbar"
			„Ja, dein geliebtes Bild"
2/4	D-Dur	Frischka	„Feuer, Lebenslust"
		Più Allegro	„La, la, la"

[N°10a Csárdás für Orchester; Beilage zum Autograph]

Da aber die Annexion der Uhr unter Ausschluß der Öffentlichkeit erfolgte, muß nun Rosalinde coram publico die nationalen Töne des Vaterlandes für sich sprechen lassen. Der (langsame) Csárdás in h-Moll und die anschließende (rasche) Frischka in D-Dur klingen durchaus „ungarisch"; Ähnlichkeiten mit den Ungarischen Rhapsodien von Liszt oder den Ungarischen Tänzen von Brahms sind in gewissen Wendungen hörbar. Der langsame Teil steht überwiegend im 4/4-Takt, aber es finden sich eingestreute 2/4-Takte, die der Csárdásmelodik ein eigentümliches feierliches Gepräge geben. Als im Jahre 1882 die *Fledermaus* erstmals in einer ungarischen Fassung im Budapester Népszínház gezeigt wurde, wurde das Libretto gänzlich verändert; die Handlung spielte in China und die handelnden Personen sollten Italiener sein. In einem Gespräch der Ballgesellschaft bei Orlofsky nach dem Csárdás war man sich nicht einig, ob denn das ein ungarisches, spanisches oder gar ein englisches Lied gewesen sei, bis jemand sagte, dies sei „wohl ein dem Walzer aufgepropfter dualistischer Csárdás!". Ein politisch gefärbtes Bonmot, das nicht wahrhaben wollte, daß ein Österreicher so gut ungarisch klingende Musik komponieren könnte (so Batta 1992, 64). Swarowsky meint, daß der Csárdás ursprünglich für eine auftretende Zigeunerkapelle geplant war (Swarowsky 1968, 718). Tatsächlich liegt eine Fassung für Orchester allein dem Autograph bei. Die Gesangsfassung wurde schon am 25.Oktober 1873 (also ein gutes halbes Jahr vor der Premiere der Operette) von Marie Geistinger in einem Benefizkonzert vorgetragen. Somit ist dieser Csárdás möglicherweise die älteste Nummer der Operette.

Überdies hat Strauß im Jahre 1896 einen neuen Csárdás geschrieben, in c-Moll bzw. Es-Dur (erstmals in Fritz Raceks Ausgabe der Partitur im Druck erschienen). Dieser war für die Aufführung in der Wiener Hofoper für Marie Renard gedacht, aber er blieb dann doch in den Archiven liegen.

N°11 Finale II

2/4	D-Dur	Allegro con brio	„Im Feuerstrom der Reben"
			„Die Majestät wird anerkannt"
6/8	(As-Dur)	Un poco moderato	„Herr Chevalier, ich grüsse Sie"
			„Ich seh', daß sich die Paare gefunden"
	C-Dur		„Eine große Bruderschaft"
3/4	F-Dur	Allegretto moderato	„Brüderlein, Brüderlein und Schwesterlein"
		Poco più animato	„Erst ein Kuss"

		Allegretto	Brüderlein, Brüderlein und
		moderato	„ Schwesterlein"
		Animato	„Erst ein Kuss"
		a tempo	
		animato	„Duidu, duidu"

Ballett

3/4	C-Dur	Allegretto moderato (Spanisch)	
C	D-Dur	Allegro	
		Allegretto (Schottisch)	
3/4	C-Dur	Allegretto molto moderato (Russisch)	
2/4	E-Dur	Tempo di Polka (Böhmisch)	„Marianka, komm und tanz' me' hier"
	(H-Dur)		
	(E-Dur)		
C	D-Dur	Allegro maestoso (Ungarisch)	
		Allegro vivo	
		Più Allegro	
3/4	G-Dur	Tempo di Valse	„Diese Tänzer mögen ruhn"
			„Ha, welch ein Fest"
	(B-Dur)		„Du bist meine Stütze, Freund"
	G-Dur		„Ha, welch ein Fest"
			„Brüderl, Brüderl, meine Uhr geht schlecht"
			„Bist Du ein Mann"
			„An das Wimmerl glaub ich nicht"
		Più animato	„Meinen Hut"
		Più stringendo	„Seinen Rock"
		Tempo I	„Ha, welch ein Fest"
2/4		Allegro	„Dann bleibet jede Stund"

Ein großes Finale! Zuerst wird die Regentschaft des Champagners anerkannt, in einem Strophenlied, welches ein wahrlich Champagnerperlen gleichendes Allegro con brio entfesselt. (Carl

54

Millöcker glückte ein kongenialer Wurf im Finale des zweiten Aktes im *Bettelstudenten*. Der Pole trinkt dort galant Champagner aus dem Schuh der Dame und fragt: „Wo ist der Pokal, er sei von Crystall, von Silber, von Gold, wie dieser so hold?") Aber die Stimmung wird plötzlich intensiver (ein jäher Sprung von D-Dur zu As-Dur), die Sprache schon etwas holpriger, es bleibt fast nur mehr bei einem „Merci, merci, merci". Dr. Falke steuert zum ersten Höhepunkt des Finales hin. In seinem „Ich seh, daß sich die Paare gefunden, daß manche Herzen in Liebe verbunden" kündigt sich schon Walzer, Zeit und Raum vorübergehend vergessen machender Walzerklang an. Das Motiv *es-es-des-des-c* wird aus der drängenden Dominante verstanden, in der Tonika könnte man fast schon ein „Leise, ganz leise …" (aus dem *Walzertraum* von Oscar Straus) heraushören, ein Beleg für die Fruchtbarkeit motivischer Keime im Walzertakt. Das sehnsuchtsvoll friedliche Allegretto moderato in der pastoralen Tonart F-Dur ist natürlich ein langsamer Walzer. Batta beschreibt diese Szene treffend: „… es ereignet sich etwas, was in der Realität unvorstellbar wäre: Leute, die sich nicht kennen, Männer und Frauen, Aristokraten und Bürgerliche sagen plötzlich ‚du' zueinander. Die aus vielen Gesellschaftsschichten und noch mehr Nationalitäten zusammengesetzte Bevölkerung Wiens wird ‚ein einig Volk von Brüdern'" (Batta 1992, 71). Besonders eindrucksvoll ist die Reprise des ersten Themas durch die fugenartige Führung der Stimmen. Adele beginnt „Brüderlein, Brüderlein und …", dann setzen Eisenstein und Orlofsky ein, zwei Takte später Falke und Frank und nochmals zwei Takte später Rosalinde. Dann nochmals zwei Takte später die erste Gegenmelodie von Ida „Stimmet alle ein", und erst, wenn das Septett in vollem Gang ist, tritt der geteilte Chor hinzu. (So nach dem Klavierauszug, laut Partitur ist eine andere Abfolge vorgesehen.)

Leider wird es nur selten aufgeführt, das von Johann Strauß für die *Fledermaus* geschriebene Ballett. Stoverock verweist auf die Meinung des ersten Strauß-Biographen Eisenberg, nach welcher Strauß die genaue Ausführung der in seinen Bühnenwerken vorkommenden Tänze sehr wichtig war (Stoverock 1973, 39). Meist werden an dieser Stelle Tanz- oder Gesangseinlagen geboten, sicher meist qualitätvoll, aber das originale Ballett ist gute Musik und hat auch eine dramaturgische Funktion. Der Ball bei Orlofsky ist nämlich ein internationales Fest. Im Personenverzeichnis werden als Gäste des Prinzen zahlreiche Damen (auf dem Theaterzettel der Uraufführung am 5.April 1874 liest man: Ida, Melanie, Felicita, Sidi, Minni, Faustine, Silvia, Sabine, Bertha, Lori und Paula) aufgeführt, aber auch namentlich einige Herren, nämlich: Ali-Bey, ein Egypter; Ramusin, Gesandtschafts-Attaché; Murray, Amerikaner; Carikoni, ein Marquis; Lord Middleton und Baron Oskar. Wohl gibt es bezüglich der Namen und der Rollen dieser Chargen einige Unstimmigkeiten zwischen Theaterzettel und den Quellen für Text und Musik, aber die Absicht dieser langen Liste scheint klar zu sein: ein (vorgetäuschtes?) internationales Flair des Balles. Die Tänze des Balletts tragen die Bezeichnungen: Spanisch, Schottisch, Russisch, Böhmisch (eine gesungene Polka!) und Ungarisch. Obwohl Johann Strauß der König des Walzers und der Polka war, seine Ballettmusik hat keinen großen Bekanntheitsgrad erreicht. Schon in seiner ersten Operette *Indigo* findet man ein hübsch arrangiertes Ballett. Aber ein Eindruck drängt sich auf: Wenn Strauß Ballettmusik komponierte, orientierte er sich offenbar stark an der Musik der Balletteinlagen für Opern. Diese Tänze atmen aber einen anderen Geist als die sinnenfrohen und melodienfreudigen Tänze, die er sonst schrieb. Das „Hofzeremoniell" eines opernhaften Balletts schien seine Inspiration zu hemmen.

Jedenfalls läßt Orlofsky dann die Tänzer ruhen und fordert zum allgemeinen Tanz auf. Hier bricht er durch, der wirbelnde

Walzer in G-Dur, der schon die Ouvertüre beherrschte. Schon vom Weine ermüdet weichen Frank und Eisenstein nach B-Dur aus: „Du bist meine Stütze, Freund". Aber Horn und Trompeten insistieren auf einem *d*, der Jubel kann zunächst weitergehen. Zu chromatisch absteigendem Cello suchen Frank und Eisenstein die Uhrzeit zu ergründen, aber dann soll endlich die schöne Ungarin ihre Maske fallen lassen. Die Gäste stacheln Eisenstein nun auf: „Schau sie an! Schau sie an!" Rosalinde wehrt sich noch, aber an das Wimmerl glaubt Eisenstein nicht (der Text ist hier wahrlich nicht besonders intelligent!). Dann, die Glockenschläge, die schon in der Ouvertüre zu hören waren. Es ist sechs Uhr früh. Frank und Eisenstein brauchen Hut und Rock, sie enteilen in verschiedenen Richtungen, werden aber bald zusammentreffen. Aber noch einmal ertönt mit voller Kraft „Ha, welch ein Fest, welche Nacht voll Freud" und zum Ausklang das melodische Bekenntnis „Die Majestät ist anerkannt", in das fröhliche G-Dur gehoben, was Rosalinde, Orlofsky und Adele Gelegenheit gibt, das hohe c^3 anzupeilen.

So rächt sich die Fledermaus

Dritter Akt
N°12 Entreact

2/4	C-Dur	Tempo di marcia	(„Mein schönes großes Vogelhaus")
6/8		L'istesso tempo	(„Nun wohlan, das Schicksal will")
2/4			(„Mein schönes großes Vogelhaus")

Ein Zwischenspiel zwischen dem zweiten und dritten Akt ist in vielen Operetten zu finden. Da der zweite Akt meist stürmisch, ja für Liebesbeziehungen oft katastrophal endet, tut eine Beruhigung der Gemüter not. Heitere Melodien in fröhlichem C-

Dur, die Piccoloflöte und die Solotrompete sind mit von der Partie, das Gefängnis, von dem hier die Rede ist, muß schon sehr bunte Vögel bergen. Aber es ist kein Vogel, sondern ein Amphibium, nämlich der Gerichtsdiener Frosch, der als erster die Bühne betritt. Dieser Frosch ist übrigens seinen in Freiheit lebenden Vettern ziemlich unähnlich; denn diese lieben das Wasser, er den Slibowitz.

N°13 Melodram

C	F-Dur	Moderato	
3/4	G-Dur	Walzer-	
		Tempo	(„Ha, welch ein Fest")
C		Tempo I	
3/4		Walzer	
2/4	(D-Dur)	Allegretto	„Die Majestät wird anerkannt"
	F-Dur	Polka un	
		poco moderato	
	C-Dur		
	F-Dur	Un poco più	
		moderato	
3/4		Walzer più	
		moderato	(„Ha, welch ein Fest")

Ein Kleinkunstwerk der Instrumentation ist das Melodram, überwiegend in friedlichem F-Dur gehalten. Oboe und Violine (con sordino) stimmen an, Klarinette und Violine setzen fort. Die Viola wacht auf, Frank betritt unsicheren Schrittes sein kleines Reich. Das Fagott meldet in D-Dur „Mein schönes, großes Vogelhaus" und bläst ein langes *A*, welches den Hörnern Gelegenheit gibt, das Thema fortzusetzen. Klarinetten und Violinen setzen ein, unterbrochen von den Sechzehnteltriolen von Cello und Fagott. Diese Aufwärtsbewegung setzt sich durch, energische Töne werden laut, aber zunächst siegt der Walzer. Sieben Takte sanfter Walzertakt der Streicher ohne jede Melodie, die dann von Frank gepfiffen und von der Soloflöte begleitet wird. Andere Instrumente sekundieren, Frank beginnt zu tanzen. Jähes Innehalten. Fermate, ein langes *es* der Klarinette signalisiert Umdenken, und das Fagott sagt Frank, wo er ist: in seinem Vogelhaus. Aber noch einmal siegt der Walzer: Vier Takte sanfter Rhythmus, vorgetragen von Flöte, Oboe und Hörnern. Die Oboe erinnert an den wirbelnden Walzer der vergangenen Nacht, Frank begrüßt die imaginären Damen und seinen Freund, den Marquis. Ja, die Majestät muß anerkannt werden und das Triangel verstärkt pianissimo. Pauke, Viola und Cello bereiten einen Tusch vor: „Es lebe Champagner der Er …" (der ‚Erste' wird nicht mehr vollendet, denn Frank ist unsicher geworden), die tieferen Streicher versuchen Contenance zu vermitteln. Das Festmotiv ertönt als verklärte Erinnerung und dann nochmals Walzertakt. Frank pfeift einschlummernd, die Soloflöte spielt mit, Cello und Kontrabaß geben Anwort, nochmals das Motiv „Ha, welch ein Fest", diesmal antworten Fagott und Cello. Frank schläft ein.

N°14 Couplet

6/8	G-Dur	Allegro moderato	„Spiel' ich die Unschuld vom Lande"
3/4	C-Dur	Moderato	„Wenn Sie das gesehn"
C	G-Dur	Marcia	„Spiel' ich eine Königin"
3/4	C-Dur	Moderato	„Wenn Sie das gesehn"
2/4	G-Dur	Allegretto grazioso	„Spiel' ich 'ne Dame von Paris"

Nur wer den Kopf voller Einfälle hat wie Johann Strauß, kann sich den Luxus leisten, ein Lied mit drei Couplets zu schreiben und für jedes Couplet eine neue Melodie parat zu haben. Das erste Couplet ist kokett und ländlich zugleich mit einer bewußt simpel erscheinenden Melodieführung. Das zweite Couplet verlangt der Sängerin schon einiges ab („ja ganz, ja ganz in meiner Gloria" jagt immerhin von a^1 auf h^2 hinauf und ruht sich kurz auf dem tiefen d^1 aus!), die Harfe erhöht den feierlichen Ernst, und wenn letztlich Ida die Trompete und Frank die Trommel imitieren (was leider oft weggelassen wird), ist man noch mehr als zuvor überzeugt, der Schaden wäre nicht gering, wenn die nicht zum Theater ging. Den Abschluß bildet das bezaubernde Couplet der Dame von Paris, dessen Koloraturen eine lockere Stimme erfordern, und das d^3 am Schluß ist durchaus eine Herausforderung.

Nr.15 Terzett

3/8	Des-Dur	Andante con moto	„Ich stehe voll Zagen"
C		Allegro non troppo	
	D-Dur		„Jetzt bitte ich"
		Poco più meno	„Der Fall ist eigentümlich"
2/4	G-Dur	Allegretto	„Ein seltsam Abenteuer"
			„Mein Herr Notar"
		Poco più mosso	„Das Ganze war ein Zufall"
			„Mein Herr Notar"
	C-Dur	Un poco meno mosso	„Ich bitt' mir Alles zu gestehn"
		Con moto	„Was sollen diese Fragen hier?"
3/4	F-Dur	Allegretto moderato	„Es scheint fast, als empfinden Sie"
		Poco più	„Kratz ich ihm erst die Augen aus"
2/4	B-Dur	Allegro non troppo	„Da Sie alles wissen nun"
		Recitativ	„Erzittert, ihr Verbrecher"
	As-Dur	Più mosso	„Ja, ich bins"
		Più presto	„Rache will ich"

Das zweite Horn stimmt ein langes *as* an. Bratsche und Cello veranschaulichen die bange Erwartung vor den Fragen des Rechtsanwalts. Ein geheimnisvolles Des-Dur ist angesagt. Rosalinde und Alfred sind unsicher, Eisenstein als Dr. Blind verkleidet brütet finstere Gedanken. Resolut fordert er die beiden auf „Jetzt bitte ich, die ganze Sache mir haarklein zu erzählen" – dieser Umschwung wird auch durch den jähen Tonartenwechsel (zu D-Dur) deutlich. „Der Fall ist eigentümlich", wie auch die Soloflöte bezeugen kann. Die locker wirkende Erzählung Alfreds wird von heftigen Einwürfen Eisensteins unterbrochen, aber vorsichtshalber macht er doch einen Rückzieher, denn er will ja alles wissen. Die Erzählung geht weiter, diesmal ist Rosalinde dran. Wie zuvor sind es zunächst nur die Streicher, die sie begleiten. Die (kleine) Septime wird wiederum von der Oboe verdeutlicht. Aber der Gegenstand reißt den Notar hin! Erneut versuchen Rosalinde und Alfred zu beschwichtigen, aber diesmal wird Eisenstein noch deutlicher: „Ich bitt' mir alles zu gesteh'n!" Ein drängendes Thema wird von der ersten Violine und dem Horn angestimmt– man hat es schon in der Ouvertüre gehört. Rosalindes Rufe „Mein Herr!" veranlassen sogar die Posaunen zu einer kurzen Intervention. Pathetisch erklärt sie „Es scheint fast, als empfinden Sie für meinen Gatten Sympathie". Das schändliche Betragen ihres Mannes veranlaßt sie zu gewagten Intervallsprüngen, auf die ein Abstieg zum c^1 folgt. In ganz kleinen Intervallen kündigt sich Unheil an, welches dann in um so kühneren Intervallsprüngen ausgespielt wird („… und dann – laß ich mich scheiden!"). In drei Takten vom tief grollenden c^1 hinauf zum b^2. Als man dann aber vom vermeintlichen Notar auch noch verlangt, ein Mittel anzugeben, wie man diesem Ehemann eine Nase drehen kann, wird es Eisenstein zu viel. Trompete, Posaunen, alle Streicher und Pauke unterstützen ihn. „Erzittert, ihr Verbrecher!" Eisenstein kündigt seine Rache an: „Ja, ich bin's, den ihr betrogen". As-Dur wechselt kurz zu as-Moll, wir landen in Ces-Dur (als H-Dur notiert) und wieder zurück nach As-Dur. Erneut singt Eisenstein von seiner Rache, aber diesmal singen Rosalinde und Alfred mit und haben auch etwas zu sagen. Allerdings, der Schlafrock ist ein Indicium zu seinen Gunsten. Erst im anschließenden Dialog läßt Rosalinde eine Uhr zum Vorschein kommen, die Eisenstein in eine nicht geringe Verlegenheit bringt.

N°16 Finale III

2/4	B-Dur	Allegretto	„O Fledermaus, o Fledermaus"
	g-Moll		„Wolln Sie mir erklären nicht"
	B-Dur		„O Fledermaus, o Fledermaus"
	D-Dur		„So erklärt mir doch, ich bitt'"
	(G-Dur)		„Nun, und was geschieht mit mir?"
	D-Dur	Meno mosso	„Das ist bei mir so Sitte"
	D-Dur	Allegro	„Champagner hat's verschuldet" „Die Majestät wird anerkannt"

Nun will Eisenstein nicht mehr Eisenstein sein! Aber die Ballgesellschaft drängt zum fröhlichen Finale herein. Die zweite Klarinette wogt in Sechzehnteln, aber Eisenstein soll nun nicht länger Opfer sein. Eisenstein bittet um Erklärungen. Diese werden gegeben, wenn auch die Partie des Gesangslehrers Alfred in den Ränken Dr. Falkes nicht vorgesehen war („War auch nicht grad alles so, wir wollen ihm den Glauben, der ihn beglückt, nicht rauben"). Das Grazioso-Thema der Ouvertüre erklingt in den ersten Violinen. Um die künstlerische Ausbildung Adeles entbrennt ein kurzer Streit, aber Orlofsky setzt sich durch (auch musikalisch mit dem Refrain seines Couplets). Abrupte Bitte um Vergebung, die gewährt wird. Der Champagner war an allem schuld.

Der Esprit einer Operette in Zeitraffer –
Zur Ouvertüre

Eine Kaskade rhythmischer Freuden

Der angesehene Musikschriftsteller Ernst Decsey beginnt seine Beschreibung der Ouvertüre zur *Fledermaus* mit den Worten: „Die Ouvertüre zur Fledermaus ist nur ein Potpourri, ziemlich bequem gestückelt, ein Reigen dreier Themen. Der Komponist rutscht von Thema zu Thema über die Dominant hinab, an der Glockenstelle simpel bis zur Kunstlosigkeit. Rossinis Barbier-Ouvertüre ist dagegen die reine Leonore Nr. Drei. Und doch ist sie Repertoirestück sämtlicher Kapellen zwischen Kapstadt und Hammerfest; und nicht grundlos surrt es jedesmal durchs Theater, wenn sie sich entfesselt. Denn sie ist eine Kaskade rhythmischer Freuden.

Der Beginn mit den kurzen Akkordrucken des Tutti, der schäumenden Figur der Violinen und Viola gibt schon die Marke des Werks: Champagner-Musik, bei der Enthusiasten die Vision geschwungener Stengelgläser und moussierender Perlen haben mögen." [Decsey 1922, 145]. Wüßte man nicht aus vielen anderen Stellen, wie sehr Decsey Johann Strauß verehrt und das Studium seiner Partituren angehenden Komponisten empfiehlt, so könnten die beiden ersten Sätze doch stark verunsichern, denn die Ouvertüre ist schon ein Werk besonderer Art. In ihr ist die Stimmung der Operette vorweggenommen, in einer Architektur, die es zu bedenken gilt. Dieter Zimmerschied schreibt dazu: „Die sonst und später wieder verstärkt übliche schlichte Potpourri-Ouverture findet man hier nicht" [Zimmerschied 1988, 85] und zitiert Erich Schenk, der im Hauptteil der Ouvertüre die klassische Sonatenform mit den schon von Decsey genannten drei Themen vorfindet. Tatsächlich gibt es viel mehr Themen, und sie sind kunstvoll miteinander verwoben. Der Beginn in A-Dur (Allegro vivace; im geraden Takt, alla breve) ist ja selbst aus einem markanten Thema entwickelt. Das Motiv ist die aus drei Halbtonschritten bestehende einfache Tonfolge *e-eis-fis*. Bei Offenbach ist sie Kern einer bedrängenden Walzermelodie (Tempobezeichnung: Allegro moderato) im Finale des zweiten Aktes der Buffo-Oper *La Belle Hélène* mit einem kurzen Auftakt und einer Wiederholung des *eis* („Je crains leur fureur" – „Entflieh' ihrer Wut"). Man beachte aber, daß diese Tonfolge bei Offenbach (vom Auftakt abgesehen) vom Grundton ausgeht (was aber nur durch die Harmonik eindeutig ist!). Auch Johann Strauß hat diese Halbtonschritte anderswo verwendet. In der Operette *Prinz Methusalem* beginnt ein flotter Marsch mit dem Motiv *c-cis-d-e* und in der *Nacht in Venedig* singt man auf der Folge *b-h-c* „Man steckt ein" (N°11).

Dieses Thema steht in der vorletzten Nummer der *Fledermaus*. Es ist Eisensteins Racheschrei: „Ja, ich bins". Dort steht es allerdings in As-Dur und im 2/4-Takt, wodurch sich ein anderes Kolorit und eine andere Dynamik ergibt. Denn hier zu Beginn liegt, wie gesagt, die Assoziation an klingende Sektgläser oder an übermütig in den Himmel steigende Silvesterraketen näher! Das liegt aber vor allem daran, daß zu Beginn der Ouvertüre das Thema harmonisch mit der Tonika unterlegt wird und nicht wie in N°15 mit der Dominante, wo erst in der Wiederholung („Ja, ich bin's, den ihr belogen") die etwas ruhiger wirkende

Tonika auftritt. Dazu ist zu bedenken, daß Themen, die aus der Dominante entwickelt werden, besonders drängend wirken (man denke etwa an den Beginn des berühmten Delirienwalzers von Josef Strauß, op.212 oder an die Polka schnell „Unter Donner und Blitz" op.324 von Johann Strauß selbst). Das Thema wird daher auch nicht ausgeführt, sondern durch eine Kaskade perlender Töne der Violinen und Violen unterbrochen, wieder angerissen, und eine veränderte Kaskade führt zu einer Jagd in Viertelschlägen und Triolen durch mehrere Tonarten zu einer Fermate auf der Dominante E. Bratsche und Fagott markieren in den Takten 13 und 14 einen neuen Abschnitt, in welchem in Takt 15 die Oboe erstmals das schon genannte Thema „Ja, ich bins, den ihr betrogen" in voller Länge vorträgt. Während das 1. Horn auf der Dominante E liegt, geschieht eine wundervolle Modulation in den Streichern: cis^2 wird zu c^2 erniedrigt, ein Hauch von Mollabtönung (A-Dur flüchtig zu a-Moll umgefärbt), und schon ist man für eine kurze Episode in C-Dur. Dieselbe Modulation wiederholt sich in N°15; aber dort wird das aus c^2 entstandene ces^2 mit h^1 enharmonisch verwechselt und man landet vorübergehend in H-Dur! Da man aber nach zwei Takten wieder auf E landet, kann man mit einem von Cello und Kontrabaß beigesteuertem Gis wieder zu A-Dur zurückkehren.

Nach Wiederholung des Themas kommt eine Überleitung, die zunächst zwischen A-Dur und cis-Moll schwankend über den Septimakkord von D-Dur zu dieser Tonart hinführt. In dieser (D-Dur) werden erneut Tempo und Thema des Anfangs aufgenommen, aber die Energie scheint zunächst verpufft zu sein, und heftige Triolen, zuerst in den Streichern, dann von Oboe, Klarinette und Horn vorgetragen, signalisieren einen neuen Abschnitt, ein erwartungsvolles Lento im 2/4-Takt mit den berühmten Glockenschlägen, die im Finale des zweiten Aktes – allerdings im 3/4-Takt, denn dort hat der Walzer die Herrschaft an sich gerissen – dann zum Aufbruch ins Gefängnis mahnen werden. Es folgt ein Allegretto mit vier Einleitungstakten, die zwischen einem zerlegten Dominantseptakkord und einem zerlegten verminderten Dominantseptakkord (pizzikato in den Celli) alterieren, welches erneut ein Thema der wichtigen Szene N°15 zur Sprache bringt, dort allerdings als orchestraler Hintergrund zu den drängenden Fragen Alfreds „Was sollen diese Fragen hier?" und Rosalindes „Mein Herr, was denken Sie von mir?" an den vermeintlichen Advokaten Dr. Blind (es ist ein Thema, welches aus der Dominante geboren ist!).

Dieses erwähnte Thema wird zunächst in der Dominante zu A-Dur vorgetragen, dann aber in der Dominante zu D-Dur wiederholt, wodurch die Bahn frei wird zum „ersten" Thema (in der Zählung von Decsey und Schenk), dem reizvollen musikalischen Hintergrund der (zumindest für Eisenstein erlösenden) Aufklärung aller Wirrnisse im Finale des dritten Aktes (Eisenstein: „So erklärt mir doch, ich bitt'!" Falke: „Alles, was Dir Sorgen macht, war ein Scherz, von mir erdacht."). Nicht umsonst ist nun das Tempo *meno mosso* und im Klavierauszug ein *grazioso* notiert. Ob man gegen eine gelegentlich übliche „geschmacklose, angeblich ‚wienerische' Verzögerung dieser beiden Noten" (gemeint sind die beiden Noten, die im Gesangstext des Chores „Und wir alle spielten mit" auf das Wort „spielten" fallen), wirklich polemisieren muß (Swarowsky 1968, 12), kann man doch bezweifeln. Man könnte fragen, ob nicht die erste Silbe dieses Wortes eine schwere Silbe mit einem langen Vokal ist, die einfach etwas mehr Zeit erfordert. Immerhin wird mit dem darunterliegenden verminderten

Dominantseptakkord der Abschluß der ersten musikalischen Episode angedeutet. Diese Polka française landet allmählich in h-Moll und endet unvermutet auf der zugehörigen Quinte, also auf einem von der ersten Violine (und dem Cello unterstützten) vorgetragenen fis^3. Dies ist der Leitton zu G-Dur, weswegen die Ouverture in einigen Kaskaden zu einem Walzer in G-Dur (das „zweite" Thema) hinüberfinden kann. Johann Strauß hatte offenbar wenig Vertrauen in die Geschicklichkeit der Geiger seiner Zeit, denn er hat an dieser Stelle angemerkt, daß in Ermangelung guter erster Violinen diese Geigenfigur von der Flöte zu übernehmen sei (Swarowsky 1968, 14). Bei der anschließenden Überleitung darf auch die kleine Trommel mitwirken.

Nun zum ersten Walzer in dieser Ouvertüre. Dem ersten Thema dieses Walzers mit der Tempobezeichnung Tempo di Valse (nicht zu schnell) eilen vier aus diesem Thema entwickelte Einleitungstakte voraus. Johann Strauß wußte natürlich, daß die Versuchung besteht, hier nicht nur die Lautstärke zu steigern (wie durch die Bezeichnung *pianissimo* im ersten Takt und *crescendo molto* im zweiten Takt auch vorgeschrieben ist), sondern auch das Tempo, was möglicherweise zu einem nicht vorgesehenen Zäsureffekt vor dem fünften Takt, dem Beginn der rhythmischen Begleitung des Walzers, führen kann, denn irgendwo muß man sich ja dann auch schon wieder erholen. Gemeint ist aber etwas anderes: dieser Walzer nähert sich leise, ganz leise aus weiter Ferne und ist dann plötzlich da. Die ersten vier Takte enthalten 24 Achtelnoten, die auf eine 6-malige Wiederholung derselben Abwärts- und Aufwärtsbewegung verteilt sind, wodurch eine ungeheure Motorik entsteht, eine musikalische Unruhe, die aber erst im fünften Takt eine überraschende Wendung erfährt. Dieser Takt besteht nämlich zunächst aus der siebenten (!) Wiederholung der erwähnten Figur, an welche sich aber der musikalische Ausweg, der Abstieg *d–c* anschließt. Der sechste Takt ist eine Wiederholung desselben Themas in einer um eine kleine Terz tieferen Lage und führt dann zum endgültigen Ausbruch aus dem Labyrinth der Achtelnoten.

Johann Strauß hat derartige Labyrinthe von Achtelnoten (meist mit vorausgehendem Auftakt) auch anderswo verwendet. Man denke etwa an den Beginn des Walzers „Frühlingsstimmen" (op.410; ein nur zweitaktiges Labyrinth mit Auftakt) oder an den Beginn der „Accelerationen" (op.234; ein achttaktiges Labyrinth mit Auftakt). Daran schließen vier in rhythmischer Abwechslung gestaltete Takte, die zur Wiederholung des Walzers führen, wobei sich nun der Ton *e* als geniale Umschaltstelle bewährt. Hat er zuerst zu einem Dominantseptakkord geführt, so leitet er nun zu H-Dur über, aus dem das Entrinnen nicht so leicht erscheint … Es folgt sodann die Wiederholung dieses Walzers. Als man aber wieder in H-Dur gelandet ist, kommt erneut eine überraschende Wendung. Alle Instrumente (mit Ausnahme der Flöten, die zuhören dürfen) stehen im H-Dur Dreiklang mit dem ambivalenten Ton *h¹* an oberster Stelle, denn dieser ist der einzige Ton, der auch im G-Dur-Dreiklang vorkommt. Zwei Viertel Pause und der Jubel bricht aus: „Ha, welch ein Fest, welche Nacht voll Freud!". De la Motte (1993, 100–101) gibt den Tonvorrat an, das sind die Melodietöne und ihre Zeitwerte – diese sind 1 (= 1 Achtel), 2, 4 und 10 – und schreibt: „Ein seriöser Komponist muß doch die Aufgabe entsetzt zurückweisen, eine Melodie aus diesem Tonvorrat zu erfinden … Strauß gelingt es, und alle Soli und der Chor singen sie im forte." (de la Motte bezieht sich dabei auf das Finale des zweiten Aktes). Es ist auch eine aparte Harmonik, die diese Melodie unterstützt. Ist der erste Takt eindeutig G-Dur, so landet man ja beim Wort „Fest" auf einem *gis*, welches über drei Oktaven verteilt von fast allen Instrumenten aufgenommen wird. Posaune und Kontrabaß steuern als ruhenden Untergrund ein *c* bei; nur die zweite Klarinette hat ein *e* (im Chorsatz im Finale II vom zweiten Sopran übernommen), sodaß die Deutung als hochalterierter C-Dur-Dreiklang wohl zutreffend sein dürfte. Jedenfalls ist *gis* der Leitton zu a-Moll, und dieses Versprechen wird in den nächsten beiden Vierteln von den Hörnern, von der Zweiten Violine und der Bratsche unterstützt, auch prompt eingelöst. Die Wiederholung des Themas „Liebe und Wein gibt uns Seligkeit" erfolgt eine Quinte nach unten versetzt, der erste Takt wieder in G-Dur, im zweiten Takt kommt ein markantes *cis* („Wein"), dem nur in Posaune und Kontrabaß ein *fis* gegenübersteht (auch im Chorsatz gibt es keinen weiteren harmoniebestimmenden Ton!). Dieses *cis* ist aber Leitton zu D-Dur – es folgt aber nicht D-Dur, sondern ein auf *d* stehender Dominantseptakkord (zu G-Dur) ohne *fis*! Dieser enthält nun ein *c* (schüchtern von den Bratschen eingebracht, im dritten Viertel vom dritten Horn unterstützt, aber da ist das *cis* schon verklungen), was eine interessante Reibung mit dem noch deutlich klingenden *cis* ergibt! Aber dieser Jubel ist nur von kurzer Dauer. Es folgt unvermittelt ein kurzes Allegro, welches zunächst kräftig einsetzt, aber sehr bald mit reizvollen Echoeffekten, einem Wechselspiel zwischen Holz und tiefen Streichern, die vielfach nur stereotyp mit *h* antworten, auf einem vom Fagott vorgetragenen *h* ausklingt. Im folgenden Andante in e-Moll (und im 3/4-Takt) übernimmt die Oboe diesen Ton als h^1 und stimmt ein trauriges Lied an (das „dritte" Thema). Mit den Worten „So muß allein ich bleiben" wird es Moderato espressivo und in schicksalsschwangerem c-Moll die Abschiedsszene zwischen Rosalinde und ihrem getreuen Gabriel eröffnen. Die expressiven Bögen werden aber bald von staccato gespielten Tönen unterwandert, das Andante mündet in einen Aufschrei der ersten Flöte und der ersten Violine, ein Oktavsprung von h^1 auf h^2. Die Flöte bleibt oben, die Violine sinkt seufzend zurück. Schon wieder das verflixte h; wenn es nicht so ernst wäre, könnte man an Alban Bergs *Wozzeck* denken, wo eine Szene allein von diesem Ton h bestimmt wird! Diese Seufzer werden von einem Allegro moderato (im 2/4-Takt) in der noblen Tonart E-Dur abgelöst: „O je, o je, wie rührt mich dies" beginnt es pianissimo, erlaubt aber erstmals der großen Trommel in das orchestrale Geschehen einzugreifen. Und dann ist es wieder da, das Motiv des Anfangs, allerdings nach E-Dur versetzt: *h-his-cis*. „Ja, ich bins!" Musikalische Selbstbehauptung nach dem rührenden Abschied (zum Fest bei Orlofsky, nicht in den Arrest)? Zweimal wird dieses Thema angerissen, um dann gesanglich ausgespielt (also wieder die Folge *e-eis-fis*) für wenige Takte im A-Dur der Einleitung zu verweilen. Die Stretta geht weiter. Die Folge *e-eis-fis* paßt in die Dominante zu h-Moll, das *fis* verwandelt sich in den Ausgangston des transponierten Motivs *fis-fisis-gis* (das *fisis* ist allerdings als *g* notiert), paßt also in die Dominante zu cis-Moll, da aber das *gis* der Leitton zu A-Dur ist, kann man die Aufregungen der letzten Tage und Nächte wieder rasch vergessen und, von wuchtigen Paukenwirbeln begleitet, nach zwei besinnlichen Generalpausen zur Reprise schreiten. In A-Dur wird in Tempo ritenuto die reizvolle Polka française wiederholt. Sie klingt so nun zugleich schelmischer wie unschuldiger, eine Eigenheit, die dieser Tonart innezuwohnen scheint. Da auf dieses Thema noch ausführlicher eingegangen werden soll, seien nur zwei Beispiele genannt aus Franz Lehárs *Lustiger Witwe*, das Lied vom Zauber der Häuslichkeit (der sich zwischen Valencienne und Rosillon wohl nicht einstellen wird) und das Lied vom Dummen Reiter (wo Hanna und Danilo flirten und doch nicht flirten). Daran schließt unmittelbar die Wiederholung des Walzers, aber ebenfalls in A-Dur an. Es folgt ein Allegro moderato, aus dem Material der schon genannten Stretta gefertigt. Das Rachemotiv in B-Dur (*f-fis-g*) und wiederum in A-Dur, sodaß wir das nochmals anklingende „O je, o je, wie rührt mich dies" in dieser Tonart hören. Aber dann geht es (Più vivo) rasch dem Ende zu. Nochmals entfaltet das Rachemotiv (in der zunächst zu D-Dur gehörenden Tonfolge *a-ais-h*) seine Kraft. Es ist wie ein Chamäleon, welches seine Farben aus einer raffinierten Harmonik bezieht, die für die Melodieführung der Operette so wichtig ist (nachzulesen bei de la Motte 1993, 93ff.). Fagotte, Posaunen, Celli und Bässe markieren einen Abstieg in kleinen Halbtonschritten im Sextabstand (*e-dis-d-cis* bzw. *g-fis-f-e*; die zweite Posaune hält allerdings mit einem all diesen Klängen gemeinsamen *a* die Stellung). Mit einem kurzen Staccato, wie es am Schluß vieler Ouvertüren zu finden ist, wird das wuchtige Ende eingeleitet.

Es ist gewiß kein Zufall, daß die Ouvertüre mit Themen, die am Schluß des dritten Aktes stehen, beginnt und auch der Walzer aus dem Finale des zweiten Aktes genommen ist. Es entsteht dadurch eine musikalische Klammer. Ouvertüre und Schluß des dritten Aktes (N°15 und Finale N°16) umrahmen ein Werk, dessen Fülle an Melodien und Rhythmen durch die Ouvertüre in keiner Weise ausgeschöpft wird. Aber, wenn es einen musikalischen Aperitif gibt, so gehört diese Ouvertüre zu den besten dieser Art.

Ouvertüren kurz durchleuchtet

Die Ouvertüren vieler Opern dieser Zeit und vor allem auch der Operetten von Franz von Suppé weisen eine Gliederung auf, die an der „klassischen" Sonatenform orientiert ist, d.h., von Einleitungen, Übergängen und einem Schlußteil abgesehen, werden in klar abgegrenzten Teilen einige wenige Themen verarbeiten. Einige Beispiele mögen das belegen. Dabei werden bei den Tonarten meist nur die in geschlossenen Abschnitten erkennbaren Tonarten notiert; Modulationen und Mollabtönungen müssen unberücksichtigt bleiben. Ist eine Tonart zwar deutlich erkennbar, aber nicht ausdrücklich vom Komponisten notiert, so wird sie in Klammern gesetzt, ebenso die Rückkehr zur ursprünglichen Tonart. Wechsel des Tempos, der Tonart oder der Taktart signalisieren in der Regel den Wechsel des Themas, aber nicht umgekehrt. So läßt sich das Vivace in C-Dur im 3/4-Takt der Ouvertüre zu *Banditenstreiche* noch in der Form A (erstes Thema) – B (zweites Thema in G-Dur!) – A (Reprise des ersten Themas) – Coda aufgliedern, was in der untenstehenden Aufgliederung nur unvollkommen erkennbar ist. Ebenso lassen sich im ersten Teil dieser Ouvertüre, im Maestoso (4/4-Takt), neben verschiedenen Übergängen mindestens drei Motive erkennen.

Wilhelm Tell von Gioacchino Rossini

3/4 e-Moll	Andante
C	Allegro
3/8 G-Dur	Andante
2/4 E-Dur	Allegro vivace

Martha von Friedrich von Flotow

3/4 a-Moll	Andante con moto
9/8 A-Dur	Larghetto
2/4 a-Moll	Allegro vivace
C-Dur	meno mosso
	Tempo I
A-Dur	
9/8	Larghetto
2/4	Allegro vivace

Banditenstreiche von Franz von Suppé

| **C** C-Dur | Maestoso |
| 6/8 G-Dur | |

72

2/4 C-Dur	L'istesso tempo
6/8 G-Dur	L'istesso tempo
2/4 C-Dur	Vivace
(G-Dur)	
(C-Dur)	

Leichte Kavallerie von Franz von Suppé

C A-Dur	Maestoso
a-Moll	Allegro
6/8 A-Dur	Allegretto brillante
C a-Moll	Andantino con moto
6/8 A-Dur	Allegretto brillante

Im Vergleich dazu sind die Ouvertüren von Johann Strauß viel weniger an dieser „klassischen" Form orientiert. Der „Vorwurf", daß diese Ouvertüren „bequem gestückelt" seien, trifft für die späteren Werke noch viel mehr zu, als für die früheren Werke.

Indigo und die vierzig Räuber

4/8 D-Dur	Moderato
3/4 h-Moll	Andante moderato
H-Dur	
2/4 G-Dur	Allegro
D-Dur	Più moderato
	Più moto
G-Dur	
	Meno
	Più moto
	Più vivace

Die Fledermaus

alla breve A-Dur	Allegro vivace
	Allegretto
	Tempo I
2/4	Lento
	Allegretto
D-Dur	
	Meno mosso
3/4 G-Dur	Tempo di Valse

73

2/4	Allegro
3/4 e-Moll	Andante
2/4 E-Dur	Allegro molto moderato
A-Dur	Tempo ritenuto grazioso
3/4	Tempo di Valse
2/4	Allegro moderato
	Più vivo

Cagliostro in Wien

C F-Dur	Allegro non troppo
alla breve Es-Dur	Moderato
	Poco meno
2/4 C-Dur	Allegro
3/4 F-Dur	Tempo di Valse
2/4	Allegro
	Meno
C-Dur	Allegretto moderato
	Allegro
3/4 C-Dur	Tempo di Valse
2/4	Vivo
F-Dur	

Eine Nacht in Venedig

2/4 F-Dur	Maestoso
	Allegro
alla breve	Marcia alla breve, quasi maestoso
2/4	Allegro
3/4 C-Dur	Tempo diValse
(Es-Dur)	
(C-Dur)	
2/4	Allegro
6/8 (E-Dur)	Poco meno
2/4	Più moto
6/8 (G-Dur)	Poco meno
2/4	
3/4 (C-Dur)	Andantino mosso
6/8	Andante mosso
2/4	Allegro moderato
3/4	(Tempo di Valse)
2/4	Allegro
alla breve F-Dur	Breit Marcia maestoso
2/4 C-Dur	Allegro moderato

Der Zigeunerbaron

2/4 C-Dur	Allegro moderato
	sostenuto
	Tempo I
	Allegro moderato
	Lento
	Andantino
	Allegro moderato
	Più allegro
3/4	Tempo di Valse
2/4 (a-Moll)	Allegro moderato
(d-Moll)	Allegretto maestoso
	Poco meno
6/8 (E-Dur)	Andantino
3/4 (C-Dur)	Tempo di Valse
2/4	Allegro
	Molto allegro

Diese wenigen Beispiele zeigen wohl deutlich, daß Johann Strauß seine Ouvertüren tatsächlich viel freier in der Art von Potpourris aus dem Material der Operetten komponiert hat. Übrigens: Eine der letzten Ouvertüren in der Tradition Franz von Suppés, die zu Recht auch als „Champagnerouvertüre" bezeichnet werden kann, hat Richard Heuberger zum *Opernball* geschrieben. Franz Lehár hat – wie es plötzlich als „modern" galt – zu vielen seiner Operetten keine Ouvertüren geschrieben (obgleich gerade die Ouvertüre seiner frühen Operette *Wiener Frauen* zu den schönsten Konzertstücken Lehárs zählt!): *Die lustige Witwe* und *Der Graf von Luxemburg* beginnen nach wenigen Einleitungstakten mit der ersten Szene. Decsey schreibt: „Die schöne Blaue Donau, die Ouvertüre zur Fledermaus können von den Philharmonikern gespielt werden; Suppé nicht" (a.a.O., 161). Eine Fehleinschätzung, an die sich die Philharmoniker nicht ganz gehalten haben. Riccardo Muti hat beim Neujahrskonzert 1997 die Ouvertüre zur *Leichten Kavallerie* dirigiert.

Indigo und die 40 Räuber, 1871. Karikatur.

Ein vierblättriges Kleeblatt –
die ersten Operetten von Johann Strauß

Ja so singt man in der Stadt, wo ich geboren

Indigo und die vierzig Räuber, Carneval in Rom, Die Fledermaus und
Cagliostro in Wien sind die ersten vier Operetten des Walzerkönigs (der zu Recht auch ein Polkakönig genannt werden
könnte). Leider wird von diesen vier Werken fast nur mehr die
gewiß beste von allen, nämlich *Die Fledermaus* aufgeführt.
Lediglich Ernst Reiterers Neubearbeitung von *Indigo* ist gelegentlich noch auf der Bühne zu sehen. Schade, denn die anderen
Werke enthalten eine Fülle bester Straußmusik, und ihre
Kenntnis zeigt, daß die Musik der *Fledermaus* in mancher
Weise einzigartig ist, aber dennoch in einem Kontinuum
musikdramatischer Schaffenskraft steht. Daher soll in diesem
Kapitel eine kurze Besprechung dieser zu Unrecht in Vergessenheit geratenen Werke erfolgen. Denn selbst Volker Klotz
widmet in seinem lesenswerten Buch *Operette – Porträt und
Handbuch einer unerhörten Kunst* nur dem *Carneval in Rom* eine
ausführliche Besprechung.

Nach einigen heute leider verschollenen Versuchen gelang
es Johann Strauß, seine erste Operette zu vollenden: *Indigo und
die vierzig Räuber,* uraufgeführt am 10. Februar 1871 im Theater
an der Wien. Wer den Text wirklich geschrieben hat, bleibt
unklar, und schon damals wurde kolportiert, es handle sich um
Indigo und die vierzig Librettisten. Der Klavierauszug enthält
keine Angabe über die Verfasser des Librettos, was doch
jedenfalls sehr ungewöhnlich ist. Es heißt auf dem Titelblatt:
„Indigo und die vierzig Räuber. Komische Operette in 3 Aufzügen von Johann Strauß. Vollständiger Clavier-Auszug mit
Text eingerichtet von Richard Genée". Linke zitiert Engel

(Johann Strauß und seine Zeit, Wien 1911): „Zum 1. Male: Indigo und die vierzig Räuber. Komische Operette in 3 Akten (in 4 Bildern). Nach einem älteren Sujet, für diese Bühne eingerichtet und sceniert von Max Steiner. Musik von Johann Strauß … Unter persönlicher Leitung des Compositeurs." (Linke 1982, 95–96). Soweit der Theaterzettel.

Die Operette spielt im fernen Makassar. Ob damit die Stadt Makassar (heute Ujung Pandang) auf der Insel Celebes (Sulawesi) gemeint war, bleibt offen – es ist eher ein orientalisches Phantasiereich. Immerhin war das Sultanat von Makassar vor der Kolonisation durch die Niederländer ein größeres Reich, und die Makassaren waren als seefahrende Händler wohlbekannt. Die Straße von Makassar liegt zwischen den Inseln Borneo und Celebes. Indigo ist die Bezeichnung für einen pflanzlichen Farbstoff, eine organische Verbindung mit je zwei Sechser- und Fünferringen, die in reinem Zustand dunkelblau ist und kupfern schimmert. Die wichtigsten Lieferanten des natürlichen Indigos sind tropische Sträucher und Stauden der Gattung Indigofera, einer Gattung von Schmetterlingsblütlern. Seit über hundert Jahren wird der Farbstoff synthetisch hergestellt. Zweifellos hat das Wort etwas mit Indien zu tun, aber wie es zur Bezeichnung des Titelhelden unserer Operette kam, scheint unklar zu sein.

Das Werk beginnt mit einer Ouvertüre, die den üblichen Opernouvertüren nicht nachsteht. Ihr Aufbau kann nur kurz skizziert werden. Nach einer leisen, eher langsamen, aber rhythmisch betonten Einleitung wird das geheimnisvoll wirkende Schlummersaftthema zunächst in h-Moll vorgetragen, bis es (über die gemeinsame Dominante vermittelt) jubelnd in H-Dur erklingt. Eine längere Episode in G-Dur folgt (deren markantes Thema gegen Schluß der Operette wiederkehrt), bis nach vielen Modulationen Fantascas Lied „Folget eures Hauptmanns Ruf und Gebot" zu hören ist. Fantasca ist nämlich Chefin einer weiblichen Räuberbande („Wir sind nicht mehr schwache Weiber, wir sind Räuber, kühne Räuber ..." singen sie zu Beginn des zweiten Aktes). Dann wird es noch bewegter, wie ein Galopp von Offenbach. Es folgt nochmals das G-Dur-Thema, und der Eseltreiber Alibaba meldet sich musikalisch. Der Galopp in G-Dur beginnt pianissimo und leitet zum wirbelnden Schluß hin. Bemerkenswert ist, daß Johann Strauß in dieser Ouvertüre kein einziges Walzerthema verarbeitet hat. Wollte er damit programmatisch sagen, daß seine Kompositionskunst mehr umfasse als Walzer? Wir können darüber nur spekulieren.

Der erste Akt wird vom Chor der Bajaderen „Hier wo der Palmen schattige Kühle ladet zu süßer Träumerei" (N°1) eröffnet. Das Wort Bajadere, aus portugiesisch *bailadeira* ‚Tänzerin', bezeichnet eine indische Tänzerin, wird aber in der Operette offenbar für eine Frau aus dem Harem des Fürsten verwendet (portugiesisch *bailadeira* hängt natürlich mit dem Wort ‚Ball' für ein Tanzfest zusammen). Fantasca tritt auf. Sie ist aus fernen Landen hergekommen (aus Wien, wie sich bald herausstellt) und die geheime Anführerin der Bajaderen, die nächtens als Räuber ein Doppelleben führen. Eine Köstlichkeit ist das Auftrittslied des Eseltreibers Alibaba (N°2). Dem folgt noch ein Couplet (N°3) mit dem Refrain „Nur Esel, nur Esel, nur Eseltreiber all", der als zweites Thema in den dritten Teil des Walzers „Tausend und eine Nacht" op. 346 Eingang gefunden hat. Wer nur diesen Walzer kennt, kann sich nur wundern, welch eher törichte Texte diesen Melodien unterlegt sind! Dann das Auftrittslied des Janio, der im Personenverzeichnis als „lustiger Rath", also als Hofnarr aufgeführt ist (N°4). Er liebt Fantasca und möchte mit ihr zurück in die Heimat, was in einem Andantino con moto in As-Dur im 3/4-Takt ausgedrückt wird. Zusammen mit dem Oberpriester Romadur finden sie sich zu einem Terzett (N°5) zusammen. Dessen langsamer Anfang ist auch die Einleitung zu dem schon genannten Walzer op. 346. Der wienerische Klang dieses Andantes wird in der Operette durch eingeworfene Duliäs von Janio und Romadur verdeutlicht. Nach einem raschen Zwischenteil hebt dann der Walzer an „La la la la la la, la la la la la la, frisches Blut und Leben diese Töne geben" bei dessen Refrain („Ja, so singt man, ja so singt man in der Stadt, wo ich geboren") das Publikum zu Beifallsstürmen hingerissen wurde. Zusammen mit dem Trio ist das zugleich Walzer N°1 von op.346 geworden. Ein Chor in a-Moll bzw. A-Dur begrüßt Indigo, den Herrscher von Makassar (N°6). Sodann gibt Janio gute Ratschläge zur Hebung der Steuereinnahmen, wie z. B. die Einhebung einer Schönheitssteuer für Frauen, die dann freudig zahlen werden (N°7). Ein langes Finale (N°8) folgt: Mit List erreicht Fantasca, daß jeder, der die Räuberbande bezwinge, die das Land bedroht, sie selbst, Indigos Lieblingsbajadere, als Lohn zum Weib erhalten soll. Die verzweifelte Weigerung Indigos („Weh, ich bin verloren, loren, loren, loren, loren, weil so dumm ich hab geschworen") erinnert sehr wohl an *La Belle Hélène* von Offenbach. Der Marsch „Diesen süßen Preis zu erringen" verrät aber eindeutig den kompositorischen Stil von Johann Strauß. Damit schließt der erste Akt.

Im Walde lagern Fantasca und die übrigen Bajaderen als Räuberbande und besingen im 3/4-Takt die Sternennacht. Dann wird Fantasca energisch – das Thema wurde schon bei der Ouvertüre erwähnt: „Folget Eures Hauptmannes Ruf und Gebot" und die Bajaderen stimmen dem Ruf nach Freiheit zu (N°9). Die Koloraturen führen Fantasca immerhin zum hohen d^3 hinauf! Ein wunderschöner Ruhepunkt ist die Ballade (N°10) der Fantasca mit einer klagenden Melodie „Geschmiedet fest an starre Felsenwand", die in Reiterers Bearbeitung ein wesentliches Thema des Intermezzos geworden ist. In A-Dur setzt Toffana ihren Eseltreiber Alibaba vor die Tür (N°11). Ein erster Höhepunkt lyrischer Erfindung im Operettenschaffen von Johann Strauß ist das melodienreiche Duett N°12 zwischen Fantasca und Janio mit dem Hauptthema „Von deinem Arm umfangen, fühl ich süße Lust" – es wundert wohl nicht, wenn darauf hingewiesen wird, daß die Tonart dieses Themas D-Dur ist. Soldaten rücken an, die aber nicht sehr kampfesmutig sind („Drum Schritt vor Schritt mit leisem Tritt, daß uns der Feind nicht hört"; N°13). Alibaba will wie Papageno der Welt Ade sagen, aber Janio rettet ihn (N°14). Ein schon im Finale des ersten Aktes erklungener Marsch ist Teil des Melodrams N°15: Das Heer flieht vor den Bajaderen. Ein Bachanale (N°16) schließt sich an, die Bajaderen und Fantasca feiern ihren Sieg. Natürlich stimmt Fantasca einen Walzer an („Laßt frei nun erschallen das Lied aus der Brust", erstes Thema des zweiten Walzers in op. 346 und „Die Freiheit lacht für diese Nacht", erstes Thema des dritten Walzers in op. 346), der in einem *ritenuto* angestimmten, aber letztlich übermütigen „A, la, la, la, …" endet (das zweite Thema des zweiten Walzers in op. 346). Die Koloraturen dieser Operette wurden ersichtlich für die großartige erste Interpretin dieser Rolle, Marie Geistinger geschrieben, die auch die erste Marie (im *Carneval in Rom*) und erste Rosalinde (in der *Fledermaus*) war. Wieder schließt sich ein langes Finale an (N°17). Janio, als Eseltreiber Alibaba verkleidet, wird von den Räubern gefangengenommen, denen er, von Fantasca ermutigt, gefolgt ist (sie hat im Duett N°12 schon das Geheimnis angedeutet: „Dring in das Geheimnis ein … Fantasca sei dein Lohn"). Aber der Räuberhauptmann, pardon Fantasca, gebietet Schonung und alle legen sich zur Ruhe. Fantasca hat Opium in den Wein geschmischt („Du Schlummersaft mit Zauberkraft"), die Bajaderen schlafen ein, und Fantasca und Janio finden zueinander.

Von dei - nem Arm um - fan - gen, fühl' ich süs - se Lust

Der dritte Akt beginnt mit einem fröhlichen Marktchor (N°18), wo ein Besenbinder, ein Barbier, ein Quacksalber, ein Sklavenhändler, ein Fischweib, ein Kleiderhändler, eine Korbflechterin, ein Krämer usw. auftreten. Als N°18a ist ein Ballett vorgesehen. Alibaba, reich geworden, tritt protzig auf (N°19). Toffana singt eine Romanze (N°20). Alibaba hat eine Schar hübscher Sklavinnen gekauft, aber ein langer Kaschmirschal genügt, um die beiden Zankenden wieder zu versöhnen (N°21 mit dem Schlußrefrain „Friede sei in Ewigkeit! Es wird nicht mehr gezankt"). Die Versöhnung ist aber nur scheinbar, denn zum Schluß läßt Alibaba seine Toffana als „Abschiedsgeschenk" bei Indigo zurück. Eine Hymne (N°22) preist die glückliche Rückkehr des Oberpriesters Romadur: „Hat leider der Sieg auch heut äußerst bedenklich der Flucht gleich geschaut" – Wer denkt da nicht an Offenbachs heldenhafte Könige in *La Belle Hélène*? In einem kurzen Melodram werden die Götzenbilder entfernt, Indigo nimmt ihren Platz ein (N°22ª). Nun naht der Schluß der Operette (N°23 Finale). Janio kommt und verkündet den Sieg über die Räuberbande. Er bringt den Hauptmann und die in Säcken gefangenen Räuber. Er fordert von Indigo seinen Lohn: Fantasca. Diese befreit ihre Bajaderen (dazu das Thema des Galopps aus der Ouvertüre „Was mag in den Säcken drinnen stecken?"). Ein Schiff nähert sich dem Ufer, die Matrosen stimmen den Walzer an, der die Heimat Wien signalisiert (schon in N°5 erklungen!). Janio, Alibaba, Romadur, Fantasca und die Bajaderen besteigen das Schiff und unter den Klängen des Schlußgalopps verlassen sie Makassar.

Im Jahre 1906 wurde *Indigo* erneut umgearbeitet. Eine neue Handlung, ein neuer Text, erfunden von Leo Stein (einer der beiden Librettisten der *Lustigen Witwe*) und Carl Lindau. Auch diese Operette mit dem neuen Titel *Tausend und eine Nacht* spielt in einem orientalischen Phantasieland. Die Handlung erzählt von der Liebe des Fürsten Suleiman zu dem einfachen

Mädchen Leila. Diese erzählt als Scheherezade verkleidet dem Fürsten ein Märchen …

Ernst Reiterer hat die Musik bearbeitet und arrangiert. Dabei ist ihm eine bemerkenswerte Leistung geglückt, das Intermezzo zwischen Vorspiel und erstem Akt. Dieses Intermezzo, gestaltet aus dem motivischen Material von *Indigo*, nämlich der Ballade der Fantasca (N°10) und dem Schlummersaft (aus N°17; Fantasca und Chor) ist ein eindrucksvolles Konzertstück, durchaus vergleichbar mit den Intermezzi berühmter Opern, und wird zu Recht immer wieder gespielt.

Carneval, dich preisen wir mit Jubelschall

Am 1. März 1873 kam im Theater an der Wien die zweite Operette *Der Carneval in Rom* zur Uraufführung, *Die Fledermaus* etwa dreizehn Monate später (am 5. April 1874). Der Text stammt von Joseph Braun, die Gesangstexte von Richard Geneé, die Vorlage war die Komödie *Piccolino* von Victorien Sardou (dessen *Madame Sans-Gêne* heute noch gespielt wird). Die Handlung ist rasch erzählt. Der Maler Arthur Bryk hat in einem Dorf in den Alpen das Mädchen Marie gemalt, sie aber verlassen. Nun sehnt sich Marie nach ihm und sucht Arthur in Rom auf. Als Junge verkleidet wird sie sein Schüler und durchkreuzt alle weiteren Liebschaften, vor allem mit der Gräfin Falkoni, die ihr allzeit zum Duell bereite Gatte eifersüchtig bewacht. Im Karneval kommt es zu einem guten Ende: Marie und Arthur finden sich, Graf und Gräfin Falkoni bleiben bis auf weiteres ein Paar.

Die Ouvertüre beginnt mit dem Thema des Finales, mit dem Thema des Karnevals (in G-Dur der Ouvertüre ist das Motiv h–c^1–d^1) „Carneval, dich preisen wir mit Jubelschall". Die Offenbachsche Fröhlichkeit von *La Vie Parisienne* (uraufgeführt 1864) ist spürbar. Dieselben drei Schläge ais–h–cis^1, nur nach Fis-Dur versetzt (aber als Dominante zu h-Moll verstanden!), eröffnen die erste Szene in Lehárs *Graf von Luxemburg* („Karneval! Ja, du allerschönste Zeit")! Die Ouvertüre enthält zwei Walzermotive, ein langsames Thema (Andantino con moto), welches die Stimmung der Bauernhochzeit des ersten Aktes vorwegnimmt („Ach, nach unserem trauten Stübchen sehnt sich lange schon mein Herz"), und ein fröhliches Thema (Allegretto), der Walzer „Der Gott, der die Triebe der Freude, der Liebe ins Herz pflanzte ein". Der Kehraus wird (zunächst pianissimo) von einem fröhlichen Galopp (Allegro non troppo) eingeleitet und schließt mit dem Schlußthema des Quintetts im ersten Akt („Ja, harren will ich an dem Ort"). Der erste Akt spielt im Gebirge. Marie hört sehnsuchtsvoll den Hochzeitsglocken zu, die für ein anderes Brautpaar erklingen: „Die Glocken, sie hallen, sie locken und schallen". Weit ausgreifende Intervallsprünge (Sext, kleine Septime, Oktave) charakterisieren diese Melodie, die wie Klotz schreibt „sich … noch höher schwingt, bis sie schließlich, gleichsam unverrichteter Dinge, hinabgeleitet, ohne ein endgültiges Ziel zu finden" (Klotz 1991, 592). Hier in N°1 ist es Es-Dur, die Tonart Taminos („Das Bildnis ist bezaubernd schön"); die Melodie kehrt im letzten Duett N°15 zunächst in B-Dur und zuletzt in G-Dur (einer Tonart von Liebe und Sehnsucht) wieder! Marie wird von den Landleuten verspottet, nur die junge Braut Therese tritt für sie ein, und Marie vertraut ihr ihren Kummer an („Ein Maler schwor hier mir heiße Liebe"). In einem fröhlichen Duettino treten Rafaeli und Hesse auf, Freunde von Arthur Bryk („Maler wandern gerne"), und paraphrasieren Goethe („Nur bei lebendem Modelle strahlet mein Genie ganz helle, und vor allem ziehet dann ewig Weibliches mich an"). Es folgt ein langes Duett (N°3) zwischen dem Ehepaar Falkoni. Der Graf erklärt „Madam, ich bin kein Menelaus", eine deutliche Anspielung auf *La Belle Hélène*, und liest der Gräfin das Register ihrer Verehrer vor („ … und endlich in der Schweiz, macht' ich dreizehnmal ein Kreuz"). Das Duell zwischen Rafaeli und Hesse mit dem Grafen wird gerade noch verhindert, im Gegenteil, der Graf lädt die Hochzeitsgesellschaft ein, mit ihm zu feiern. Marie verläßt ihre geliebten Berge (Finale des ersten Aktes, N°4).

Der zweite Akt beginnt mit einem Lobpreis der Stadt Rom („Weltberühmtes Rom an dem Tiberstrom", N°5). Marie zieht als Savoyardenknabe mit einem Äffchen herum (N°6). Auch in diesem Lied sind Koloraturen eingebaut, die mehrmals auf c^3 hinaufführen. Arthur Bryk tritt als frommer Schwindler auf (N°7). Er verkauft orientalische Antiquitäten, wie den Stock des Moses, die er mit dem weltberühmt gewordenen Refrain „Nimm ihn hin, er sei dein, und mein Segen obendrein" an den Mann oder an die Frau bringt. Die Gräfin wehrt sich (nur zum Schein), in ein frommes Damenstift zu ziehen. Arthur wird im Garten nebenan warten (N°8, Quintett mit dem Walzer „Der Gott, der die Triebe der Freude, der Liebe ins Herz pflanzte ein"). In einem ruhig beginnenden Duett (N°9) wird Marie, pardon der Junge Pepino, als Malerschüler von Arthur akzeptiert. Ja, Arthur hat so großen Gefallen an seinem Schüler, daß er ihn als Freund und Kumpan annimmt (fröhliches Allegro non troppo, F-Dur, „Sind wir in heiterem Freundeskreis und leeren Flaschen dutzendweis', bist Du dabei"). N°10 ist eine wunderbare Ensembleszene, der Schauplatz ist ein zweifacher: das Damenstift und das Künstlerfest im angrenzenden Hotel. Dies wird auch musikalisch gut gemischt, ein leiser Frauenchor im Kloster („Wenn die Abendglocken hallen") und fröhlicher 6/8 Takt („Man lud uns ein, bei Sang und Wein"). Pepino wird von jungen Damen angehimmelt und singt ein Tanzlied (N°11: „Die Füße sich beflügeln"). Das Finale des zweiten Aktes (N°12) naht. Schon im Geist der *Fledermaus* eröffnet es Arthur mit der Aufforderung „Champagner her, ein ganzes Meer"; die in einem „Tralalalala" (dem Galopp der Ouvertüre) endet. Arthur kann es kaum erwarten, in der Nähe der Gräfin zu sein, doch Marie mahnt (noch vergeblich): „Mögt Ihr tausend Reize haben, doch die Hauptsach' euch gebricht. Geht, Ihr kennt die Liebe nicht". Als Gräfin verkleidet geht sie zum Stelldichein, der Graf wartet ebenfalls im Verborgenen und beklagt sein Los („So ein armer, armer Ehemann"). Das Los ist wahrlich hart, wie im Refrain durch einen gewaltigen Fall von es^1 auf *des* (ein None!) und hinunter zu *c* musikalisch illustriert wird. Als die echte Gräfin erscheint, läutet Marie die Klosterglocke und flüchtet. In der Verwobenheit der Stimmen wahrlich eine Meisterleistung!

Der dritte Akt beginnt mit einer kurzen Zwischenaktmusik (N°13). Um Arthur vom Wankelmut der Gräfin zu überzeugen, macht Marie ihr den Hof („Schönste aller Frauen") und Arthur und der Graf hören im Nebenzimmer empört zu („Ja, so sind die Frauen"): Quartett N°14. Natürlich ist der Graf über Arthurs Empörung verblüfft („Was geht denn Sie die Sache an? Ich bin ja doch der Ehemann, der hier in Wut sein kann" – die Stimmung der *Fledermaus* wird spürbar). Der Graf fordert von Pepino Satisfaktion und will gleich nebenbei Arthur erledigen. Es folgt ein wunderschönes Duett (das Moderato des ersten Themas ist ebenfalls schon in der Ouvertüre angeklungen: eine chromatisch absteigende Einleitung, die von a^1 auf a^2, gis^2 usw. absteigend bis zum e^2 hin und her flattert). Marie skizziert Arthur seine früheren Liebschaften, bis als letztes Bild das Mädchen aus den Alpen gezeichnet wird. Zunächst spricht Marie monoton „Dies ist ein Mädchen, das still und traurig blickt", untermalt vom Thema der Glocken, bis sie deutlich (in G-Dur) klagt „Verlassen, verraten, vergessen". Arthur will zurück zu Marie. Auf den Plätzen Roms haben sich Arthur und Marie, die nun wieder Frauenkleider trägt, gefunden und der Graf hat keinen Anlaß zu einem Duell mehr. „Carneval

dich preisen wir mit Jubelschall" (N°16) lautet die Schluß-
parole.

Car - ne - val, dich prei - sen wir mit Ju - bel - schall

„Die leicht ins Ohr gehenden, volksthümlichen Anklänge
sind dabei vom Kompositeur nicht vernachlässigt worden und
so zerfällt sein Werk eigentlich in zwei Partien, von denen die
eine den rhythmisch bewegten Takt der komischen Operette
einhält, während die zweite im Style der lyrischen Oper sich
bewegt" – so schrieb Ludwig Speidel im „Fremdenblatt" dieses Werk (zitiert nach Linke 1989, 105). Linke selbst urteilt:
„Nach Ensemble-Verdichtung, Wort-Ton-Verhältnis und Instrumentation ist der *Carneval* zweifellos das kunstvollste der Bühnenwerke von Strauß" (a. a. O.,105).

Könnt ich mit Ihnen fliegen durchs Leben

Nach der *Fledermaus* kam am 27. Februar 1875 *Cagliostro in
Wien* zur Uraufführung. Das Libretto nimmt Bezug auf eine
legendäre historische Gestalt (Giuseppe Balsamo alias Alles-
sandro Graf von Cagliostro). Der Text stammt von dem erfolgreichen Duo Richard Geneé und Friedrich Zell (eigentlich
Camillo Walzel). Die Ouvertüre ist ein buntes Potpourri von
Melodien aus der Operette. Sie enthält in ihrer Mitte mit einer
wunderbaren Einleitung in sieben Takten, die ein sehnsuchts-
volles Erwarten beschwören, das Hauptthema des Cagliostro-
walzers (aus dem Duett N°13 zwischen Frau von Adami und
Blasoni, dem Diener Cagliostros „Könnt ich mit Ihnen fliegen
durchs Leben") in F-Dur und dann in der Reprise in C-Dur.
   Der Inhalt ist kurz erzählt: Man feiert hundert Jahre Befrei-
ung vom osmanischen Heer, es ist also das Jahr 1783. In diese
Feststimmung kommt der Abenteurer Cagliostro mit seinem

Diener Blasoni und seiner Frau Lorenza. Immer wieder vermag er mit seinen Gaukeleien die Wiener zu verblüffen und entkommt rechtzeitig (so auch im dritten Akt) der Polizei. Wen wundert es da, daß schon N°1 mit einem Walzer („Wie alles sich froh im Kreise hier schmiegt") beginnt? Da steht auch der Marsch „Heut vor hundert Jahren hier die Türken waren", der in seiner patriotischen Unbekümmertheit an den *Zigeunerbaron* erinnert. Dann tritt ein Feldwebel auf, der (als N°2) wiederum ein rasches martialisches Lied singt. Der Text dieses Liedes ist mit seiner leichtfertigen Freude am Kriegshandwerk und der menschenverachtenden Abwertung des Gegners heute auch nicht als Parodie akzeptabel! Dann tritt Blasoni mit seinen Helfern auf (N°3, Quartett in F-Dur). Musikalisch ergiebiger ist das Entreé-Lied (N°4) des ungarischen Grafen Fodor: Das Hufgetrappel seines Auftrittsliedes („O mein Misko, mein Pferd") ist in der Polka schnell „Auf der Jagd" op.373 zu hören. An den Zigeunerbaron gemahnt Lorenzas Lied (N°5), welches zunächst in d-Moll („Zigeunerkind, wie glänzt dein Haar") beginnt, dann in D-Dur („Wer mir will Begleiter sein") ein flottes Allegro anschlägt. Dieser Aufbau ist auch im *Zigeunerbaron* zu finden: „O habet acht, habet acht" in d-Moll und „Flieh', wie du kannst" in D-Dur (allerdings als Allegretto). Johann Strauß hat dieses Lied in seine Pariser Bearbeitung der *Fledermaus* aufgenommen, die 1877 unter dem Titel *La Tzigane* (!) aufgeführt wurde. Lorenza singt auch noch ein Couplet (N°6) mit dem augenzwinkernden Refrain „Ja, Cagliostro heißt der Mann, der solch' Wunder wirken kann, aber glauben, aber glauben, aber glauben muß man dran" (wieder in F-Dur). In einem Quintett (N°7) fordern Emilie (Frau Adamis Nichte), Frau von Adami, Fodor und Rittmeister Lieven Cagliostro heraus („Sie können Wunder thun?", „Auch in die Zukunft seh'n?", „Sie heilen Liebesweh?", „Und machen Geld?"). Im Finale des ersten Aktes (N°8) erweckt Cagliostro seinen vom

Cagliostro in Wien, 1875.

Pferd gestürzten Diener zum Leben. Dazu stimmt Lorenza einen fröhlichen ländlichen Walzer mit eingestreuten Jodlern in pianissimo an, der sich steigert, bis es laut erklingt „Hoch Cagliostro, dem Alles gelingt!"

Die Wundergeschichte geht weiter, die Leute umringen Cagliostro, alte Frauen singen „Wundermann, hör uns an, nimm uns Alten uns're Falten" (in N°9) und vor dem Hintergrund einer reizenden Polka française „Wundermann, laß in neuem Glanz wieder uns eilen froh zum Tanz" (mit einer trefflich verwendeten hochalterierten Quinte in C-Dur). Natürlich kostet das alles Geld! Fodor und Lorenza haben sich inzwischen verliebt. Lorenza hilft Cagliostro noch einmal, zu einer größeren Summe Geld zu kommen; er verkauft einen wirksamen Liebestrank an Fodor (wer denkt da nicht an Donizettis *L'elisir d'amore*?) und beide können, er freudig überrascht, sie erwartungsvoll, singen „Es lacht mir der Liebe Glück" (in N°10, einem gut durchkomponierten Duett). Diese Melodie wurde als erstes Thema in der schon genannten Polka schnell „Auf der Jagd" verwendet. In dem nachfolgenden Terzett (N°11) ist die leidenschaftliche Klage Emiliens „Verraten hat er treulos mich" mit ihren chromatischen Färbungen bemerkenswert; das leichtgläubige Lied ihrer Tante, Frau von Adami „Ja ja! So war ich, die Locken, der Hals, die Figur", die ihre erhoffte Jugendgestalt in einem Zauberspiegel sieht, ist von einem reizenden Grazioso in Es-Dur unterlegt. In törichter Erwartung singt sie einen ländlichen Walzer „Bald sind die Runzeln alle weg" (N°12). Natürlich macht Blasoni bei dem Schwindel mit (N°13) und singt die (schon bei der Ouvertüre erwähnte) Walzermelodie (in der Tonart der Liebe, in D-Dur!). Decsey berichtet dazu: „Bei der Aufführung mußte der Walzer zwischen der verjüngten Witwe und dem Spitzbuben Blasoni (Girardi) dreimal gesungen werden, das Publikum zeigte Lust, ihn noch ein viertes Mal zu hören und es schien, als wollten

sich beim zweiten und drittenmal das ganze Parkett und die
Logen erheben, als wollten die Galerien herabsteigen und alt
und jung und reich und arm sich umschlingen und im Kreis
herumdrehen …" (Decsey 1922, 172–3).

Könnt ich mit Ih - nen flie - gen durchs Le - ben

Die Rolle des Blasoni war für Alexander Girardi ein entschei-
dender Schritt zu seinem legendären Ruhm! In das Lied
Lorenzas mit Chor und Tanz (N°14) hat Johann Strauß sogar
ein kleines Menuett hineinkomponiert. In feierlichem E-Dur
(klingt sehr nach Offenbach!) nahen die Häscher (N°15: „Jetzt
gib acht du Schwindler, s'ist aus mit dir"). Doch es kommt
anders. Cagliostro gelingt das Meisterstück als Alchimist, er
stellt Gold her. Dazu in ostinatem 3/4-Takt „Helfen sie, schüren
Sie, blasen Sie" mit dem aus der Dominante stammenden
Refrain „Ja, die Alchymie macht gar viele Müh'", zu dem der
Chor das Umtata des Walzers durch Viertelpause und „pht,
pht" (Imitation des Feueranfachens) verstärkt. Baron Lieven
muß abziehen, der Walzer setzt sich nochmals durch, bis er
von einem Trinklied (2/4-Takt, D-Dur) abgelöst wird, dessen
Melodie im Trio der Polka schnell „Auf der Jagd" zu hören ist.
   Der dritte Akt wird mit einer Romanze eröffnet „Sag mir
mein Herz, kannst du wirklich ihn hassen" (N°17, C-Dur).
Noch einmal werden Pläne gegen Cagliostro geschmiedet:
Quartett „Der Kerl ist gefährlich" (N°18). Noch einmal ein
beschwingter Walzer (N°19) „Ach! O süßes Wörtchen frei, frei,
frei (Johann Strauß hat ja die walzerseligen Melodien dieser
Operette in seinem Walzer op. 370 zusammengefaßt). Im
Finale (N°20) will Cagliostro wieder verblüffen, er will eine
Traumwandlerin erscheinen lassen, doch Lorenza spielt plötz-
lich nicht mehr mit! Aber Cagliostro gelingt es, mit einem
Trick zu entfliehen, sodaß der Schlußchor nur lauten kann

„Nur Cagliostro ist der Mann, der solch' Wunder wirken kann".

Auch diese nicht detaillierte Analyse zeigt, daß diese Operette einen anderen musikalischen Duktus als die *Fledermaus* aufweist. Die auffällig häufige Verwendung von C-Dur und F-Dur entspricht einer volkstümlichen Grundstimmung. Man ist versucht zu sagen: Trotz vieler guter Einfälle hat sie nicht dieselbe geniale Balance zwischen Raffinement und (scheinbarer) melodischer Einfachheit.

Die Entstehung und Verbreitung eines Meisterwerks

Die Geburtsstunde der Fledermaus
Authentizität und Mystifikation

Ein Ereignis wie die Entstehung, danach die Uraufführung, endlich die frühe Rezeption *des* Meisterwerks einer musikalischen Gattung läßt nicht selten die erhebbaren – und gar nicht unerheblichen – Tatsachen der Werkgeschichte hinter sich und beschäftigt, ja entfesselt vor allem die Phantasie, das Wunschdenken, die Stereotypenbildung der Chronisten wie der Leser. Das hat im besonderen Fall der *Fledermaus* eine Reihe von zusätzlichen Gründen.

- Die gesicherten und einhellig überlieferten Fakten sind spärlich gesät. Die zeitlichen, kausalen und biographischen Lücken zwischen den festen Terminen sind beträchtlich und wollen geschlossen werden. Das überfordert ebenso das Berufsethos des Schriftstellers wie den Erwartungshorizont des Lesers. Und so wird häufig aus einem *post hoc* ein *propter hoc*, um ein dürres Datengerüst rankt sich eine üppige, emotionsgeladene ‚Inszenierung'.

- Gerade die Karriere berühmter und genial begabter Komponisten lädt zur Verwendung und Einbindung wohlfeiler Klischees geradezu ein. „Wen die Götter lieben", der ist allen zeitlichen Maßstäben und rationalen Begrenzungen entrückt. Meisterwerke entstehen innerhalb weniger Wochen oder gar Tage, ganze Ouvertüren sind das Resultat einer schöpferisch durchwachten Nacht, und noch bei der Uraufführung und den folgenden Vorstellungen sind dem Zufall wie der Improvisation Tür und Tor geöffnet.

93

Dazu kommen nicht selten allerlei Hilfskräfte, mediokre Kollegen oder anonyme Figuren, die rund um den angespannten Schaffensprozeß ihre Dienste anbieten, ihr Wirken entfalten. Denn es ist ein weiteres Merkmal der Schablone, dem Genie am Zeug zu flicken, ihm Leistungen abzusprechen und Verdienste lieber nach dem Zufallsprinzip im Halbdunkel zu verteilen. Auch in diesem Hang zur Demontage mag ein allzu menschliches Bedürfnis walten, Koryphäen auch ihr Nachleben schwer zu machen, dem vielen Licht den starken Schatten folgen zu lassen.

- Was gerade bei der *Fledermaus* noch hinzukommt, ist ein generelles Manko, das der Beschäftigung mit dem Genre Operette anhaftet. Man nimmt sie im Vergleich mit anderen musikalischen Gattungen nicht ganz so ernst. Das zeigt sich schon in der Situation des Notenmaterials, dessen Beschaffung dem Theaterpraktiker wie dem ambitionierten Laien und privaten Musikfreund bisweilen unverhoffte Schwierigkeiten bereitet. Es setzt sich in der Sorglosigkeit und Nonchalance fort, mit der Bearbeiter, Regisseure und Dirigenten immer wieder an eine Operette herangehen. Von der anderweitig manchmal überzogenen Strenge und Methodik, dem Bemühen um rekonstruierte Urfassungen, der umständlichen Erschließung des authentischen Autorenwillens, selbst dem Einsatz originaler Instrumente aus der Entstehungszeit ist im Umgang mit Operetten wenig zu merken. Dieser mangelnde Ernst, der mitunter die unbekümmerte Laune des Sujets auf die Pflege der Gattung zu übertragen scheint, ist auch manchen Darstellungen anzumerken. Wo dem Repertoire und der einzelnen Aufführung weniger Sorgfalt zugewendet wird, glaubt man auch der Dokumentation und Aufbereitung des historischen Materials weniger akribischen Aufwand schuldig zu sein.

Umso erfreulicher fallen die notorischen Ausnahmen auf. Autoren wie Franz Mailer, Fritz Racek, Norbert Linke, Eberhard Würzl und Volker Klotz haben in den letzten Jahrzehnten bedeutende Anstrengungen in das biographische und pragmatische Umfeld der Entstehung unseres Werkes investiert, haben anekdotische Spreu vom authentischen Weizen nach Kräften geschieden und damit eine zuverlässige ‚Schneise' geschaffen, in der sich auch der folgende Abriß bewegt. Von hohem Wert sind auch die zahlreichen vom Wiener Institut für Strauß-Forschung erbrachten Leistungen.

Nachdem Richard Genée die Rohübersetzung des französischen Vaudevilles *Le Réveillon* durch Carl Haffner überarbeitet oder nach seiner eigenen Darstellung völlig neu gestaltet hatte, hat Johann Strauß das ihm nunmehr durch konspirative Vermittlung des Verlegers, Theateragenten und Jugendfreundes Gustav Léwy zugedachte Libretto noch im Oktober 1873 zu Gesicht bekommen. Der ursprüngliche Titel *Doktor Fledermaus*, eine Anspielung auf den im Faschingskostüm der Lächerlichkeit preisgegebenen Notar und Rachegeist Doktor Falke, hat später seine akademische Würde abgestreift und nur noch das harmlose, zu Unrecht gefürchtete Tier beibehalten. Daß damit ein ungeschriebenes Gesetz der Bühnensitte, wonach unangenehme Sachverhalte oder gar ekelerregende Wesen in der Ankündigung eines Werkes zu vermeiden seien, ausnahmsweise und erfolgreich durchbrochen wurde, sei nur eben erwähnt. Bei einem Wohltätigkeitskonzert, das der Meister am 25. Oktober 1873 im großen Musikvereinssaal in Wien leitete, trug Marie Geistinger, die Kodirektorin und Primadonna des Theaters an der Wien, einen Csárdás mit Gesang auf einem Text von Richard Genée vor, in dem man zu Recht Rosalindes ungarische Einlage auf Orlofskys Fête erkennen darf. Ob bereits für die *Fledermaus* vorgesehen oder nachträglich in den Ablauf des zweiten Aufzugs integriert: wir haben

jedenfalls schon zu diesem Zeitpunkt ein fertiges Stück der endgültigen Fassung vor uns. Und fünf Tage später macht es eine
Pressemeldung offiziell: Johann Strauß hat die Arbeit an seinem
dritten Bühnenwerk begonnen. Ein direkter Konnex zum
bezeugten Erfolg der Csárdás-Nummer bietet sich dabei an.

Die immer wieder kolportierte Geschichte, die Komposition sei in 42 Tagen und Nächten vollendet worden, sollte
nicht auf die semantische Goldwaage gelegt werden (– zudem
wird auch nicht ausdrücklich von einem zeitlichen Kontinuum
gesprochen!–), doch mag immerhin daraus ein Produktions-
druck abgelesen werden, der ja fast immer als Motor und Sti-
mulus die kreative Arbeit antreibt und beschleunigt. Denn es
darf daran erinnert werden, daß gerade Bühnenwerke – und
da wieder ganz besonders die Werke des leichten Genres – den
Bedürfnissen des Theateralltags, der Konjunktur des Kultur-
lebens, den Anforderungen der Jahreszeit, also einem breiten
Spektrum pragmatischer Bedingungen verpflichtet, ja unterworfen waren. Es waren nach neuen Erkenntnissen sicher
nicht die letzten Wochen vor Probenbeginn, sondern die Perio-
de um die Jahreswende 1873/74, die der Partitur ihre definitive
Gestalt verliehen haben. Lassen wir das Procedere und den
Kontakt des Musikers mit seinem Librettisten (und erfahrenen
Dirigierkollegen) in den Worten Fritz Raceks Revue passieren:
„Während dieser Zeit kamen auch die Boten, die zwischen der
Strauß-Villa in Hietzing (damals Hetzendorfer Straße Nr.18,
jetzt Maxingstraße Nr.18) und Genées Wohnung im Hause
Gumpendorfer Str. Nr.47 hin und her eilten, kaum zur Ruhe.
Die Beschaffenheit der in der Wiener Stadtbibliothek erhalte-
nen autographen Partitur gestattet es, sich den Arbeitsprozeß
etwa so vorzustellen, daß Strauß Genée zunächst die Skizze
einer Nummer oder eines Titelstücks zukommen ließ, dieser
danach ein Partiturgerüst verfertigte, darin das von Strauß
Empfangene mit nötigenfalls neuem Gesangstext und gele-

gentlichen Änderungsvorschlägen eintrug und die Blätter dann zur Instrumentationsergänzung und Endredaktion an den Komponisten zurücksandte. Dabei konnte es auch vorkommen, daß Strauß die Ausgestaltung potpourriähnlicher Wiederholungen – wie zum Beispiel Entreact und Melodram – ganz seinem Mitarbeiter überließ. Jeder abgeschlossene Partiturteil wurde sodann durch Genée sofort an die Kopisten weitergeleitet." (Racek 1975, S. 265).

Mit diesem plausiblen und wirklichkeitsnahen Szenar wird einer Meinung begegnet, die als Topos die Straußliteratur durchwirkt und auch in Feuilletons zu Programmheften immer wieder auftaucht. Richard Genée wird darin eine Funktion und Leistung zuerkannt, die über das Arrangement und die Instrumentation weit hinausführt und in den zentralen Bereich der melodischen Inspiration, der thematischen Erfindung eindringt. Daß diesbezügliche Gerüchte eine lange Tradition aufweisen und vielleicht im Ansatz auf die achtziger Jahre des vorigen Jahrhunderts zurückgehen, als Genée etwas gekränkt auf seine Zurücksetzung und spätere Ablösung als Librettist reagiert hat, ist eine denkbare Variante. Auch eine andere Legende, die kolportagehafte Züge aufweist, darf an dieser Stelle kurz gestreift werden. Da Johanns begabter Bruder Josef 1870 im Alter von nur 43 Jahren tragisch früh verstorben war und sich kaum Kompositionsskizzen in seinem musikalischen Nachlaß fanden, ließ das Gerücht manchen seiner motivischen Einfälle in die Partitur der *Fledermaus* eingehen und dort unter anderem Namen bzw. in neuem musikdramatischem Milieu postum erfolgreich werden. Diese Fama wurde vom jüngsten Bruder Eduard aufgebracht und genährt, der sich als ‚Erbe' der Strauß-Kapelle und weniger kreativer Komponist benachteiligt sah. Abgesehen vom unermeßlichen Schaden, den er mit der Verbrennung des Notenarchivs der Kapelle angerichtet hat, haben manche verbalen Ausritte und gelegentlichen

Leopold Horovitz: Johann Strauß. 1896

Unterstellungen in seinen literarischen Erinnerungen der späten Jahre das Charakterbild des berühmten ‚Jean' zu trüben gesucht.

Wie sich die Kooperation zwischen Strauß und Genée tatsächlich abgespielt hat, demonstriert vielleicht am klarsten die Entstehung des Melodrams am Beginn des dritten Aufzugs. Dieses Musikstück, das typologisch dem Auftritt des ramponierten Beckmesser an einer dramaturgisch ähnlichen Stelle in Richard Wagners *Die Meistersinger von Nürnberg* entspricht, gilt neben seinen melodischen und harmonischen Reizen vor allem als Paradenummer für begabte Komiker. Wenn Frank zu den Klangfragmenten und aparten ‚Sedimenten' des vorausgegangenen Festes beschwipst sein tristes Pflichtenkorsett anzulegen versucht, dann vereinigen sich die mimisch-gestischen Fähigkeiten des Darstellers und sein Bewegungsrepertoire mit dem motivischen Inventar durchaus zu einem ‚Gesamtkunstwerk'.

Daß Genée auf diese seine Idee und ihre Ausführung mit Recht stolz war, geht aus der folgenden verbürgten Begebenheit hervor. In der Fassung des ersten Strauß-Biographen Ludwig Eisenberg (*Johann Strauß, ein Lebensbild,* Leipzig 1894, S.188) liest es sich so: „Bei der ersten Bühnenprobe dirigierte Strauß die Szene mit Unlust und fand auch kein besonders Gefallen an derselben …, überdies war die Darstellung noch nicht sattelfest, kurz: das Melodram übte nicht die erhoffte Wirkung aus; Frau Geistinger, die Darstellerin der Rosalinde, befand sich auf der Bühne und warf flüchtig die Bemerkung hin: ‚Wenn so lang nix g'redt wird, dös is fad!' Strauß hörte das, klopfte ab und wollte sofort die Nummer streichen. Genée mußte sich sehr ins Zeug legen, um das zu verhindern – und gerade diese Szene gefiel bekanntermaßen außerordentlich. Überall wird sie wegen ihrer feinfühligen Ausdrucksweise, ihrer sinnigen Einzelmalerei und wegen der natürlichen Wiedergabe der Trunkenheit bewundert."

Aber es gibt in dieser engen Zusammenarbeit auch den umgekehrten Fall, daß nämlich der Komponist dem Librettisten aus einer Verlegenheit hilft bzw. selbst eine rhythmisch empfundene Wortfolge einbringt, wenn ihm der vorliegende Text eine Stimmung nicht ganz zu treffen scheint. Wiederum überliefert Eisenberg noch zu Lebzeiten des Meisters unwidersprochen die Genese einer berühmten Stelle (– sie bildet auch einen Höhepunkt in Friedrich Guldas phantasievoller Klavier-Huldigung an Johann Strauß *G'schichten aus dem Golowinerwald!*): „So erschien ihm … in der *Fledermaus* die Musik zu dem Liede ‚So muß allein ich bleiben' zu ernst, zu sentimental, und er sann lange über einen leichteren, volkstümlicheren Schluß nach, bis er ihn endlich fand in dem wirklich populär gewordenen Refrain ‚O je, o je, wie rührt mich dies.'" Die vorangegangenen, nur halbwegs empfundenen Gefühlsdrücker werden auch verbal aufgehoben, die volkstümliche Partikel des Bedauerns provoziert nach den Worten Ernst Decseys „hüftewerfende Keckheiten".

Doch fahren wir nach dieser Abschweifung in der Chronik der laufenden Ereignisse weiter. Das *Neue Fremden-Blatt* berichtete in seiner Beilage vom 18. Jänner 1874, das angekündigte Werk sei zum großen Teil vollendet und schon zum Monatsende werde die ganze Partitur vorliegen. Dasselbe Organ berichtet in späteren Nummern, daß am 23. Februar die Bühnenproben im Theater an der Wien begonnen haben und nur noch zwei Stücke des dritten Aufzugs zu instrumentieren seien. An Pariser Verhältnisse erinnert die Ankündigung eines pompösen Festes für den Mittelakt unter dem Titel *Ein großer Maskenball*. Aber auch in anderer Hinsicht hatte das vielversprechende Ereignis musikalisch einen bezeichnenden Schatten vorausgeworfen: Strauß persönlich dirigierte am 10. Februar 1874 für die Besucher des *Concordia*-Balles und zugleich als beste Reklame für die Uraufführung seine *Fledermaus-Polka*.

Die Fledermaus-Polka. Titelblatt.

Auch Details der Besetzung sickerten allmählich durch – die Prinzipalin Marie Geistinger als Rosalinde, Jani Szika als Eisenstein, für die Adele als Gast Karoline Esther Charles-Hirsch. Selbst die gestrenge Zensur hatte am Textbuch kaum etwas auszusetzen: Daß der Librettist eine Strophe von Adeles Couplet, mit dem sie im dritten Aufzug ihr Theatertalent anschaulich vorführt, umschreiben mußte, darf man im Rückblick begrüßen. Denn der originale Wortlaut stört mit seinem Berlinerischen Umfeld und Tonfall empfindlich das Kolorit der Umgebung.

Dritte Strophe von Adeles Couplet (erste Fassung):

> „Spiel' ich 'ne Dame von Paris,
> Die Gattin eines Herrn Marquis,
> Bleib' ich natürlich ihm nicht treu
> Und hab' nen Adolf nebenbei.
> Wir werd'n erwischt im Schlafgemach,
> „Ha!" schrei ich auf und werde schwach,
> Erbebe, fall' in Ohnmacht auch,
> Der Adolf kriegt 'nen Schuß im Bauch,
> „Verzeihung", stammelt der Marquis
> Und sinkt vor mir auf seine Knie!
> Ich lisple: „Ich verzeihe dir!"
> Und such' 'nen andern Adolf mir!"

Dabei entsprach dieser zeitliche Ablauf gar nicht der ursprünglichen Planung. Lassen wir dazu Franz Mailer (1974, S.218) zu Worte kommen: „Als jedoch das neue Werk … auf die Bühne des Wiednertheaters (= Theater an der Wien) gebracht werden sollte, ergaben sich allerlei Hindernisse. Nicht zuletzt als Folge des Börsenkrachs vom Schwarzen Freitag anno 1873 und der Pleite der Wiener Weltausstellung war auch das Theater an der Wien in eine ernste Finanzkrise geraten. Solange man hoffen konnte, der Schwierigkeiten Herr zu werden, disponierte man die Premiere der *Fledermaus* für die für den Besuch günstigeren

Das Theater an der Wien bei der Schikanederbrücke, 1888.

Monate des Spätherbstes 1874, und dies umso entschiedener, als man für den Ausklang der Saison eine Stagione der damals auf dem Gipfel der Popularität angelangten Opernsängerin Marquise de Caux (Madame Adelina Patti) anberaumt hatte. Daneben sollte ein lustiges, für das Bedürfnis nach bunter Unterhaltung berechnetes Quodlibet den Spielplan bestreiten. Doch je weiter das Jahr 1874 fortschritt, desto bedrohlicher gestaltete sich die finanzielle Lage des Wiednertheaters, und vor allem die neben Maximilian Steiner als Mitdirektorin wirkende Marie Geistinger glaubte das Risiko nicht mehr bis hinein in den Herbst tragen zu können. So wurde Ende Februar beschlossen, die neue Strauß-Operette doch noch im Frühjahr 1874 herauszubringen."

Aus dieser Terminkorrektur gehen nicht zuletzt die hohen Erwartungen hervor, die Publikum und Direktion an das neue Opus und die Attraktion des Namens Strauß gerichtet haben.

Ein erhoffter kommerzieller Erfolg sollte das bereits schlingernde Schiff vor dem Untergang bewahren. In der Karwoche ging die Produktion in ihre Endphase: Am ersten April gab es die Dekorations- und Kostümprobe. Die Generalprobe vor geladenem Publikum fiel auf Karsamstag, den 4. April. Am Ostersonntag (5. April) endlich kam es zur Premiere, wobei das hohe kirchliche Fest die Theaterleitung zu einem wohltätigen Zweck, hier zum Besten der Franz-Joseph-Stiftung für das Kleingewerbe, verpflichtete.

Der begünstigte Fonds durfte sich an jenem Ostersonntag jedenfalls freuen. Entgegen allen Unkenrufen, wonach zu hohen Festen das Publikum andere Formen der Zerstreuung suche oder familiären Pflichten zu genügen habe, war das Theater an der Wien übervoll, und das Reinerträgnis betrug 1550 Gulden. Die Attraktion des zugleich dirigierenden Lieblings der Wiener, die Erwartung eines neuen Lebenszeichens der für die Kaiserstadt noch jungen Gattung, aber auch die von den Pressemeldungen geschürte Neugierde wirkten da publizistisch zusammen. Wenn man sich an das Urteil der Zeitzeugen und die Aussage der Zeitungsberichte hält, so errang die Uraufführung einen starken, einhelligen Erfolg, der das Stück auch in der Folge begleitet hat. Den Begriff der Sensation, der durch die modernen Medien, das weltweite Kommunikationsnetz der Gegenwart, aber auch durch völlig veränderte Sozial- und Lebensformen in unseren Tagen einen Bedeutungswandel erfahren hat, wird man von dem Premierenereignis besser fernhalten. Immerhin fällt auf, daß in der Folge ausübende Künstler *Die Fledermaus* bevorzugt zur *Benefizvorstellung*, also als Theaterabend zu ihren finanziellen Gunsten ausgewählt haben. So hielt sich noch im April des Jahres 1874 der Librettist und ‚Kollaborateur‘ Richard Genée wenigstens monetär dafür schadlos, daß sein Name und Renommée erst in zweiter Linie mit dem ‚Höhenflug‘ der *Fledermaus* in Verbindung gebracht wurde und wird.

Ein knapper Pressespiegel belegt in diesem Rahmen zweierlei: das durchaus freundliche, bisweilen gönnerhaft wohlwollende Echo von Werk und Aufführung bei der schreibenden Zunft, aber auch manches herablassende, beinahe kränkende Wort gegenüber dem Stück und seinen Schöpfern, das auch ein bezeichnendes Licht auf das Verhältnis zwischen Vertretern der ‚Hochkultur' und einem als minder eingestuften musikalischen Genre wirft. In der Rezension der *Morgenpost* bestimmt der tänzerische Duktus noch den Wortlaut: „Das klingt ans Ohr und rieselt durch das Blut hinab bis in die Beine, und der faulste Mensch im Zuschauerraum fängt unwillkürlich zu nicken an mit dem Kopfe und wiegt den Leib und strampelt mit den Füßen. Man kann jetzt in einer Loge des Theaters an der Wien die schönste Seekrankheit kriegen, so wogt es im Parterre unter den bezaubernden Tönen, die Johann Strauß mit seinem Stabe aus dem Orchester wirbelt. Das zwitschert, flötet, singt und trillert wie ein ganzer schöner Frühling. Es läßt sich schwer sagen, welche Piece der reichen Partitur den Preis verdiene, sie sind von ebenbürtiger Schönheit." Die *Sonn- und Montagszeitung* bricht schier in eine Fanfare aus: „Triumph! Sieg auf allen Linien! Wie die Wiener Strauß bewillkommt haben? Nun, wie es zu erwarten war, mit einem Beifallstosen, das das Haus erzittern machte." Über die spontane Reaktion des Publikums berichtet die *Konstitutionelle Vorstadt-Zeitung* noch detailreicher: „Fast jede Nummer setzte die Hände des Auditoriums in Bewegung, und nach den Aktschlüssen konnte der schweißgebadete Strauß nicht rasch genug sein Dirigentenpult verlassen, um der freundlichen Zuhörerschaft von der Bühne aus für ihr Wohlwollen zu danken. An Wiederholungen einzelner Stücke gab es bei solcher Stimmung natürlich keinen Mangel." (Die Presseberichte sind zitiert nach Hadamovsky-Otte 1947, Grun 1961, Racek 1975).

Jacques Offenbach und Johann Strauß. Karikatur aus dem Wiener Blatt „Kikeriki".

Dem gegenüber bleiben die kritischen Stimmen selten, aber sie fahren teilweise mit massiven Vorwürfen auf. So schreibt der angesehene Feuilletonist Ludwig Speidel im *Fremdenblatt*: „Es ist doch nicht der durchschlagende Erfolg, den sich das Theater von dieser Novität versprach." Auch der Stereotyp vom Walzerkönig wird in die Besprechung eingebaut: „Und dann dieser G-Dur-Walzer mit echten Wiener Akzenten, in welchen der Chor so heiter eingeflochten ist. Bei diesem Walzer hörten wir um uns herum den Namen Offenbach murmeln, mit Anspielungen auf den Walzer in den (gottlob) seligen *Rheinnixen*. Was aber hat der Walzer von Strauß mit dem Offenbachschen gemein? Höchstens, daß er in den Geigen auf der vierten Saite beginnt, eine alte Walzersitte, die man namentlich bei Lanner findet. Die schlechte Bildung denkt dabei an Reminiszenzen und die gute freut sich dieser Vollblutmusik, in der die stärksten Wiener Pulse schlagen." Weniger gegen Publikumsklischees, sondern gegen den Schöpfer selbst richten sich gewisse Ressentiments Eduard Hanslicks in der *Neuen Freien Presse*: „Johann Strauß darf mit dem Abend zufrieden sein. Wir wollen seine Operette nicht in den Himmel heben, sondern hübsch auf Erden bleiben, daß der Mann nicht übermütig werde. Sein Talent ist beschränkt und seine Musik eine musichetta." Besonders an der textlichen Vorlage läßt der gestrenge Herr kein gutes Haar: Von der „verbrauchteste[n] aller Theaterschablonen" ist da die Rede, „schlechte Witze und schlechte Kalauer jagen sich wie Ungeziefer am unreinlichen Orte." Und so erhält der Komponist auf Umwegen sogar noch ein dubioses Kompliment: „Ein unlösbares Rätsel bleibt es, daß man für solche Worte Musik haben kann, daß nicht der Tongedanke, welcher im Kopf des Komponisten entsteht, lieber in nichts verhallt, ehe er derlei Plattituden (!) sich anschmiegt."

Wie das Auditorium selbst die Premiere erlebt haben mochte, geht aus dem Zeugnis von Ludwig Ganghofers Gattin hervor, die später unter dem Eindruck der Münchener Erstaufführung schreibt: „Ich selbst bin heute wie umgewechselt, den ganzen Tag muß ich singen, komme mir selber vor wie eine Fledermaus, so ruhelos flattere ich im Haus herum, da mich noch immer die reizenden, prickelnden Weisen verfolgen und nicht loslassen." Dionysisches Wunder der Verwandlung in einem bayerischen Haushalt!

Wie viel dem musikdramatischen Neuling Johann Strauß, der zeit seines Lebens von Selbstzweifeln heimgesucht wurde und daher in hohem Maße von fremder Bestätigung und Anerkennung abhängig war, eine positive Resonanz bedeutete, wird aus einem Brief deutlich, den seine Ehefrau Henriette einem freundlich gesinnten Rezensenten geschrieben hat: „Sie haben besonders mir die größte Freude durch die Besprechung gemacht – da ich weiß, wie solch Urteil meinen lieben Mann anspornt, auf dem einmal betretenen Weg fortzuschreiten. Bei dem Mangel an heimatlichen Operetten-Compositeurs ist es ja wünschenswert, daß sich ein gebildeter Musiker mit diesem Genre befasse – und Johann war schon durch die widerstreitenden Urteile gesonnen, sein Talent dem Auslande zu widmen, das stets seine Werke mit Enthusiasmus aufnahm und jedenfalls nachsichtiger war als seine Landsleute, welche dazu berufen waren, seine Werke kritisch zu beleuchten! – Sie haben sich des Ihnen persönlich fremden Künstlers freundlichst angenommen, haben Mut und neue Lust zum Schaffen erweckt! Lassen Sie mich Ihre Hand herzlich drücken und nehmen Sie diese kleine Handarbeit freundlich auf, zur Erinnerung an den Ostersonntag." (Zitiert nach Hadamowsky-Otte 1947, 149.) Behutsame individuelle Kulturpolitik aus der Feder einer ebenso klugen wie warmherzigen Frau!

Die Legende eines anfänglichen Mißerfolgs der *Fledermaus* in Wien ist ebenso unrichtig wie hartnäckig. Daß das Stück nicht en suite gespielt werden konnte und daher zunächst nicht auf eine allzu hohe Aufführungszahl gekommen ist, hängt mit dem Gastspiel des italienischen Ensembles um Adelina Patti zusammen; dazu kamen Neubesetzungen – und die erforderlichen Proben – im Personal der neuen Operette. Eine kurze Statistik und nackte Zahlen mögen den beträchtlichen, sich stets erneuernden Erfolg der *Fledermaus* erhärten: 17 Wiederholungen noch im April 1974, 24 Aufführungen im Folgemonat, darunter ein Kontinuum zwischen dem 3. und 23. Mai, am 3. Juni bereits die 45. Vorstellung. Daß das Werk noch in den Folgejahren unvermindert die Kassa klingeln ließ, zeigt ein Einnahmenvergleich: Die 58. Aufführung am 24. November 1875 erzielte 1429 Gulden, fast das gleiche kommerzielle Ergebnis erbrachte die 67. Vorstellung (29. Dezember 1875), während der folgende Termin – vielleicht als Auswirkung des Faschings – gar 2133 fl. eingespielt hat (20. Jänner 1876). Nur die vorausgegangene Strauß-Operette *Carneval in Rom* und das beliebte Volksstück von Alois Berla *Drei Paar Schuhe* konnten sich in der nachhaltigen Wirkung und in der Repertoirebeständigkeit mit der *Fledermaus* messen. Franz Hadamovsky und Heinz Otte begründen in ihrem Standardwerk *Die Wiener Operette* diese zeitliche Streubreite als wohlüberlegte Maßnahme: „Das Theater in Wien betrieb zu jener Zeit noch eine gewisse Spielplanökonomie. Ein Stück wurde nicht, wie es heute vielfach geschieht, durch Ensuite-Aufführungen bis zum Letzten ausgepreßt und dann für immer abgesetzt: eine Repertoirepolitik, die weder dem Werk noch dem Theater förderlich und ein Charakteristikum des rein geschäftlichen Theaterbetriebs ist." (S. 150). Für die permanente Zugkraft sorgten auch ansprechende Singschauspieler in wechselnder Konstellation. So hat Alexander Girardi im Laufe der Jahre fast alle männlichen Rollen dargestellt, bis er endlich 1878 im Frosch seine wirkungsvollste Aufgabe gefunden hat.

Rezeption im Zeitraffer

Offenbar war es eher die Resonanz des „eminenten Erfolgs, welchen Strauß unerschöpflicher Erfindungsquell und die brillante Aufführung errangen" (*Illustriertes Wiener Extrablatt*) als das nörgelnde Räsonnement einer Fachzeitschrift, was über *Die Fledermaus* alsbald nach außen drang. Denn ein Kritikaster von Ziehrers *Deutscher Musikerziehung* hatte säuerlich vermerkt: „Die Musik ist reizend, aber ihr fehlt der freie Zug … Bei alldem ist die Operette zu lang; sie wimmelt von überflüssigen Musikstücken, sie wimmelt ebenso von überflüssigen Personen." Jedenfalls war die Berliner Premiere im Friedrich Wilhelmstädtischen Theater am 8. Juli 1874 ein vielbejubeltes Ereignis. Weitere Bühnen folgten unmittelbar nach: So das Carl-Schultz-Theater in Hamburg und das Deutsche Theater in Budapest, wo der Meister persönlich als zusätzlicher Anreiz am 22. Dezember 1874 die 20. Vorstellung geleitet hat. Auch in New York stand das Stück noch im gleichen Jahr auf dem Spielplan.

Mit der schon erwähnten Besetzung des Frosch durch den beliebten Charakterdarsteller Alexander Girardi wurde ein personeller und dramaturgischer Typus kreiert. Der Dritte-Akt-Komiker war fortan ein erfolgreicher dramaturgischer Bestandteil vieler neuer Operetten. Er setzte zugleich auch die Stegreiftradition der lustigen Person auf der Bühne fort: Weit über den bescheidenen Text des Librettos hinaus übten sich die versierten Vertreter der Rolle in gekonntem Extempore, glossieren aktuelle Ereignisse und bezogen auch das Publikum in die szenischen Turbulenzen ein. Und als zum vierzigjährigen Künstlerjubiläum des Komponisten 1884 als Einlage im zweiten Aufzug bekannte Bühnenfiguren aus Strauß-Operetten das Fest bei Orlofsky als Gäste besuchten, wurde damit eine weitere Tradition, der Vortrag stückfremder Nummern, begründet, wie sie etwa in Herbert von Karajans Studioproduktion nach der Wiener Staatsoperninszenierung von 1960 auch auf Tonträger prominent konserviert ist. Als im Folgejahr 1885 erstmals Sänger der Hofoper in den großen Gesangspartien gastierten, zeichnete sich damit ein weiterer Rezeptionsschritt des Werkes in Wien ab, über den in einem besonderen Kapitel gehandelt wird.

An auswärtigen Opernhäusern hat das Hamburger Institut rasch gehandelt: Gustav Mahler hat *Die Fledermaus* 1894 mutig auf den Spielplan gesetzt und sie nicht zuletzt durch sein inspiriertes Dirigat beim Publikum durchgesetzt. Zwei andere Größen der Orchesterleitung waren bald danach die Wegbereiter in weiteren deutschen Hochburgen des Musiktheaters: Richard Strauss dirigierte das Meisterwerk seines Fast-Namensvetters 1899 erstmals an der Berliner Hofoper, und noch im gleichen Jahr war Ernst von Schuch der Dresdener

Aufführung ein engagierter musikalischer Anwalt. Die Metropolitan Opera New York eroberte sich das ‚Referenzstück' des Genres Operette immerhin bereits 1905. Wenn von gefeierten Pultstars als Interpreten und Wegbereitern der Partitur die Rede ist, so schließt sich eine ganze Reihe klingender Namen assoziativ an: Bruno Walter, der *Die Fledermaus* 1926 bei den Salzburger Festspielen aufführte und 1930 dem Londoner Opernpublikum näherbringen konnte. Alexander von Zemlinsky, der Weggefährte der Zweiten Wiener Schule und spät (wieder)entdeckte Schöpfer eigenständiger Kompositionen, brachte die Partitur 1928 in der Berliner Kroll-Oper zum Klingen. Und als für charakterstarke und unerschrockene Persönlichkeiten im Dritten Reich keine Verwendung war und ihnen nur das Exil übrigblieb, da haben auch andere Kontinente individuelle Strauß-Deutungen erlebt: So das Teatro Colon in Buenos Aires unter Fritz Busch (1936) und Erich Kleiber (1940).

Ein besonderes Kapitel ist die Werkrezeption in Paris. Johann Strauß hatte 1875 einer Überarbeitung seines ersten Bühnenwerks *Indigo und die vierzig Räuber* in der französischen Metropole zum Erfolg verholfen und war nunmehr auch lebhaft interessiert, seine Glanzoperette in jener Stadt einzubürgern, der sie letztlich ihr Sujet verdankt. Doch das Unternehmen scheiterte zunächst am Widerspruch der beiden französischen Librettisten von *Le Réveillon,* Meilhac und Halévy. Mit einer Operette nach ihrem Bühnenstück sahen sie nicht nur ihre Autorenrechte verletzt, sondern fürchteten auch um die künftigen Aufführungschancen ihres Vaudevilles. So kam es zur völligen Umarbeitung des Librettos, zu einem ganz neuen Handlungsgerüst, das die Autoren A. Delacour und V. Wilder unter dem Titel *La Tzigane* zur Musik von Johann Strauß herstellten. Als opéra comique kam dieser Zwitter am 30. Oktober 1877 im Pariser Théâtre de la Renaissance zur Aufführung und konnte durchaus Erfolg verbuchen. Eine späte deutsche Übersetzung dieses neuen Sujets durch Hans Weigel (1985) wurde als *Die Zigeunerin* in Max Schönherrs musikalischer Einrichtung am Grazer Opernhaus szenisch realisiert. Erst 1904 fand die originale *Fledermaus* unter dem Titel *La Chauve-Souris* im Pariser Théâtre des Variétés den Weg auf die französische Bühne, wo sie freilich seither unbestrittenes Heimatrecht genießt.

Von einer sprachlich, dramaturgisch und musikalisch durchgreifenden Adaptierung des Stückes im Milieu der zwanziger Jahre soll noch ausführlicher die Rede sein. Sie ist auf Anregung Max Reinhardts für eine Aufführung am Deutschen Theater in Berlin entstanden und hat den vielleicht erfolgreichsten Komponisten dieser Dekade, Erich Wolfgang Korngold, zum liebevoll-umsichtigen Ziehvater. Nach dem Geschmack der Epoche und ihrem Hang zu üppiger Ausstattung wurde das Ballett (in der Choreographie von Grete Wiesenthal) mit den Straußwalzern *Geschichten aus dem Wienerwald* und *Wiener Blut* ausgiebig beschäftigt. Die Premiere dieser Produktion (1929) zeigte auch in textlicher Hinsicht Zugeständnisse und Annäherungen an modische Tendenzen des zeitgenössischen Kabaretts. Auch die Vorgeschichte der Handlung wurde nicht einer diskreten Anspielung überlassen, sondern szenisch interpretiert: Doktor Falke tanzte zur Einleitungsmusik des ersten Aufzugs im Kostüm einer Fledermaus über die Bühne, ehe er als dramaturgische Figur in Erscheinung trat. Die jüngste Produktion der Metropolitan Opera in New York hat diesen Regie-Einfall noch weiterentwickelt und psychoanalytisch vertieft: Falke, der *Doktor Fledermaus*, wird am Ende zu *Doctor Joy*, alias Sigmund Freud. Auch eine weitere Konzession an das Illusionstheater, die seither gelegentlich aufgegriffen wird, stammt von dieser Bearbeitung: Prinz Orlofsky schlüpfte aus seiner Hosenrolle und wurde in Tenorlage von einem Mann gesungen. In verschiedenen weiteren Adaptierungen, zumeist aber unter Max Reinhardts Leitung, machte diese Version in den folgenden Jahr(zehnt)en durchaus Karriere: am Théâtre Pigalle Paris (1933), am 44th Street Theatre New York (1942), schließlich – nach Reinhardts Tod und mit Richard Tauber als Dirigenten – am Palace Theatre London. Der Regisseur und Theaterleiter Hellmuth Matiasek hat erst kürzlich diese Fassung der *Fledermaus* zum Ausklang seiner Intendanz am Münchener Gärtnerplatztheater inszeniert (1995) und damit erneut zur Diskussion gestellt.

Unter den bedeutenden, überregional ausstrahlenden Produktionen der Nachkriegszeit muß an vorderster Stelle die Eröffnung der Komischen Oper Berlin (im Gebäude des alten Metropoltheaters) unter der Leitung Walter Felsensteins erwähnt werden (Weihnachten 1947). Das fünfzigjährige Jubiläum dieses Ereignisses wurde erst kürzlich umfassend gefeiert, und das Publikum konnte Brigitte Mira, die Adele der ersten Stunde, als noch immer agile Actrice auf der Bühne bewundern. Auch eine Produktion der Metropolitan Opera New York (1950) verdient zumindest wegen der exzellenten, z.B. auch überraschenden Besetzung noch immer Interesse: Unter der Leitung von Eugene Ormandy sangen u.a. Ljuba Welitsch die Rosalinde, Richard Tucker den Alfred und Risë Stevens den Orlofsky.

Die beiden dominanten *Fledermaus*-Regisseure der sechziger und siebziger Jahre haben ihr Konzept mit wechselnden Besetzungen, aber in bewährten Bühnenbildern an verschiedenen Orten umgesetzt. Leopold Lindtberg (mit dem Ausstatter Teo Otto) u.a. in Wien (1960), Hamburg (1964) und – mit anderer Ausstattung – London (1977). Otto Schenk wiederum mit seinem Partner Günther Schneider-Siemssen schuf zunächst eine Inszenierung für die Deutsche Oper in Berlin (1972), ehe er das Werk auch am Nationaltheater München (1974) und an der Wiener Staatsoper (1979) gestaltete.

Mit dem Hinweis auf vier auffällige, weil die ausgetretenen Pfade der szenischen Umsetzung verlassende Produktionen sei dieser Überblick abgerundet. Der renommierte Choreograph Maurice Bejart hat das Stück in Brüssel (1985) inszeniert und dabei Momente des integralen Tanztheaters verwirklicht. – Die Inszenierung von Johannes Schaaf für Amsterdam (1987) präsentierte den Dirigenten Nikolaus Harnoncourt in einer (damals) ungewohnten Aufgabe: Der Spezialist für alte Musik und führende Vertreter des Originalklangs engagierte sich erstmals für die Wiener Operette. – Als Regietheater im modernen Sinn des Wortes darf der Zugang Herbert Wernickes in seiner Arbeit für Basel (1992) angesprochen werden: Die drastische Reduktion des Instrumentariums (Klavier, Harmonium, Schlagzeug) korrespondierte mit einer Werksicht, die vor allem das Hintergründige, Gemeine, Niederträchtige des Geschehens bloßlegte. – Harry Kupfers Auseinandersetzung mit der *Fledermaus* brachte das Stück 1998 endlich wieder auf die Bühne der Komischen Oper Berlin. Das ebenso praktikable wie raffinierte Bühnenbild von Hans Schavernoch mit einem transparenten Lift als funktionellem Spielort und vielen optischen Zitaten der *décadence* schuf dem Regisseur ein Ambiente, in dem Zeitkritik, Ironie und der Röntgenblick für menschliche Schwächen vorherrschten, aber auch der spontanen Unterhaltung ihr Recht ließen.

Kehren wir am Ende dieses Abschnitts zum Ausgangspunkt, der Aufführungsserie am Theater an der Wien im vorigen Jahrhundert zurück. Als man dort am 17. Oktober 1876 die 100. Aufführung festlich beging, durfte sich der Komponist über eine Huldigungsstrophe freuen, die ihm als gesungene Einlage dargebracht wurde:

> „Gefeiert und bewundert wird Meister Johann Strauß.
> Heut ist's ein volles Hundert bei seiner *Fledermaus.*
> Die heiteren Melodien,

die alle Welt durchziehen,
Sie schaffen frohe Geister,
drum huldigt man dem Meister."

Die vergessenen Geburtshelfer. Vier Kurzbiographien.
Die Vergänglichkeit des Ruhms

Wenn man mit einigem historischen Vorwissen an *Die Fledermaus* herangeht, dann liefert das assoziative Denken eine Reihe von berühmten Namen, die sich um die Ursprungsgeschichte des Werkes ranken: Johann Strauß als der Komponist, Jacques Offenbach als sein Pariser Konkurrent und künstlerischer ,Reibebaum', Henriette Strauß-Treffz als verständnisvolle Künstlergattin und nimmermüde Vermittlerin, Alexander Girardi als früher Interpret wechselnder männlicher Rollen, vielleicht noch der eine oder andere gastierende Opernsänger. Doch die ausführliche Beschäftigung mit dem Entstehungszusammenhang des Werkes, mit seinen Quellen und seinem Bühnengeschick läßt uns unentwegt auf weitere Persönlichkeiten aus der Wiener Theaterszene der Gründerjahre stoßen, die seinerzeit als Lokalgrößen bekannt waren, während sie heute aus unserem Blickfeld verschwunden und dem ,kollektiven Gedächtnis' entglitten sind. Vier unter diesen verblaßten Gestalten, auf die man bei der Beschäftigung mit dem Um-

Josef Kriehuber: Jetty Treffz, 1852

115

feld der *Fledermaus* immer wieder stößt, wollen wir mit knappen Porträtskizzen in unser Bewußtsein zurückholen: den Stückeschreiber Carl Haffner, den Librettisten und Komponisten Richard Genée, die Primadonna und Directrice Marie Geistinger und den Theaterleiter Maximilian Steiner.

Der literarische Taglöhner: Carl Haffner

Von ihm weiß die Chronik nur noch wenig zu berichten, seine Biographie ist gänzlich schattenhaft geworden und verliert sich in einigen wenigen Daten und Fakten. Er hieß eigentlich Karl Wilhelm Schlachter und wurde 1804 im ostpreußischen Königsberg geboren. Auf dem verschlungenen Weg wechselnder Arbeiten für die Bühne ist er schließlich in Wien seßhaft geworden. Für das Carl-Theater in der Leopoldstadt, wo er als Hausdichter Beschäftigung fand, war er in der Folge tätig. Sein Aufgabenkreis und die dafür vorgesehene Entlohnung standen in einem beschämenden Mißverhältnis. Zwölf Stücke waren in einem Jahr zu schreiben, und das monatliche Salär von 45 Gulden wurde nur durch eine Benefizvorstellung aufgebessert. Das Repertoire, für das er zu sorgen hatte, kam dem Geschmack des damaligen Vorstadtpublikums entgegen: Komödien und Rührstücke – oft nach bewährten Vorlagen –, dazu Bilder aus dem alten Wien: Sein Schauspiel rund um Ferdinand Raimund *Therese Krones* sorgte immer wieder für volle Kassen. Die Übersetzung des Pariser Boulevardstücks *Le Réveillon* war eine seiner typischen Brotarbeiten. Wie weit der Bearbeiter und endgültige Librettist Richard Genée mit seiner Behauptung recht hat, der vorgelegte Text sei völlig ungeeignet gewesen und er habe nur die Namen der Personen benützt, läßt sich nicht mehr ermitteln. Immerhin spricht es für die Großzügigkeit des Erfolgreicheren, daß er Haffner auf den Theaterzettel und im Notenmaterial als Partner akzeptierte, „um den altbewährten Schriftsteller nicht zu kränken".

116

Schon bald nach der Uraufführung der *Fledermaus* ist der zweiundsiebzigjährige ‚Bühnensöldner' 1876 in Wien verarmt gestorben. Ob er das Werk, mit dessen Welterfolg sein Name mittelbar verbunden blieb, je auf der Bühne gesehen hat, läßt sich nicht sicher feststellen. Desgleichen läßt sich schwer beurteilen, ob Sätze über ihn in der Strauß-Literatur verschollenes Wissen kolportieren oder bloß aus wohlfeilen Klischees entstanden sind: „Schwermütig sein durfte Haffner nur in seinen vier Wänden: Der Nebel des Nordens hat ihn niemals ganz losgelassen." (Jacob 1960). „Ein groteskes Schicksal hatte den halbverhungerten, freudlosen Mann dazu ausersehen, Pate zu stehen bei dem rauschendsten und fröhlichsten Werk aller Theaterliteratur." (Grun 1961).

Der vielseitige Musensohn: Richard Genée

Der Sohn eines Sängers und Theaterdirektors wurde am 7. Februar 1823 in ein musikantisches Milieu hineingeboren. Die alte Bühnentradition in Danzig mit der wechselvollen Geschichte, bald im polnischen Besitz, dann Freie Stadt, später Hauptort der Provinz Westpreußen, verdankte sich nicht zuletzt ihrer Randlage an der Weichselmündung. Gerade an der Peripherie wollte sich die deutsche Kultur demonstrativ behaupten. Das zunächst gewählte Medizinstudium hat der junge Genée bald zugunsten einer musikalischen Ausbildung verlassen. Schon den Zwanzigjährigen finden wir als Ballettdirigenten und Studienleiter am Theater seiner Heimatstadt. Darauf führt ihn die musikalische Laufbahn in rascher Folge nach Riga, Köln, Düsseldorf, Mainz und Schwerin. Von Prag ist dann der Weg nach Wien nicht mehr weit, wo er ab 1867 seine künstlerische Heimat und ein bleibendes Domizil findet. Seine Arbeit am Theater an der Wien vereinigt musikalische Einstudierungen und Dirigate mit einer expandierenden Tätigkeit als Librettist und Bearbeiter, wobei aber auch das eigene musikalische Schaffen nicht zu kurz kommt. Für die Vertreter der goldenen Wiener Operettenära hat er, zumeist in Kooperation mit Friedrich Zell (alias Camillo Walzel), die Textbücher verfaßt: so etwa zu den Meisterwerken *Fatinitza* und *Boccaccio* des Franz von Suppé, für Carl Millöckers Erfolgsstücke *Der Bettelstudent* und *Gasparone*, später auch noch zu Bühnenwerken von Rudolf Dellinger, Carl Michael Ziehrer und Adolf Müller. Da war er allerdings bereits freischaffender Künstler, denn dank seiner Reputation und steigender Nachfrage konnte er seine Stelle am Theater an der Wien 1878 aufgeben.

Für Johann Strauß hat der vielseitige Bühnenkünstler nach den Gesangstexten für *Carneval in Rom* und dem seltsamen Einstieg mit der *Fledermaus* noch viermal gearbeitet. In der bewährten Partnerschaft mit Friedrich Zell hat er die Libretti zu *Cagliostro in Wien* (1875), *Der lustige Krieg* (1881) und *Eine Nacht in Venedig* (1883) geschaffen. Gemeinsam mit Heinrich Bohrmann-Riegen war er für den Text zu *Das Spitzentuch der Königin* (1880) verantwortlich. Daß es später zu einer Entfremdung zwischen den vertrauten Kollegen gekommen ist und andere Literaten sowie dramaturgische Berater für Strauß tätig wurden, läßt sich mehrfach begründen: Zunächst mit dem nachhaltigen, über die kurze Ehe hinaus wirksamen Einfluß von Johanns zweiter Frau Lily (= Angelika), die mit der recht zwanglosen, vieles dem Zufall überlassenden Zusammenarbeit zwischen den Partnern bald aufgeräumt haben soll. Statt der unbekümmerten Gespräche im Stadtpalais des Komponisten, bei denen zunächst der Publikumsgeschmack sondiert und dann erst nach Stoff, Aufbau und Rollenprofilen gefragt wurde, gab es nunmehr eine in diesem Metier ganz unübliche strenge Planung und präzise zeitliche Abläufe. Friedrich Zell, Genées Alter Ego, hat diesen jähen Wechsel dem Meister später zum Vorwurf gemacht: „Sie, lieber Freund, hatten Ver-

trauen zu uns, zu sich und (erinnern Sie sich wohl an diese Tatsachen!!!) Sie komponierten die ersten Akte – meist ohne zu
wissen, was der 2. und 3. Ihnen für Aufgaben stellen würde –
und siehe da, der Erfolg stellte sich – mehr und minder! –
jedesmal ein!" (nach Linke 1982, S.127).

Auch das Fiasko der Uraufführung von *Eine Nacht in
Venedig* am Friedrich-Wilhelmstädtischen Theater in Berlin
(3. Oktober 1883), bei der der ursprüngliche Text des Lagunen-
walzers „Nachts sind die Katzen ja grau" mit seinem wiederholten „Miau" ein entsprechendes Publikumsecho hervorrief,
mag zu einer nachhaltigen Verstimmung beigetragen haben,
wie aus einem Strauß-Brief an Paul Lindau mit klarer Schuld-
zuweisung hervorgeht: „Das Buch ist so, daß ich ihm beim
besten Willen keine Inspiration abgewann. Es hat weder eine
poetische noch eine komische Färbung. Es ist eine zerfahrene,
schwulstige Geschichte, die von Handlung keine Spur hat.
Ebensowenig ist ein Bedürfnis für Musik vorhanden … ." Die
folgenden Sätze, die freilich durch den Wiener Erfolg (mit veränderten Textstrophen für Girardi) widerlegt wurden, tragen
eine beinahe masochistische Note: „Mich freut nur eines: daß
man den gänzlichen Durchfall in Berlin nicht zu verhindern
vermochte. Ich möchte mich noch mehr freuen, wenn das
Ganze bald ins Versorgungsheim käme. Es kann mir gestohlen
werden, ich weine ihm keine Träne nach." (nach Grun 1961,
S.217f.). Aber auch in diesem Fall weiß Friedrich Zell als
Sprachrohr des Librettisten-Tandems die Textdichter zu recht-
fertigen: „Für die *Nacht (in Venedig)* arbeiteten wir mit total
gebundener Marschroute!! Da war uns (ebenfalls von Frau
Lily) Zeit, Ort, Personen, ja der Schauplatz des dritten Aktes
vorgeschrieben." (nach Linke 1982, S.127f.).

Was weiters hinzukam, war der in späteren Jahren evidente
Drang des Komponisten zu historisch-patriotischen Themen
(*Der Zigeunerbaron*) oder gar zur Oper (*Ritter Pásmán*). Diese

Neuorientierung rief mit den veränderten Sujets auch andere literarische Mitarbeiter auf den Plan.

Doch Richard Genée war ja neben, vielleicht sogar vor allen seinen Qualitäten als Berater, Instrumentator, Übersetzer und Kapellmeister zu seiner Zeit auch ein erfolgreicher Komponist. Noch für Danzig hatte er eine romantisch-komische Oper *Der Geiger aus Tirol* geschrieben (1857): Auf wechselnden Schauplätzen zwischen Venedig, Absam in Tirol und dem kaiserlichen Konzertsaal in Wien wird die Geschichte des Geigenbauers und Violinspielers Jakob Stainer inmitten von Liebe und Eifersucht, Konkurrenz und Intrige zu einem wunderbarglücklichen Ende geführt.

Zwei für Schwerin geschriebene komische Einakter *Die Generalprobe* sowie *Der Musikfeind* (1862) thematisieren auf unterschiedliche Weise das künstlerische Milieu. Im ersten Stück werden die Schwierigkeiten im Vorfeld einer Opernpremiere zum Gegenstand der Handlung gemacht: Eitelkeiten der Protagonisten, vorgebliche Indispositionen, gewünschte Änderungen in letzter Minute, die Vermischung von Bühnengeschehen mit privaten Beziehungen, aber auch der Wettstreit zwischen dem Textdichter und dem Komponisten, die abwechselnd ihre Wichtigkeiten hervorheben, schaffen zunächst eine Kette von Hindernissen. Erst in letzter Minute werden die Schwierigkeiten durch List und allerlei Kompromisse ausgeräumt, und die Probe kann beginnen. Das aparte kleine Werk steht in einer Reihe dramaturgisch reflektierter Theaterarbeit, die von Mozarts *Der Schauspieldirektor* über das Vorspiel zu *Ariadne auf Naxos* von Richard Strauss und Hugo von Hofmannsthal bis zu Thomas Bernhards *Die Macht der Gewohnheit* reicht. Die sprechenden Namen der Rollen, vielfach aus dem Tierreich entlehnt (der Tenor Wachtelschlag, der Komponist Löwenhelm, der Dichter Grille), weisen bereits auf *Die Fledermaus* hin.

„Die Fledermaus" in der Inszenierung von Otto Schenk (1979) an der
Wiener Staatsoper: 1. Akt

„Die Fledermaus" in der Inszenierung von Otto Schenk (1979) an der
Wiener Staatsoper: 2. Akt

„Die Fledermaus" in der Inszenierung von Otto Schenk (1979) an der Wiener Staatsoper:
3. Akt: Das „fidele" Gefängnis (Lucia Popp, Josef Hopferwieser, Bernd Weikl)

Bernd Weikl (Eisenstein), Lucia Popp (Rosalinde)
(Inszenierung Otto Schenk, 1979)

Lucia Popp (Rosalinde)

Brigitte Fassbaender (Orlofsky)

Hilde Güden (Rosalinde)

Eberhard Waechter
(Eisenstein)

Walter Berry (Falke)

Rita Streich (Adele)

Elisabeth Schwarzkopf im Kostüm
der Rosalinde

Bildtafel 7

Renate Holm (Adele)

Eberhard Waechter (Eisenstein) und Murray Dickie (Orlofsky) in der Inszenierung von
Leopold Lindtberg (1960)

Ensembleszene, 2. Akt, Inszenierung Leopold Lindtberg (1960)

Eberhard Waechter
(Eisenstein),
Hilde Güden
(Rosalinde)
(Inszenierung
Leopold Lindtberg,
1960)

Giuseppe Zampieri
(Alfred),
Josef Meinrad
(Frosch)
(Inszenierung
Leopold Lindtberg,
1960)

Otto Schenk (Frosch)

Erich Kunz (Frosch)

Helmuth Lohner
(Frosch)

Natürlich darf auch in der „komischen Operette" *Der Musikfeind* ein Happy-End nicht fehlen. Der Rentier Hammer war in seiner Jugend auf der Bühne ausgezischt worden, und so hat sich die Kunstliebe des verhinderten Sängers in Musikhaß verwandelt. Eine freie Wohnung in seinem Haus will er nur einem notorischen ‚Tonmuffel' vermieten. Daß sich ausgerechnet ein Komponist (Alfred Moll!) um das Logis und die Hand der Nichte bewirbt, bringt zwar allerlei Verwicklungen mit sich, doch eine geglückte Auflösung des Jugendtraumas sorgt zum guten Ende für allgemeine Zufriedenheit. Daß sich der frustrierte Musikfeind Hammer ausgerechnet in einer Arie über seine Allergie Luft macht, gehört zu den ironischen Pointen dieser zu Unrecht vergessenen Preziose.

Die bekanntesten und erfolgreichsten Bühnenwerke hat Richard Genée in und für Wien geschrieben. Die Operette *Der Seekadett* auf einen Text von Friedrich Zell (1876) führt an den portugiesischen Königshof des frühen 18. Jahrhunderts. Das ‚Mantel und Degen'-Sujet mit zahlreichen Verkleidungen, Verwechslungen und Täuschungsmanövern mündet – wie kann es anders sein! – in einen doppelten Liebesbund. Die als Seekadett kostümierte und zum Kapitän-Stallmeister ernannte Pariser Soubrette Fauchette Michel darf sogar mit einem exotischen Nabob in Brasilien glücklich werden.

Mit *Nanon*, wiederum auf ein Libretto seines eingespielten Partners (1877), entdeckt Richard Genée das Umfeld des französischen Königshofes und der Pariser Hocharistokratie als wirkungsvollen Schauplatz. Hier ist es das Zeitalter des Sonnenkönigs. In *Die Dubarry* von Carl Millöcker und *Madame Pompadour* von Leo Fall werden die Mätressen seines Nachfolgers, Ludwigs XV., zu Protagonistinnen der Operettenbühne. Der flotte Marquis d'Aubigné, galanter Kavalier und begabter Sänger von Minneliedern, erkennt endlich auf Umwegen den kleinen, aber wichtigen Unterschied: Es ist *Nanon*, die charmante und gewitzte Wirtin „Zum Goldenen Lamm", und nicht die adelige *Ninon* de Lenclos, der seine wahre Liebe gehört. Mit Rührung, Verzeihung, edlem Verzicht, vor allem aber einem glücklichen Paar schließt das bunte Verwirrspiel. Die Mesalliance wird wohl bald durch eine Nobilitierung der reschen Wirtin saniert werden. Diese selbständige Frau mit den geschickten Händen und dem Herzen auf dem rechten Fleck hat übrigens einen Rollentypus begründet, dessen bekannteste Vertreterin uns in Josepha Vogelhuber, der Wirtin *Zum weißen Rößl*, entgegentritt. Das Ständchen des tenoralen Liebhabers „Anna, zu dir ist mein liebster Gang" aber hat nicht nur dem Sänger, sondern auch dem Komponisten Glück gebracht. In der Operette geradezu leitmotivisch wiederkehrend, hat es einst auch als Schlager im Konzertsaal und in der Hausmusik reüssiert.

Nennen wir einige weitere Bühnenwerke von Genée wie *Die letzten Mohikaner, Nisida, Rosina* oder *Die Zwillinge* nur dem Titel nach und wenden uns dafür biographisch den letzten Lebensjahren des Künstlers zu. Der dritte Jahrgang des Künstler- und Schriftsteller-Lexikons *Das geistige Wien* für das Jahr 1891, damals eine Art *Who is who* der Kulturszene in der Kaiserstadt, erwähnt in einem stattlichen Artikel „gegen 300 Gesangscompositionen, Chöre, Lieder, Duetten (!), Terzetten (!) humoristischen Inhalts zumeist eigenen Textes, sowie größere musikalische Arbeiten". Als sein Wohnsitz wird die Villa Genée in Preßbaum bei Wien angegeben, während für die Wintermonate die noble Berliner Adresse Kurfürstendamm 124 gilt.

Die letzten Lebensjahre Genées sind von schwerer Krankheit überschattet. Eine Tuberkulose, damals nicht wirklich zu heilen, sondern nur in den Symptomen zu lindern, lähmte seine Arbeitskraft und seinen Lebensmut. Nach vergeblichen Kuraufenthalten in Italien ist dieser vielseitige Bühnenmensch am 15. Juni 1895 in Baden bei Wien verstorben. Ob sich Genée semantisch auf Genie reimt, wird man mit manchem wortgewandten zeitgenössischen Kritiker bezweifeln. Daß er aber Fleiß, Talent und Energie zu einem beträchtlichen Œuvre bündeln konnte, ist auch aus distanziertem Rückblick nicht zu verkennen.

Primadonna und Prinzipalin: Marie Geistinger

Der Zenit ihrer Karriere stand im Zeichen einer permanenten Konkurrenz, die sich weit über die Bühnenarbeit hinaus in das Privatleben und die öffentliche Geltung erstreckte. Josefine Gallmeyer, *die Schosefin* des Volksmundes, hieß jene andere Operettendiva und Erzkomödiantin, deren spontane Vitalität und exzessiver Lebensstil gemischt mit tragischen Nuancen, die Redaktionen und Foyers laufend mit Gesprächsstoff versorgten. Demgegenüber verkörperte Marie Geistinger die Kontrastfigur der gefestigten, überlegt-überlegenen, auf Sicherheit bedachten Frau, die weiß, was sie will. „Genie und Talent, das Weib und die Dame, Extrovert und Introvert, Herz und Verstand – niemals durfte sich eine Theaterkultur zur gleichen Zeit, am gleichen Platz zweier solch inkommensurabler, dissonanter und beglückender Individualitäten erfreuen.": so bringt Bernard Grun (1961), dem auch die folgenden Zitate entnommen sind, die beiden vergleichbar-unvergleichlichen Künstlerbiographien auf den Punkt.

Marie Geistinger wurde 1833 (nach anderen Quellen 1828 bzw. 1836) in Graz in eine angesehene Schauspielerfamilie hineingeboren und nach den Wertbegriffen der Epoche standesgemäß erzogen. Schon mit 18 Jahren begann in Berlin ihre erfolgreiche Laufbahn als Soubrette. Den Sirenentönen Wiener Intendanten gegenüber blieb sie zunächst taub. Erst als sie Friedrich Strampfer mit der Titelrolle in der Wiener Premiere von Offenbachs *Die schöne Helena* lockte, schenkte ihm die Diva Gehör. Die Erstaufführung am Theater an der Wien vom

17. März 1865 brachte der Debütantin einen rauschenden Erfolg, und die Produktion geriet zum Ereignis der Saison. Der Kalauer von der *Offenbachantin* wurde nicht zuletzt von einem Kompliment des Komponisten genährt, der mit dem Ausspruch „die schöne Helena meiner Träume" sogar seine Pariser Interpretin Hortense Schneider vergrämte. Weitere Glanzpartien in Offenbach-Stücken folgten für den neuen Liebling der Wiener: die Boulotte in *Ritter Blaubart*, die Titelrolle in *Die Großherzogin von Gerolstein*, die Euridice in *Orpheus in der Unterwelt*, dann *Madame l'Archiduc*. Als sich Direktor Strampfer, zwar reich geworden, doch in seinen beruflichen Aufstiegsträumen zum Hofoperndirektor enttäuscht, von der Theaterleitung zurückzog, sah Marie Geistinger eine Chance. Zusammen mit dem routinierten Sekretär des Hauses Maximilian Steiner kehrte sie am 1. August 1869 nunmehr als Prinzipalin in das Theater an der Wien heim. Die Stätte ihrer Bühnentriumphe wurde ihr nun freilich auch zum Objekt finanzieller Sorgen. Doch die Verhandlungen mit Komponisten, Sängern und Schauspielern, die Gestaltung des Spielplans, der Kontakt mit den Journalisten konnten sie von ihrer eigentlichen Berufung nicht ablenken. Die Diva Geistinger blieb auch in den folgenden Jahren eine Attraktion der Intendantin gleichen Namens. Als Fantasca und Marie-Pepino führte sie die ersten Operetten von Johann Strauß *Indigo und die vierzig Räuber* bzw. *Carneval in Rom* zum Erfolg. Aber auch in den frühen Singspielen Carl Millöckers sowie in Volksstücken von Ludwig Anzengruber wußte sie zu begeistern. Bezeichnend für ihr Selbstverständnis in der neuen Doppelrolle ist eine überlieferte Äußerung, die sie unter dem Jubel der Menge als Großherzogin von Gerolstein auf offener Szene an das Publikum richtete: „Als Großherzogin war ich verpflichtet, mich mit dem Gemeinen Fritz zu beschäftigen; als Direktorin – das gelobe ich mir – will ich nie etwas wissen vom Gemeinen."

Wie sehr sie als Rosalinde am Erfolg der *Fledermaus* beteiligt war und wohl schon im Vorfeld der Komposition durch ihre Gestaltung des Csárdás den Komponisten beflügelt hat, ist an anderer Stelle dieses Buches nachzulesen.

Doch nach sechs Jahren der Kodirektion mit Steiner, zu deren Höhepunkten auch die Anzengruber-Premieren *Der Pfarrer von Kirchfeld, Der Meineidbauer* und *Die Kreuzelschreiber*, eine weitere Strauß-Operette (*Cagliostro in Wien*) sowie etliche renommierte italienische Operngastspiele zählen, hat die Geistinger als Prinzipalin resigniert und sich wieder ausschließlich der Bühne gewidmet: „Ich habe in den letzten zwei Jahren so viel zugesetzt, daß ich versuchen muß, es teilweise einzubringen, was mir selbst durch jahrelanges Gastieren nicht gelingen wird."

Und als sie für sich die Zeit zu einem radikalen Fachwechsel gekommen sah, zögerte sie wieder nicht lange und setzte selbst den entscheidenden Schritt. Wiederum wandte sie sich mit einer Ansprache an das Auditorium, als sie am 31. Jänner 1876 zum letzten Mal ihre Glanzrolle, die schöne Helena, sang: „Bald werden Sie mich an anderer Stätte, auf anderem Felde der Tätigkeit wiedersehen. Zagend gehe ich dem Wagnis entgegen, dem ich mich unterzog. Aber eines hält meinen Mut aufrecht: das ist die feste Zuversicht, mit der ich auf Ihre Gerechtigkeit, auf Ihr Wohlwollen baue. Sie werden meine ersten Schritte auf der neuen Bahn mit Nachsicht begleiten. Möchte es mir gelingen, mein Ziel zu erreichen und von Ihnen zur Künstlerin erzogen zu werden mit jener Nachsicht, die das Wiener Publikum immer ausgezeichnet hat. Mit diesem Wunsch lassen Sie mich scheiden. Voller Wehmut sage ich Ihnen Lebewohl, voller Hoffnung füge ich hinzu: Auf Wiedersehen!"

Ihr Wunsch und ihre Zuversicht sollten sich erfüllen. Mit der ihr eigenen Disziplin und Energie erarbeitete sie sich die

Königin Elisabeth in Heinrich Laubes Drama *Graf Essex*, mit
der sie am Wiener Stadttheater erstmals auftrat. Nach großen
Erfolgen im klassischen Repertoire startete sie 1880 die erste
von insgesamt sieben umfangreichen Gastspielreisen nach
Nordamerika. Alleine diese Starttournee, die sie bis nach Kali-
fornien führte, dauerte dreieinhalb Jahre und verpflichtete sie
zu etwa 1000 Vorstellungen.

Mit der Jahrhundertwende setzte sich die Dame, nunmehr
der Bühne müde, in Klagenfurt zur Ruhe, widmete sich ihren
Büchern, freute sich an der Pflege ihres Gartens und schrieb
lange Briefe. Wohlhabend, allseits geachtet und von den Wie-
nern nicht vergessen, ist die Galionsfigur der frühen Operette
im Jahre 1903 gestorben.

Herr und Diener des Theaters: Maximilian Steiner

Der am 27. August 1830 in Budapest (im Stadtteil Ofen) Geborene wandte sich zunächst dem Kaufmannsstande zu. Doch
den Buchhalter in Temesvar zog es bald mehr zu Text- und
Regiebüchern. Als Schauspieler, später auch Regisseur, wirkte
er u.a. in Arad und Hermannstadt. Doch im Theater nutzte
man wiederum seine kommerziellen und administrativen
Qualitäten, sodaß ihn sein Direktor bei seiner Übersiedlung
nach Wien zum Mitkommen einlud.

Er war der Bühne und da besonders ‚seinem‘ Theater an
der Wien mit Leib und Seele hingegeben, mit Haut und Haar
verfallen. Schon als der unermüdliche Sekretär und Adlatus
von Friedrich Strampfer war er am künstlerischen und mone-
tären Aufschwung dieser Institution wesentlich beteiligt. Im
Trubel der Ereignisse, im Nervenkrieg der Endproben, vor
den Turbulenzen aufwendiger Gastensembles behielt er ruhi-
gen Kopf, setzte seine Routine ein und bewahrte dem Direktor stets volle Loyalität.

Mit ihrem Entschluß, den erfahrenen und verläßlichen Praktiker in eine Doppelintendanz einzubinden, bewies Marie Geistinger nach der Demission Strampfers einmal mehr Instinkt und Menschenkenntnis. Freilich belastete sie mit den Stargagen, die sie sich selbst und – mit Respektabstand – ihren prominenten Kollegen konzedierte, das Budget des Theaters beträchtlich. Das Mißverhältnis zwischen Publikumszuspruch und schlechter Finanzlage gab auch dem Feuilleton zu denken: „Volle Häuser und leere Kassen sind hier an der Tagesordnung. Hunderttausende von Gulden verschwinden in einen geheimnisvollen Abgrund, und mit der Rentabilität des Theaters verglichen, muß das Faß der Danaiden als eine Sparkasse betrachtet werden." Das Bild aus der griechischen Mythologie spricht mehr für die humanistische Bildung des Journalisten als für seinen Realitätssinn. Denn allein ein Blick auf das Jahresgehalt der Primadonna (15.000 Gulden) hätte aus der notorischen Finanzmisere kein Rätsel der Sphinx gemacht. Als er mit Frau Geistingers Abgang zur Sprechbühne und ins klassische Rollenfach Ende Jänner 1876 seinen Publikumsmagneten einbüßte, spitzte sich die budgetäre Krise weiter zu, und Steiner mußte im März 1877 den Weg in den Konkurs antreten. Sein guter Name erhielt ihm die Stellung – offenbar vertrauten die Gläubiger seiner Rechtschaffenheit! –, doch die angeschlagene Physis (und Psyche?) ließ ihm nicht mehr viel Zeit. Schon 1879 mußte er seinem Sohn Franz die Direktionsgeschäfte überlassen, im Mai des folgenden Jahres ist er gestorben.

Im Rückblick kann seiner Direktion auch künstlerisch ein glänzendes Zeugnis ausgestellt werden. Ein sicheres Werturteil und ausgeprägte Entdeckerfreude ließen ihn neue Talente – Komponisten (so Millöcker) wie Interpreten – fördern, dazwischen vergaß er nicht auf die bewährten Garanten des Erfolgs (Offenbach, Strauß, Genée), erfüllte aber auch mit gezielten Einladungen einen kulturellen Auftrag. So als er das famose

127

Meininger Hoftheater in einem ausgedehnten Gastspiel mit gefeierten Inszenierungen aus seinem Klassiker-Repertoire vorstellte.

Sein Sohn Franz, der als siebenundzwanzigjähriger Bahnbeamter das schwere Erbe antrat und die erhebliche Schuldenlast übernahm, hatte zunächst durchaus Fortüne. Schon gleich zu Beginn seiner Direktion erlebte die neue Straußoperette *Das Spitzentuch der Königin* eine aufwendige, vom Publikum goutierte Premiere. Auch die Uraufführung des Meisters, der vom Walzerkönig zum Theaterkaiser avanciert war, *Der lustige Krieg*, geriet nicht zuletzt dank Alexander Girardi und dem von ihm gesungenen Walzerlied „Nur für Natur hegte sie Sympathie …" am 25. November 1881 zum unbestrittenen Erfolg. Carl Millöckers *Der Bettelstudent* (1882) und sein nicht minder zugkräftiger *Gasparone* (1884) sind weitere Höhepunkte der Ära Franz Steiner, dazu eine Aufführungsserie von Alexandre Dumas' *Die Kameliendame* mit der legendären Sarah Bernhardt als gastierender Protagonistin. Doch zu der nur schwer abzutragenden Hypothek kamen private Komplikationen. Lily, die junge zweite Frau von Johann Strauß, die auch kräftig in seine beruflichen Agenden eingegriffen hatte, war nach dem immer deutlicheren Erkalten ihrer ehelichen Beziehung ein Verhältnis mit dem neuen Intendanten eingegangen. Im Herbst 1882 ließ sie ihren Haushalt im Stich und quartierte sich im Theater an der Wien ein. Offiziell war sie von nun an die Assistentin des Direktors, der mit Bekanntwerden des Skandals und der offiziellen Scheidung der Strauß-Ehe an Ansehen verlor und Teile des Publikums gegen sich aufbrachte. Im Frühjahr 1884 endete die Steinersche Intendanz im finanziellen Desaster. Eine hohe Abfindung durch Franz Jauner, der das Theater an der Wien bereits 1880 als pensionierter Hofoperndirektor gekauft hatte, enthob den Gescheiterten wenigstens seiner Geldsorgen.

Heimliches und Unheimliches:
Von der Macht der Vorurteile

Schablonen, Klischees und andere Mißverständnisse

Fragt man sich und andere nach den Gründen für die allseitige Beliebtheit der *Fledermaus*, nach ihrer prototypischen Geltung als Meister- und Musteroperette, nach ihrer solitärartigen Stellung im Repertoire des leichten musiktheatralischen Genres, so begegnen fast immer und zumeist spontan die gleichen Motive: eine Wiener ‚G'schicht‘, ein Werk der geordneten Verhältnisse und festgefügten Gesellschaftsformen, eine Lebenswelt, die der Champagner regiert, die rundherum Lebenslust versprüht und Gemütlichkeit ausbreitet, also quasi eine spirituelle Hausapotheke zur Behandlung, zur Bewältigung oder wenigstens Linderung wuchernder Alltagssorgen und Daseinsprobleme.

Doch hält diese oberflächliche Diagnose einer tiefergehenden Analyse stand? Wird der erste Blick durch den Befund genauerer Betrachtung bestätigt oder vielmehr widerlegt? Und wir dürfen weitergehen! Läßt die Bekanntheit der Melodien auch auf eine Kenntnis der Aussagen schließen und eine gleichartige Vertrautheit mit der Ideenwelt vermuten? Bedeutet die Verfügbarkeit zahlreicher Textpassagen, ja ihr schierer Zitatcharakter auch ein angemessenes Verständnis der verbalen Botschaft? Verdeckt der schöne Schein vielleicht ein bedenkliches Sein, verbirgt die glänzende Oberfläche etwa gefährliche Untiefen? Ist das gängige, wohlfeile Urteil nicht eher ein Vorurteil? Fragen über Fragen!

Schon das Milieu, das Lokalkolorit bringt Probleme zum Vorschein, räumt mit selbstgewissen Stereotypen auf. Gegenwärtige Inszenierungen des Stücks situieren seine Handlung

bevorzugt im Wien der Gründerzeit. Die Lebenswelt wohlbe-
stallter Rentiers und reisender Hocharistokraten, die Attitüde
angemaßter Adelsprädikate und ein fluktuierendes Sozial-
prestige laden nur allzu deutlich dazu ein, von umgangs-
sprachlichen Wendungen und atmosphärischen Momenten
einmal ganz zu schweigen. Doch der Befund des Librettos weist
in eine andere Richtung: Es ist von einem „Badeort in der
Nähe einer großen Stadt" die Rede, und Kenner der österreichischen Landkarte werden da wohl unwillkürlich an den
geschätzten Kurort Baden bei Wien denken. Denn daß sich
hinter der „großen Stadt" der Regieanweisung die Stätte der
Uraufführung verbirgt, gehört zum Typus der Gattung und darf
auch von der Entstehung des Textbuchs abgeleitet werden. Wie
wir gesehen haben, liegt die Leistung des Autorengespanns
Carl Haffner und Richard Genée gerade in der gelungenen
‚Transplantation' von Sujet und Dramaturgie der französischen
Vaudeville-Vorlage. Die beiden Wahlösterreicher haben einen
milieuverhafteten fremden Stoff umgestaltet, gleichsam austri-
fiziert und in einem Ambiente angesiedelt, das ihnen und das
dem Publikum aus direktem Erleben, aus tagtäglicher Erfahrung vertraut und unmittelbar zugänglich war. Spontane Assoziationen, Aha-Erlebnisse und subjektive Erinnerungen waren
seit jeher und sind bis heute zuverlässige Faktoren, ja treue
Garanten eines nachhaltigen Bühnenerfolges.

Aber der Ort des Geschehens im Plot der *Fledermaus* ist
eben nicht die Großstadt und damit Wien, sondern ein typischer Vorort mit all seinen suburbanen Merkmalen: Es gibt
kaum große Entfernungen, alles spricht sich rasch herum, der
Klatsch blüht wie die Veilchen im März, und die Nähe der
Wohnstätten sorgt für rasche Bekanntschaften und tägliche
Begegnungen. Daher wundern sich Gabriel von Eisenstein
und Gefängnisdirektor Frank denn auch, als sie unter fremden
Namen als Marquis Renard und Chevalier Chargrin chez

Orlofsky miteinander parlieren, daß sie einander erst hier und jetzt getroffen haben, wo man doch nur „um's Eck" logiert. In dieselbe Kerbe trifft auch das pointierte, theatralisch geknotete Geschehen rund um die Einladung beim russischen Prinzen. Dieser Kosmopolit, wie noch zu zeigen sein wird ein typischer Vertreter von Weltschmerz und Langeweile, der Züge von Lord Byron und Eugen Onegin in trivialer Neuauflage vereinigt, will im Badeort seine Melancholie auskurieren und die Fähigkeit zum Lachen wiedergewinnen. Seine angemietete Villa steigt in dem vergnügungssüchtigen Milieu alsbald zu einem Lokal des ehrfürchtig bewunderten Luxus auf. Abseits der mondänen Vergnügungen und weltstädtischen Veranstaltungsrituale bedeutet die Einladung zu einem seiner märchenhaften Feste hohe gesellschaftliche Anerkennung, um die sich Balleteusen wie Kurgäste, bürgerliche Honoratioren nicht weniger als ambitionierte Sozialaufsteiger drängen. Was ein paar Dutzend Kilometer weiter nördlich, also in der Donaumetropole, zur zerimoniellen Routine zählt, hier an der Peripherie wird es zum sensationsumwitterten Ereignis.

Aber auch ein – verbales wie sachliches – Leitmerkmal des *Fledermaus*-Librettos verweist klar auf die berühmte Vorortegegend südlich der Hauptstadt: Es ist die Dominanz des Weines, der nicht bloß als ausgeschenktes, konsumiertes und vielbesungenes Getränk allgegenwärtig ist, sondern dessen Herkunft ebenso zum Gegenstand der Erörterung wird. Der Dialog des originalen Textbuchs spart da nicht mit Anspielungen und Hinweisen: Als sie noch Junggesellen waren, haben Eisenstein und Falke in einem – fingierten, aber aussagekräftigen – Städtchen *Weinberg* gewohnt. Und die angeblich so kranke Tante, der die ‚wichtige' Liebe und Fürsorge Adeles gilt, hat Eisenstein nach seinen eigenen Worten eben noch auf einem Esel in den Weingarten reiten sehen. Offenbar ist sie Winzerin und betreibt eines der beliebten Heurigenlokale.

131

„Trinke Liebchen, trinke schnell ...“

Da wir schon einmal beim Wein gelandet sind: Das Trinklied, *il Brindisi* im italienischen Metier, gehört zum festen Inventar des musikalischen Theaters – von Mozarts *Die Entführung aus dem Serail* bis zu Otto Nicolais *Die lustigen Weiber von Windsor.* Sogar der tragische Titelheld Hamlet entzieht sich in Ambroise Thomas' Oper nicht diesem hedonistischen Bekenntnis, und ein Musikdramatiker vom Format und Zuschnitt eines Giuseppe Verdi gibt in Werken wie *Macbeth* oder *Otello* der konventionellen Form eine hintergründige Motivation. In der *Fledermaus* verliert das Trinkensemble seinen besonderen Platz, seine herausgestellte Einmaligkeit. Die Aufforderung zum Weinkonsum, bald als Sedativum gemeint, dann wieder dem rauschhaften Lebensgenuß, einer Exaltierung der Sinne zugedacht, durchwirkt thematisch die ersten beiden Aufzüge. Schon im Duett zwischen Falke und Eisenstein „Komm mit mir zum Souper“, in dem der Notar den ersten Schritt zu seinem Racheplan setzt, wird musikalisch lautere Weinseligkeit beschworen, während der Text immerhin schon vom Katzenjammer spricht. Wenn später der Sänger Alfred die Strohwitwe Rosalinde trösten und für sich zurückerobern will, so stimmt er jenes Trinklied an, das auf die verlockende Einladung alsbald recht bequeme Lebensphilosophie folgen läßt: „Flieht auch manche Illusion, die dir einst das Herz erfreut, gibt der Wein die Tröstung schon durch Vergessenheit.“ Und in den nachfolgenden Refrain von der kalmierenden, das Gewissen narkotisierenden Wirkung des Alkohols stimmt selbst der gestrenge Gefängnisdirektor willig ein, als er unvermutet in die Idylle platzt und den Stellvertreter zum Arrest abholt. Daß sich hinter den sprichwörtlich gewordenen Zeilen „Glücklich ist, wer vergißt, was doch nicht zu ändern ist“ ein verkapptes Zitat aus dem *Oracolo manual* des Baltasar Gracián verbirgt, das in der

132

Übersetzung durch Arthur Schopenhauer (1862) viel gelesen wurde, ja geradezu zum Gemeingut bürgerlicher Bildungsbeflissenheit geworden war, hat Moritz Csáky in seinem kulturhistorischen Essay *Ideologie der Operette und Wiener Moderne* herausgearbeitet und plausibel gemacht. Da dieser spanische Autor aus dem 17. Jahrhundert letztlich auf ein Seneca-Dictum zurückgreift (*Iniuriarum remedium est oblivio* – „Heilmittel wider Ungerechtigkeiten ist das Vergessen"), schließt sich ein geistesgeschichtlicher Kreis zwischen der *Fledermaus* und der klassischen Antike.

Auch das Couplet Orlofskys am Beginn des zweiten Aufzugs ist ein Trinklied, freilich eines der besonderen, der unheimlichen Art. Was sich zuerst wie eine großzügige Lebenshaltung ausnimmt („Ich lade gern mir Gäste ein, man lebt bei mir recht fein") erweist sich gar bald als brachiale Zwangsbeglückung: „Wenn ich mit andern sitz beim Wein und Flasch' um Flasche leer', muß jeder mit mir durstig sein, sonst werde grob ich sehr … Wer mir beim Trinken nicht pariert, sich zieret wie ein Tropf, dem werfe ich ganz ungeniert die Flasche an den Kopf!" Jedenfalls eine Sonderform exzentrischer Gastfreundschaft – und nebenbei ein Spiel auf der Klaviatur nationaler Stereotypen und Feindbilder, im konkreten Fall russischer Maßlosigkeit: „Chacun à son goût!"

Um den Wein in seiner feinsten Erscheinungsform und die Lust des Trinkens an sich geht es zu Beginn des großen Finalensembles, das Orlofsky standesgemäß eröffnet und zu dem Eisenstein ebenso wie Adele in eigenen Strophen einschlägige Huldigungen beitragen: „Im Feuerstrom der Reben … sprüht ein himmlisch Leben" heißt es da sogleich, und der anschließende Lobpreis spart weder König noch Kaiser, auch nicht den „Mönch in stiller Zelle" aus, um jeweils im Kehrreim zu enden: „Die Majestät wird anerkannt, rings im Land, jubelnd wird Champagner der Erste sie genannt." Von der nachfolgenden

Ehrerbietung: „Es lebe Champagner der Erste!" vermag sich dann niemand auszuschließen. Als sich die Stimmung endlich zum Cantabile beruhigt, schlägt Dr. Falke zu betörender Musik eine große Bruderschaft vor: „Drum lasset uns alle ein großer Verein von Schwestern und von Brüdern sein!"

Wohl vermitteln die sprachlichen Kosewörter und Verkleinerungsformen intime Zärtlichkeit und emotionale Nähe („Brüderlein und Schwesterlein wollen alle wir sein, stimmt mit mir ein!"). Doch eine raffinierte verbale Wendung rückt dieses „traute Du" in ein bedenkliches Licht und läßt für seine Geltung in der Zukunft nichts Gutes erwarten: „Für die Ewigkeit, immer so wie heut', wenn wir morgen noch dran denken!" Ein ‚Sitz im Leben', auf dem man sich nur ungern niederläßt.

Aber die Gesellschaft findet zunächst in die gehobene Laune und alkoholschwangere Stimmung zurück, wenn sie zum großen Walzertableau singt: „Ha, welch ein Fest, welche Nacht voll Freud'! Liebe und Wein gibt uns Seligkeit." Das böse Erwachen folgt erst im dritten Akt. Musikalisch porträtiert Johann Strauß den Zustand in jenem ominösen Melodram, zu dessen Klängen Direktor Frank sein verwaistes Dienstzimmer in Gefängnis betritt: eine genialische Komposition, voll von Zitaten, verfremdeten Harmonien und melodischen Bruchstücken, deren verzerrtes Klangbild und ramponierter Zustand die Verfassung des übernächtigen Amtsträgers getreulich widerspiegelt. Wer diese Musiknummer dramaturgisch und in der Qualität dem Auftritt des zerbeulten und gedemütigten Beckmesser im dritten Aufzug von Richard Wagners *Die Meistersinger von Nürnberg* an die Seite stellt, beweist kritischen Geschmack und übertreibt keineswegs. Im Falle der *Fledermaus* gehen Reminiszenzen an die vergangene Nacht („Olga, komm her! Ida auch! Ihr gefallt mir! Marquis, reich mir die Hand, sei mein Freund!") in den Refrain des Champagnerliedes, zuletzt aber in ein markiertes Rülpsgeräusch über. Der Katzenjammer aber

und das böse Erwachen werden zu Leitprinzipien des dritten
Aktes. Wenigstens im übertragenen Wortsinn greifen sie auch
auf die anderen *dramatis personae* über und stiften Verwirrungen,
die an den Rand ziviler Katastrophen führen und beinahe vor
dem Scheidungsrichter enden. Doch wenn der Drahtzieher der
Intrige, Dr. Falke, alles aufklärt, die Wogen trugschlüssig glättet
und der Konfusion ein gutes, nein: ein erträgliches Ende bereitet, dann hat der Anstifter des Spuks nunmehr seine späte
Rache samt Verzugszinsen – und Prinz Orlofsky kann endlich
wieder lachen.

„War auch grad nicht alles so, wir wollen ihm den Glauben, der ihn beglückt, nicht rauben!"
Frohsinn und Schadenfreude

A propos Lachen! Wie steht es mit der unbeschwerten Fröhlichkeit im Geschehen der *Fledermaus*, mit jener allzeit freudi-
gen Mentalität, die doch zur stereotypen Erwartungshaltung an
eine gestandene Meisteroperette gehört? Wann und bei welcher Gelegenheit wird denn gelacht und um welche Variante,
welche Nuance der geäußerten Freude oder Lustigkeit handelt
es sich dabei? In jedem Fall ist in der mehrfach herbeizitierten
Vorgeschichte, dem Anlaß und Auslöser für die ganze Büh-
nenhandlung, vom Lachen die Rede. Da haben sich die Leute
über Falke unterhalten, den Eisenstein einst nach einem Maskenball betrunken und im Fledermaus-Kostüm unter einem
Baum abgesetzt und dem allgemeinen Gespött preisgegeben
hat. Das war freilich kein befreiendes Lachen, sondern ein
Grinsen aus Schadenfreude. Und diese bleibt auch an anderen
Stellen der Dramaturgie das beherrschende Motiv. So wird
Eisenstein am Ende von Adeles Couplet im zweiten Aufzug
gründlich verhöhnt, als er die „angehende Künstlerin" Olga
nicht zu Unrecht für sein Stubenmädchen hält: „Ja, sehr

komisch, hahaha, ist die Sache, hahaha, drum verzeihn sie, wenn ich lache, hahaha. Sehr komisch, Herr Marquis, sind Sie." Und nach einigen weiteren ‚lächerlichen' Stationen, so wenn Eisenstein seine Repetieruhr an die „ungarische Gräfin" Rosalinde verliert und zuvor im Konversationsversuch mit dem vermeintlichen Chevalier sehr bald mit seinem Französisch am Ende ist, bricht im Finale der Handlung das ganz große Schadensgelächter aus („So rächt sich die Fledermaus!"), das mit einem schrägen Happy-End konspirativ einhergeht: „O Fledermaus, o Fledermaus, laß endlich Deine Opfer aus. Der arme Mann, der arme Mann ist gar zu übel dran!" Außerdem hat man ja den Hauptschuldigen dingfest gemacht und darf sich quasi an einem ‚Daemon ex machina' schadlos halten: „Champagner hat's verschuldet, tralalalala, was wir heut erduldet …".

Wie aber stehen die Personen im übrigen zueinander, welche Formen des zwischenmenschlichen Umgangs pflegen sie, was für ein Charakter kommt ihnen zu? Wenn wir hinter die glatte Oberfläche der Manieren, des geforderten und leidlich eingehaltenen Benehmens blicken, scheint das Prinzip „Jeder betrügt jeden" als Maxime zu walten: Eisenstein geht statt ins Gefängnis zum Souper und sucht dort erotische Abenteuer. Adele täuscht ihrer Herrschaft eine kranke Tante vor. Rosalinde scheint gar nicht so wenig geneigt, ihre drohende Strohwitwenschaft mit einem früheren Verehrer zu überbrücken. Ja sie gibt diesen vor dem arretierenden Beamten sogar als ihren Ehemann aus – ein doppelbödiger Betrug, um auf fremde Kosten den Schein zu wahren! –, ehe sie auf Orlofskys Fest eine Ungarin mimt. Frank spielt – wie Eisenstein – einen französischen Adeligen à la mode und verspricht sich davon das Ziel dieser Operetten-Society schlechthin: den raschen und bequemen amourösen Erfolg. Alfred läßt sich vom Ehestand seiner Angebeteten, von ihren bürgerlichen Zwängen nicht imponieren („Das geniert mich nicht.") und erweist sich in seinem Trinklied auf irritierende Weise großzügig: „Brachst du einmal auch die Treu', das sei dir verziehn. Schwöre wieder mir aufs neu, und ich glaub dir kühn!" Dr. Falke, der auf seine Rache und erstattete Schadenfreude Erpichte, betrügt zur Reparatur des verletzten Selbstbewußtseins seine ganze Umgebung: Und der generöse Dank des dekadenten Prinzen für den Hauptspaß ist ihm jedenfalls sicher.

Auch sonst zeigen sich Facetten der Bosheit, von Tücke und Brutalität an allen Ecken und Enden. Warum muß Eisenstein im Arrest ‚brummen'? Er hat einem Amtsdiener ein paar Hiebe mit der Reitpeitsche verpaßt und ihn obendrein einen Stockfisch genannt. Man zögert, dabei von einem Kavaliersdelikt zu sprechen. Immerhin meint Adele, angepaßt und scheinheilig, vielleicht auch um guten Wind für den abendlichen Ausgang bemüht: „Wegen so einem bisserl?" Und wie verfährt Eisenstein mit seinem kläglichen Rechtsvertreter Blind, der Iustitias Unvoreingenommenheit zweideutig im Namen trägt? Dem Versagen des Verteidigers allein, seinem sprachlichen Defekt, nicht dem eigenen Delikt gibt er die Schuld am ungünstigen Ausgang der Verhandlung: „Sie stottern ja bei jedem Wort! Sie krähen wie ein Hahn! Sie sind ein Blödian! Sie reden lauter Lebertran und drehn sich wie ein Wetterhahn!" Denn ein Anwalt hat gefälligst mit allen Salben und Tricks seinen Klienten loszukriegen, stehe es mit dessen Verschulden, wie es will. Aber so: „Nein mit solchen Advokaten ist verkauft man und verraten; da verliert man die Geduld!" Die späte Verteidigungssuada des glücklosen Beistands verhallt ungehört: „Ach, wir armen Advokaten sollen immer helfen, raten, dazu braucht man viel Geduld. Statt daß jetzt die Sach' beendet, hat's noch schlimmer sich gewendet …".

Wie die Personen, deren charakterliche Plausibilität sie weit über bloße Figurinen hinaushebt, mit ihren inneren Widersprüchen, mit der Diskrepanz zwischen Wunsch und Realität, zwischen Wahrheit und Lüge umgehen, zeigt sich vielleicht am klarsten im Terzett des ersten Aufzugs, wenn Rosalinde die banale Familiensituation, das bevorstehende einsame Diner – denkt sie gar nicht an den Strohwitwentröster Alfred im Hintergrund? – pathetisch und scheinheilig beklagt: „Wo bleibt die traute Gruppe, kommt Mittag dann heran? Beim Rindfleisch wie zur Suppe, zum Braten keinen Mann!" (Reißt man die letzte Phrase aus ihrem sentimentalen Zusammenhang, könnte man direkt auf eine kannibalistische Lesart verfallen!). Die bekanntlich von Johann Strauß selbst spontan textierte Zeile „O je, o je, wie rührt mich dies!", in die auch Adele und Eisenstein einstimmen, bringt in ihrem schwungvoll-prickelnden Melos den Gegensatz zwischen Gesagtem und Gemeintem auf den Punkt. Sollte einmal nach einer Hymne oder Kennmelodie für Heuchelei gesucht werden, dann wäre der Kehrreim dieses Terzetts ohne Zweifel der erste Kandidat.

„Glücklich ist, wer vergißt, was doch nicht zu ändern ist!" Augenzwinkerndes Einverständnis – müde Resignation

Das Sujet der *Fledermaus* ist somit gar nicht harmlos, ihr Personal ist kein Verein von Lichtgestalten, und das vordergründig versöhnliche Ende sollte über den maliziösen Rahmen, die Zumutungen und Beleidigungen, den Betrug als Instrument der ‚praktischen Vernunft' nicht hinwegtäuschen. Müssen wir diese Korrektur eines Klischees bedauern, fühlen wir uns dadurch enttäuscht? „Man soll den Spiegel nicht schelten, wenn er eine schiefe Fratze zeigt": So lautet ein treffliches russisches Sprichwort, das Nikolaj Gogol zum Motto für seinen *Revisor* gewählt hat. Und daß der dramat(urg)ische Spiegel der *Fledermaus* noch scharfe Bilder zurückwirft (– auch wenn mancher Operettenkritiker von gestern und heute das gar nicht wahrhaben will!) und nicht wie in späteren Libretti des Genres trüb, bisweilen sogar blind geworden ist, macht wohl einen Gutteil des Erfolges aus. Mit dem verbliebenen Salz, mit dem noch erkennbar kritischen Zugriff ist dieses Werk den französischen Ursprüngen der Gattung, dem Œuvre eines Jacques Offenbach noch erfreulich nahe. Und eben die Melange aus exakter Figurenzeichnung, stimmigem Milieubezug und musikalischer Verve, im Bild gesagt: die ästhetischen Qualitäten von Stahlstich *und* Aquarell, macht das besondere Profil, den ‚leibeigenen' Charme des Werkes aus.

Die Fledermaus zählt jenseits der reinen Operettenbühne mit gutem Recht zum festen Repertoire aller Musiktheater, die hohen qualitativen Anspruch mit breitem Publikumsinteresse zu verbinden suchen. Daß sie darüber hinaus zum Silvesterstück schlechthin aufgestiegen ist, mag nebenbei auch tiefenpsychologisch motiviert sein. Denn auch mancher Vorsatz, der in dieser Nacht kurz vor dem Jahreswechsel gefaßt wird, gilt „für die Ewigkeit, immer so wie heut, wenn wir morgen noch dran denken."

Offenbach: Na, was beweist das, daß Sie mich aufwiegen, Herr von Strauß? Umsomehr bleibe gerade ich der einzige Repräsentant der leichten gefälligen Musik!

Karikatur 1871: „Strauß wiegt Offenbach auf".

Die Fledermaus –
die Operette par excellence?

Die *Fledermaus* ist bestimmt ein Höhepunkt der Wiener Operette, herrliche Musik, eine beschwingte Handlung, aber … Ja, worin kann denn noch ein „aber" bestehen? Das Eigentümliche besteht darin, daß es nur wenige Operetten gibt, die in Handlung und Musikdramaturgie der *Fledermaus* nachgefolgt sind. Operettenhandlungen lassen sich sehr grob zwei Typen zuordnen. Ein Typ ist die Komödie mit Musik, mit Satire, Anspielungen auf Politik und Zeitgeschehen, etwa das, was Volker Klotz eine Offenbachiade nennt. Ein anderer Typ ist die Operette, in der eine (oder auch mehrere) Liebesbeziehungen im Mittelpunkt stehen. *La Belle Hélène* von Offenbach gehört dem ersten Typ an, denn, obwohl von schönen Frauen und Liebe die Rede ist, ob Helena und Paris einander „wirklich" lieben, wie dies bei Hanna und Danilo (in der *Lustigen Witwe*) oder bei Lisa und Sou-Chong (im *Land des Lächelns*) zutrifft, ist doch sehr fraglich. Er sucht die „schönste Frau der Welt" zu gewinnen, ihr fällt es nicht schwer, neben ihrem alten Menelaus einen jugendlichen Liebhaber zu akzeptieren. In der *Fledermaus* sucht man jedenfalls vergeblich nach einem Liebeslied!

Der zweite Typ läßt sich auf folgendes Schema reduzieren: Kennenlernen im ersten Akt, Vertiefung der Beziehung im zweiten Akt, wo es aber im Finale zur Katastrophe kommt, und Versöhnung im dritten Akt. Parallel dazu wird die oft heitere, oft sogar vitaler wirkende Beziehung von Soubrette und Buffo erzählt. Die Handlung von *Gräfin Mariza* (von Emmerich Kálmán) folgt diesem Schema: Tassilo und Mariza werden im ersten Akt aufeinander aufmerksam, im zweiten Akt sind sie schon ineinander sehr verliebt, aber die Eifersucht Marizas führt zur Katastrophe. Da aber Lisa, die vermeintliche Nebenbuhlerin, seine Schwester ist, kann alles gut ausgehen. Natürlich werden auch Zsupán und Lisa (in Várásdin, wo noch die Rosen blüh'n) ein glückliches Paar.

Naturgemäß sind in vielen Operetten beide Typen miteinander vermischt. Im *Zigeunerbaron* von Johann Strauß spielt im ersten Akt das Kennenlernen von Saffi und Barinkay kaum eine Rolle; der erste Akt schließt mit dem plötzlichen Entschluß des Zigeunerbarons Barinkay, nun Saffi zur Frau zu nehmen. Aber im zweiten Akt fühlen sie sich schon wie ein (vom Dompfaff) getrautes Paar! Der plötzlich bekannt werdende Standesunterschied („Erfahrt es alle, ihr Vater war der letzte Pascha im Ungarland") reißt die beiden auseinander. Barinkay resigniert: „Der armen Zigeunermaid war mein Herz geweiht. Euch zu begehren darf ich nimmer wagen, dem Fürstenkind muß ich entsagen." Im dritten Akt ist es dann trotz schöner Musik schon etwas fragwürdig geworden, wie ungeniert Schlachtensiege und Beutezüge besungen werden und der geadelte Barinkay wieder seiner Saffi würdig geachtet wird. Das jugendliche Buffopaar Arsena und Ottokar ist musikalisch kaum entwickelt; das ältere Paar Conte Carnero und Mirabella bildet immerhin ein starkes satirisches Moment.

Bekanntlich hat Franz Lehár auch Operetten geschrieben, die dem Liebespaar kein glückliches Ende gewähren, vor allem in seinem Spätwerk: *Paganini, Der Zarewitsch, Das Land des Lächelns, Friederike* und *Giuditta*. Aber schon im *Fürstenkind* (1909) muß Hadschi Stavros auf die hübsche Amerikanerin verzichten („Schweig, zagendes Herz"). Das Zwischenspiel vor dem letzten Akt ist mit „Resignation" überschrieben! Auch in Edmund Eyslers *Künstlerblut* (1906) bekommt der alternde

Künstler Franz Torelli seine Nelly nicht („So vergehen der Tage gar viel"), und in Leo Aschers *Hoheit tanzt Walzer* (1912) bleibt für Prinzessin Marie die wahre Liebe ein unerfüllter Wunschtraum („Du arme Prinzessin Tralala").

Aber all dies erscheint von der *Fledermaus* meilenwert entfernt zu sein. Auch Johann Strauß selbst hat kaum mehr ein anderes, ähnlich gutes eigenartiges Libretto vertont. Am nächsten kommt dem Typus nach die Operette *Eine Nacht in Venedig*. Dieses Stück hat wohl eine andere Handlung, aber im Zentrum steht auch keine Liebesbeziehung, und vor allem die beiden ersten Akte sind ein Feuerwerk von Witz und Musik. Möglicherweise liegt die Bedeutung der Fledermaus gerade in der Tatsache begründet, daß auch noch der dritte Akt so viel neues und gutes musikalisches Material bringt! Auch Richard Heubergers *Opernball* (1898) steht der Fledermaus sehr nahe. Die Liebesbriefe und Verkleidungen, die auf dem Opernball in Paris für Verwirrung sorgen, lösen sich im dritten Akt vielleicht zu geradlinig in eine Rückkehr in gewohnte Gleise auf.

Wie hoch die Mitarbeit des erfahrenen Bühnenpraktikers Richard Genée am Erfolg der *Fledermaus* einzuschätzen ist, wird wohl schwer festzustellen sein. Genée hat in diesen Jahren viel mit Johann Strauß zusammengearbeitet, und seine Leistung als Librettist der „Goldenen Operette" ist unbestreitbar. Aber als Komponist müßte er wieder entdeckt werden. Nicht einmal Volker Klotz, der gewiß ein Herz für eher unbekannte Meister dieses Genres hat, widmet ihm einen eigenen Abschnitt. Bei Wagner 1997 findet man aber eine kurze Darstellung folgender Operetten: *Der Musikfeind* (1862), *Die Generalprobe* (1862), *Rosita* (1864), *Der Seekadett* (1876) und *Nanon, die Wirtin zum Goldenen Lamm* (1877). Das letztgenannte Werk war ein großer Erfolg. Der nach Motiven dieser Operette zusammengestellte „Annen Walzer" wurde sehr bekannt und beliebt. In dieser Operette kommen auch drei Frauen vor, die Anna genannt werden und denen das Lied „Anna, zu dir ist mein liebster Gang" gilt. Es sind dies die Wirtin Nanon Patin, dann Anne Lenclos (1620–1705), genannt Ninon de Lenclos, eine weit über das 17. Jahrhundert hinaus bekannte „Frau von großem Charme, umfassender Bildung und unvergleichlicher Liebesfähigkeit" (so Schneidereit 1975, 81; in einem älteren Konversationslexikon heißt es „vornehme Kurtisane, deren Haus bis in ihr hohes Alter ein Sammelplatz aller geistreichen Personen des Hofes und der Stadt war") und Françoise d'Aubigné, Marquise de Maintenon (1635–1719). Sie war die zweite Frau Ludwigs XIV. und trägt in der Operette auch den Namen Anna. Der Name Anna war in Wien allerdings auch sehr beliebt, und der Festtag der Heiligen Anna war ein Anlaß zu verschiedenen Feiern. Johann Strauß Vater (op.137) schrieb eine „Annen-Polka" für die Namensfeier der Kaiserin Maria Anna (gemeint ist Anna Maria Carolina, die Gattin von Kaiser Ferdinand I). August Lanner (1834–1855), der leider früh verstorbene Sohn Joseph Lanners, komponierte eine „Annen-Polka" (op.8), die am 26. 7. 1853, dem Festtag der Heiligen Anna zur Uraufführung gelangte, und die „Annen-Polka" (op.117) gehört zu den bekanntesten Werken der frühen Schaffensperiode von Johann Strauß Sohn. Auch Carl Michael Ziehrer hat mit seiner Polka „Die lustige Nina" (op.24), am 26.7.1864 uraufgeführt, diese Tradition fortgesetzt.

An - na zu Dir ist mein lieb - ster Gang, mein lieb - ster Gang, mein lieb - ster Gang

Offenbach, der Schöpfer vieler Operetten

Aber lassen wir uns von der *Fledermaus* noch zu einem anderen Exkurs verführen! „Kein anderer Komponist ist dem

Offenbachschen Vorbild so nahe gekommen wie Johann Strauß mit seiner *Fledermaus*" (Klotz 1991, 111). Batta beschäftigt sich in seinem amüsant geschriebenem und wegen der ausführlichen Darstellung der Operette in Ungarn sehr informativem Buch „Träume sind Schäume" mit der Frage, ob Jacques Offenbach das Libretto der *Fledermaus* abgelehnt hätte. Die Frage ist berechtigt, da ja Meilhac und Halévy einerseits das in deutscher Sprache verfaßte Lustspiel *Das Gefängnis* zum französischen *Le Réveillon* umgestaltet hatten, andererseits doch die Librettisten zahlreicher erfolgreicher Operetten von Offenbach waren: Zu nennen sind: *La Belle Hélène, Barbe-Bleue, La Vie parisienne, La Grande-Duchesse de Gérolstein, Les Brigands, La Périchole,* …). Ludovic Halévy war auch noch beteiligt an *Orphée aux enfers* (gemeinsam mit Hector Crémieux). Batta schreibt: „Vielleicht haben sie die hübsche Geschichte ihrem erfolgreichen Kollegen gar nicht angeboten. Doch angenommen, sie hätten sie ihm angeboten: Ob so ein einfaches Stück über Intrige, Liebe und Rache den in unterhaltsam-satirischen griechischen Mythen schwelgenden Offenbach wohl gereizt hätte?" (Batta 1992, 72).

Da ja Offenbach doch zu Recht als der Schöpfer der Operette bezeichnet werden muß – Franz von Suppé, Johann Strauß, Carl Millöcker fanden die kongeniale Fortsetzung in Wien – muß gegen diese Behauptung doch Protest eingelegt werden. Eine rasche Durchsicht eines Teiles des reichen Offenbachschen Schaffens zeigt nämlich, daß Offenbach griechisch-mythologische Stoffe eher selten verarbeitet hat. Die folgende ungefähr chronologisch geordnete, aber keineswegs vollständige Übersicht mag dies belegen.

Pépito (*Das Mädchen von Elizondo*) ist eine Liebesgeschichte im Baskenland.

In *Les Deux aveugles* (*Die beiden Blinden*) treffen zwei nicht ganz echte Bettler in Paris aufeinander.

Le Violoneux (*Der Zaubergeiger*) handelt vom Schicksal eines jungen Bauern in einem süddeutschen Dorf, der sich durch das Geld in der zerbrochenen Geige des alten Dorfgeigers vom Militär freikaufen kann (und so seine Liebste heiraten kann).

Ba-ta-clan – das ist die abenteuerliche Geschichte einiger Franzosen im fernen Osten (einer wird Kaiser, die anderen sind Rebellen).

Le Mariage aux lanternes (*Verlobung unter der Laterne*) spielt in einem französischen Dorf zu Beginn des 19. Jahrhunderts (und enthält das wunderschöne Abendglockenlied).

Croquefer ou Le Dernier des paladins (*Ritter Eisenfraß, der letzte Paladin*) – der Titel sagt wohl alles über diese Parodie.

Im Paris der Zeit Ludwigs XV spielt *Mesdames de la Halle* (*Die Damen der Halle*).

Orphée aux enfers (*Orpheus in der Unterwelt*) – tatsächlich ein griechischer Sagenstoff. Übrigens: Lehár hat mit seinem *Göttergatten* (einer Operette über die Sage von Amphitryon) versucht, eine ähnliche Satire zu vertonen. Die Musik war in vielem vortrefflich, aber das Libretto offenbar nicht so gut.

Un Mari à la porte (*Der Ehemann vor der Tür*) kann nur in Paris spielen, oder?

In lang vergangenen Zeiten spielt die Operette von der treuen Gattin *Geneviève de Brabant* (*Genovefa von Brabant*).

In der altgriechischen Mythologie ist *Daphnis et Chloé* (*Daphnis und Chloë*) angesiedelt.

Berühmt durch das Lied „Was ich so tief und heimlich trage" wurde *La Chanson de Fortunio* (*Fortunios Lied*), welches in Paris, im 18. Jahrhundert spielt.

Wie der Titel schon verrät, die Operette *Le Pont des soupirs* (*Die Seufzerbrücke*) spielt in Venedig.

Im Hause eines Neureichen ist *Monsieur Choufleuri restera chez lui* (*Herr Blumenkohl gibt sich die Ehre am …*) angesiedelt.

146

Apothicaire et perruquier (*Apotheker und Friseur*) ist ist die Geschichte, wie Sempronia ihren Friseur Chilperic bekommt (alles in Paris zur Zeit Ludwigs XV).

Ebenso in Paris angesiedelt ist *Monsieur et Madame Denis* (*Herr und Frau Denis*).

Les Géorgiennes (*Die schönen Georgierinnen*) – eine Story aus dem Orient!

In einem süddeutschen Städtchen spielt *Le soldat magicien* (*Der Regimentszauberer*).

Erst mit *La Belle Hélène* (*Die schöne Helena*) wird wieder ein griechischer Sagenstoff in zündende Musik umgesetzt.

Barbe-Bleue (*Blaubart*) ist eine vergnügliche Umarbeitung des gar nicht heiteren Märchenstoffes: Am Ende sieht sich Blaubart seinen sechs totgeglaubten Gattinnen gegenüber.

La Vie parisienne (*Pariser Leben*) beschreibt die Erlebnisse des Ehepaares Gondremarck aus Schweden in einem Paris, das ebenso echt ist, wie das Wien in Wiener Operetten, aber erst durch den Lebemann Raoul de Gardefeu inszeniert wurde.

Die Opéra-bouffe *La Grande-Duchesse de Gérolstein* spielt im Kleinstaat Gérolstein und ihre Handlung läßt sich mit den Worten „Aufstieg und Fall des Rekruten Fritz" treffend beschreiben. Die lebenslustige hohe Frau befördert den Rekruten Fritz sehr zum Ärger des Generals Bumm und des Prinzen Paul zum General, aber am Ende wird er wieder degradiert, zu seinem Glück, denn seine Wanda wartet noch immer auf ihn.

Ja sogar *Robinson Crusoe* steht im Mittelpunkt eines gleichnamigen Dreiakters.

Die Handlung von *L'Île de Tulipatan* (*Die Insel Tulitapan*) ist in der Märchenzeit angesiedelt.

In der Operette *La Perichole* geht es um die Geschicke der Straßensängerin Périchole (was angeblich auf Spanisch „perra chola" d.h. ‚eingeborene Hündin' zurückgehen soll) in Lima.

Wiederum in Paris spielt *Vert-Vert* (*Kakadu*), wo die Trauerrede in einem Mädchenpensionat auf den gerade verstorbenen Kakadu Vert-Vert den Anfang einer Liebschaft markiert.

In einem Wachsfigurenkabinett muß Zanetta für die von ihr beschädigte Figur der *Prinzessin von Trapezunt* (und dies ist auch schon der Titel der Operette; frz. *La Princesse de Trébizonde*) posieren, aber ein Flirt ist trotzdem möglich …

Les Brigands (*Die Banditen*) spielt irgendwo in Mantua, irgendwann im 18. Jahrhundert.

Den Text für *Le Roi Carotte* (*König Karotte*) verfaßte der Schauspielautor Victorien Sardou. Schauplatz ist das Märchenland Krokodyne.

Wiederum Italien! Diesmal in Florenz spielt *Fantasio*.

Le Voyage dans la lune (*Die Reise zum Mond*) ist ganz offensichtlich von Jules Verne inspiriert und beschreibt die Abenteuer einer Gruppe von Erdbewohnern mit der Bevölkerung des Mondes.

La Rochelle und auf hoher See sind die Schauplätze der Operette *La Créole* (*Die Kreolin*), in welcher die hübsche Kreolin Dora um ihre Liebe kämpft.

In *Madame Favart* geht es um die Geschicke des Dichters und Schauspielers Charles Favart und seiner hübschen Frau Justine.

Als unbedacht wohlgelaunte Soldateska bezeichnet Klotz Offenbachs letzte originale Operette *La Fille du tambourmajor* (*Die Tochter des Tambourmajors*), die in Italien um 1800 spielt.

Natürlich sind nicht alle in dieser Aufzählung genannten Werke abendfüllende Operetten, viele sind kurze Einakter, aber es ist klar ersichtlich, daß Offenbach neben griechisch-mythologischen Stoffen (worin er gewiß mit *Orphée aux enfers* und *La Belle Hélène* sehr erfolgreich war) Libretti verschiedenster Art vertonen konnte. Die von ihm ersehnte Krönung seiner musikalischen Laufbahn, das Schreiben einer erfolgreichen

148

Oper, erlebte er leider nicht mehr. *Les Contes d'Hoffmann* (*Hoffmanns Erzählungen*) wurde erst nach seinem Tod uraufgeführt und zum Welterfolg.

Es ist daher unschwer zu zeigen, daß es zwischen der Fülle des Offenbachschen Schaffens und der Wiener Operette mannigfache Beziehungen gibt, aber die Zahl der Stücke ist kaum überschaubar, direkte Linien sind oft schwer beweisbar. Jedenfalls ist die Wirkung französischer Autoren und Stoffe auf die Wiener Operette besser erkennbar als der Einfluß in der Musik. Noch Franz Lehárs *Graf von Luxemburg* geht auf das Lustspiel *Der Gesandtschaftsattaché* von Meilhac zurück! Es soll aber nicht unerwähnt bleiben, daß neben Offenbach auch andere französische Komponisten wesentlich die Entstehung der Operette beeinflußt haben. Zu nennen sind jedenfalls Hervé, eigentlich Florimond Ronger (1825–1892) und Alexandre Charles Lecocq (1832–1918). Der erstere hat unter anderem eine Parodie des Fauststoffes vertont, *Le Petit Faust*, Opéra-bouffe in drei Akten (1869), in welcher Mephisto als Mezzosopran auftritt. Weltbekannt wurde Hervé letztlich durch die Comédie-opérette *Mam'zelle Nitouche* (1883). Vom Schaffen Lecocqs sind zu erwähnen *La Fille de Madame Angôt* (1872) und *Giroflé-Girofla* (1874).

Ein goldenes Zeitalter

Als Johann Strauß am 3. Juni 1899 die Augen für immer schloß, waren Carl Zeller (gest. 17. August 1898) und Franz von Suppé (gest. 21. Mai 1895) ihm schon vorangegangen. Carl Millöcker sollte am letzten Tag (am 31. Dezember 1899) des zu Ende gehenden Jahrhunderts folgen. Eine Epoche, die goldene Zeit der Wiener Operette, ging zu Ende.

„Man hat unser zu Ende gehendes Jahrhundert vielfach ein unkünstlerisches genannt und ihm vorgeworfen, dass es nur auf den Gebieten der Naturwissenschaft und der Technik wirkliche Erfolge aufzuweisen habe, während es in seinen künstlerischen Schöpfungen hinter anderen Zeitperioden zurückstehen müsse." Dies ist nicht Kulturpessimismus eines Zeitgenossen, nein dies ist nachzulesen in der historischen Einleitung zum ersten Band der Sammlung „Sang und Klang im XIX. Jahrhundert", verfaßt von Hans Merian im Jahre 1899! Er fährt allerdings weiter fort „Dieser Vorwurf mag für manche Kunstgebiete zutreffen, ganz ungerechtfertigt aber erscheint er, wenn wir das grosse und reiche Gebiet der Musik ins Auge fassen. Wir finden im Gegenteil, dass der Stern der musikalischen Kunst noch niemals heller und herrlicher gestrahlt hat als in unserem Jahrhundert, dessen musikalische Meisterwerke diejenigen aller früheren Zeitperioden weit hinter sich lassen." Nun aus heutiger Sicht sind hier sicher Korrekturen anzubringen, aber uns interessiert die Einschätzung der Operette durch Merian. Dazu führt er aus: „Ein rascher Blick auf die heitere Kunst der Tanzmusik und der leichtgeschürzten Operette darf im Gesamtbilde unseres musikalischen Lebens nicht fehlen. Operette und Tanz sind aufs Engste miteinander verbunden …. Die beiden Männer, die den Gipfelpunkt sowohl der Tanz- als der Operettenmusik im neunzehnten Jahrhundert bezeichneten, waren Johannes [so bei Merian!] Strauss in Wien und Jacques Offenbach in Paris." Er erwähnt weiters Joseph Franz Lanner, den älteren Johannes Strauss, den „Vater des eigentlichen Walzerkönigs", Charles Lecocq, Edmond Audran, Franz Suppé, Karl Millöcker, Richard Genée, [Rudolf] Dellinger und [Carl] Zeller und schließt „Alles in allem hat es den Anschein, als ob die Blütezeit der eigentlichen Operette bereits vorüber wäre. Was an neuen Operetten in den letzten Jahren produziert wurde, reicht an die guten älteren Sachen in keiner Weise heran. Wer wird die Erbschaft dieser heiteren Kunst antreten? Wer weiss? Vielleicht das immer mehr erstarkende Variété." Soweit Merian im Jahre 1899 (das Zitat in der

originalen Orthographie). Es verwundert, daß er Richard Heuberger nicht erwähnt (sein *Opernball* hatte immerhin noch 1898
Première), die Erfolge anderer wie Franz Lehár, Emmerich
Kálmán, Leo Fall, Oscar Straus usw. konnte er nicht voraus-
sehen.

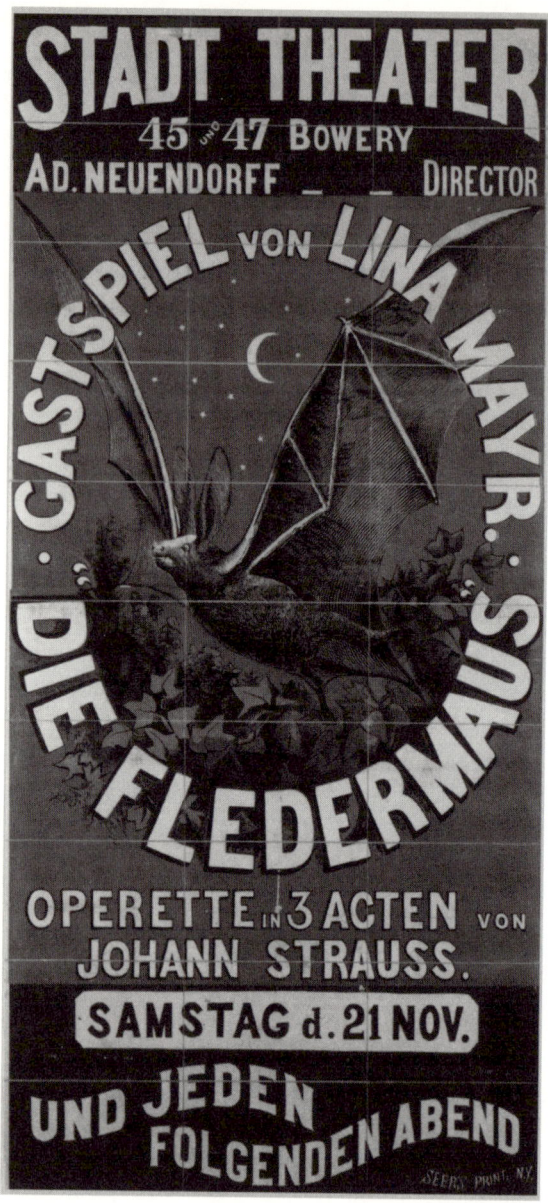

Die „Fledermaus" in New York.

Der Fledermaus-Text:
Machwerk oder Sprachjuwel?

Im Widerspruch der Meinungen

In seinem „Porträt und Handbuch einer unerhörten Kunst" singt Volker Klotz ein Hohelied auf die *Fledermaus* als Gesamtkunstwerk der spritzigen Unterhaltung, ganz nahe am prototypischen Vorbild Offenbach, dennoch mit sicherem Schritt auf eigenen Wegen, gleichsam die Erfüllung einer musiktheatralischen Gattung: „Ihre szenische Schwungkraft, ihr hintersinniger Witz, ihre sozial-psychologische Treffsicherheit" – da kommt neben der anerkannten musikalischen Qualität auch die sprachliche Substanz zu ihrem Recht. Dem Libretto werden „die widerstreitende Doppelperspektive sowie das irrwitzige Trugspiel mit Maskerade und Rollenwechsel" als dramaturgische Meriten zugestanden. Und in das Lob für das so geglückte „Leichtsinnspanorama" werden neben dem Komponisten ausdrücklich auch seine wortgewandten Schrittmacher und Wegbereiter eingebunden.

Ganz anders dagegen Hans Weigel. Im Johann Strauß-Kapitel seiner Hommage an das komplexe Wesen der österreichischen Kreativität *Flucht vor der Größe* fällt der Autor über *Die Fledermaus* kein einhellig günstiges Urteil. Wendet man den Untertitel seines Buches *Über das Vollendete im Unvollendeten* auf diese Operette an, so zählen dramaturgischer Bau, szenische Schlüssigkeit und sprachliches Format jedenfalls zum negativen Bestand in dieser paradoxen Formulierung. „Man will die *Fledermaus* immer wieder sehen, weil sie so grandios anfängt und man immer wieder hofft, daß es bis zum Ende so weitergehen möchte, doch vergeblich: *Die Fledermaus* beginnt wie *Così fan tutte* und endet wie *Gräfin Mariza*." Bei einer Analyse des zweiten Aktes wird Weigel präziser und beschuldigt das Libretto: „Der Auftakt war alles, die Möglichkeiten sind gegeben, aber die Verwirklichung spottet ihrer." Und dann noch ätzender: „Die Dialoge schleppen sich mühsam dahin und nehmen überhand, kein produktives Mißverständnis, keine Erkennungsszene, kein dramaturgischer Augenblick. Der Gastgeber bekommt keine Gelegenheit, herzlich zu lachen, ebenso wenig der Gast im Theater. Der Rest ist Festlichkeit, Gesang, Tanz, Champagner." Weigel meint auch genau die Bruchlinie zu kennen, den Wendepunkt auszumachen, an dem das Sujet vom Unbeschreiblichen ins Unsägliche umkippt und damit zugleich die Hoffnungen auf den Höhenflug einer neuen Spezies verspielt: „Die Stunde der Operette hat geschlagen, doch wenn die Uhr im Saal Orlofskys am Ende des zweiten Akts sechsmal schlägt, ist sie vorüber. Mozart und Offenbach standen Pate bei der Geburt des Kindes, das seine Gaben nur entwickelte, um sie alsbald zu verraten und nach einem verheißungsvollen Anfang elendiglich im Slibowitz umzukommen. Die Wiener Operette verging, als sie noch kaum da war." (Weigel 1978, S. 261, 271, 277).

Läßt sich zwischen diesen beiden extremen Sehweisen sinnvoll vermitteln? Und wo vermag eine strenge Kritik, ein abschätziges Urteil gegen das Textbuch der *Fledermaus* überhaupt anzusetzen und zu greifen? Sicher zunächst einmal an einer allzu hoch angesetzten Meßlatte. Wer das Libretto von *Le nozze di Figaro* oder die Bühnendichtung des *Rosenkavalier* zur Basis des Vergleiches wählt, hat leicht nörgeln und spotten, vergißt dabei aber gewichtige Unterschiede: Eine Vorlage von weltliterarischem Rang im einen, eine jahrelange, ebenso behutsame wie voraussetzungsreiche Zusammenarbeit im anderen Fall, da wie dort Kongenialität auf höchstem Niveau.

Auch Vorurteile gegenüber Namen und Herkunft mögen nicht unwesentlich mitspielen: Ein schlecht bezahlter Theatersöldling und ein routinierter Praktikus, die einander nicht einmal persönlich kannten, weiters der notorische Zeitdruck und der geringe Anspruch eines Genres, in dessen vertonten Passagen man ohnehin von Wort und Sinn nur wenig versteht. Dazu kommt noch eine Animosität, die Wahlwienern prinzipiell das Metierverständnis abspricht, dafür aber jegliche sprachliche Plumpheit zutraut. Die unreinen Reimpaare von *lang* und *Amüs'ment,* von *Widerspruch* und *genug,* die sich erst in Wohlgefallen, wenn auch nicht in Wohlklang auflösen, sobald man das jeweils zweite Wort mit preußischer Phonetik artikuliert, ziehen sich wie ein kritischer Leitfaden durch das essayistische Schrifttum. Übersehen wird bei dieser chauvinistischen Kritik freilich gern ein Vorteil dieser spätberufenen Wahlwiener: Sie haben sich auch in ihren reifen Jahren einen fremden Blick bewahrt, sie konnten durch teilnehmende Beobachtung ihre diagnostischen Fähigkeiten schärfen. Wenn sie demnach das Geschehen aus der französischen Provinz in das Wiener Suburbanum verlagert und mit einem Bouquet österreichischer Charakterzüge und Gesinnungsmerkmale geschmückt haben, so fiel dieses Verfahren wenigstens nicht unter den Vorwurf der Nestbeschmutzung.

Eine gerechte Würdigung des *Fledermaus*-Librettos stößt auf eine Barriere, die sich im Metier der Operette immer wieder aufrichtet und einen nüchtern-sachlichen Zugang erschwert: Die Prosatexte, die Dialoge, die Wortwitze des originalen Buches sind längst von einem Dickicht aus Bearbeitung, Aktualisierung, festgewordenem Extempore und jeweiligen Lokalzugaben überwuchert. Kaum ein Satz der ursprünglichen Zwischentexte hat sich in seiner originalen Fassung erhalten. Es wurde vor allem radikal gekürzt: bei den literarischen Anspielungen, aber auch im Aufbau der Dialoge, in der Entwicklung und im Ablauf der Konversation, die sich in der Version der Librettisten deutlich am heiteren Schauspiel der Epoche orientiert hat. Greifen wir nur zwei besonders auffällige Beispiele heraus: Die mißglückte französische Unterhaltung zwischen dem vermeintlichen Marquis und dem angemaßten Chevalier beim Orlofsky-Fest, dann die räsonierenden Monologe des Gerichtsdieners Frosch im dritten Akt. In beiden Fällen hat sich die Aufführungspraxis weit von der textlichen Vorgabe entfernt und verselbständigt. Will man also die sprachliche Qualität des Librettos objektiv erheben, so kann das nur mit einem unvoreingenommenen Blick auf das unverstellte Original gelingen.

Sprachliche Merkmale im szenischen Kontext

Suchen wir zunächst einmal einige auffällige Facetten der Sprache – Wortspiele, Mehrdeutigkeiten, Leitvokabel, bildliche Ausdrücke – im größeren Zusammenhang auf und steigen wir dafür gleich in den Anfang des Librettos ein. Kaum ist die erste Strophe von Alfreds Ständchen verklungen, so erfahren wir aus Adeles Mund die Einladung zum Fest in Orlofskys Villa. Wie die Adressatin des arios verlesenen Briefes glaubt auch das Publikum zunächst an ein authentisches Schreiben ihrer Schwester Ida – „die ist nämlich beim Ballett". Dem noblen Anlaß gemäß häufen sich die vornehm klingenden Prestigewörter in reimenden Paaren, ob sie französischen Ursprungs sind (*Suitier* bzw. *Officier – Grand-Souper*) oder sich nur im typisch jargonhaften Konversationsromanisch der österreichischen Gesellschaft bewegen (*annektieren, präsentieren, amüsieren*). Im Stile üblicher Knittelverse, ein gängiges Schema hübsch parodierend, schwenkt Adele von der Brieflektüre auf den eigenen Kommentar über: „Langeweile gibt es *nie da*! – So schreibt meine Schwester *Ida.*"

Im folgenden Kommentar zu Alfreds wiederholter Serenade findet das Stubenmädchen im sprachlichen Aus-

156

druck auf die ebene Erde zurück. Hatte sie im Gesang zunächst noch die Liebesmetapher aufgegriffen und ins Konkrete umgesetzt („Ach, wenn ich *jenes Täubchen* wär', fliegen könnte hin und her, mich in Wonne und Vergnügen in dem blauen Äther wiegen!"), so reagiert ihre Prosa ziemlich schnippisch auf die akustische Belästigung: „Was ist denn das für ein *Gewinsel?*" Als auch die monetäre Beschwichtigung nichts hilft („Ich muß ihm nur *ein Sechserl spendieren*, sonst hört der Hofsänger nicht auf!") und der Name *Rosalinde* den Gegenstand der Bewunderung enthüllt, ist Adele erst recht enttäuscht und aufgebracht: „Das ist kein Straßentenor, sondern ein Verehrer und nicht einmal von mir, sondern von meiner Gnädigen!" Sie macht nochmals auf die eigene Präsenz aufmerksam („Eine Adele ist hier und keine Rosalinde, wenigstens nicht für Sie!"), ehe sie den ungebetenen Belkantisten mit einer Drohung verscheucht: „Verlassen Sie den Garten, sonst wird man einen ganz anderen *Tenor* mit Ihnen singen." Der Bedeutungswechsel, den das Wort bei verändertem Akzent durchmacht (*Tenór – Ténor*), nützt die Kammerjungfer wortspielerisch aus. Auch für das Ende des Ständchens findet sie originelle bodenständige Worte („Er verschwindet samt seinem *Tenor*"), und ihre Mutmaßung stellt entweder dem anonymen Sänger oder ihrem eigenen Urteil kein allzu hohes Zeugnis aus. „Der ist sicher irgendwo einem Männergesangsverein ausgekommen". Rosalinde, die Adressatin der musikalischen Botschaft, ist da ganz anderer Meinung. Als sie den Liebeswerber als ihren ehemaligen Verehrer Alfred identifiziert, hält sie sich an den erotischen Charme des Gesangs: „Ich habe ihn gleich erkannt an seinem *Tenor* und an seiner *Keckheit*. Nur ein *Tenor* kann *so keck* sein, und nur ein *kecker Mensch* kann *so Tenor* singen!" Komplimente an Stimmgattungen (und ihre Vertreter) und offenbar beifallsteigernde Brüche der Bühnenillusion, die sich des Theaterjargons bedienen, durchziehen das Libretto. Schon

Rosalindes nächster Satz lautet: „Er wagt es, hier vor dem Hause meines Gatten *mich durch sein hohes A zu kompromittieren!*" In einem späteren Auftritt, nach der persönlichen Wiederbegegnung mit dem Verflossenen, versteigt sie sich in jeder Hinsicht zur stärkeren Behauptung: „Seinem Dialog bin ich ja noch allenfalls gewachsen, aber *vor seinem hohen B* schmilzt meine Kraft dahin!" Aber auch ihrem Gemahl macht Rosalinde nach seiner gerichtlichen Verurteilung sängerische Avancen: „Und *mit so einem Tenor* haben sie dich verurteilen können, die Barbaren", meint sie anerkennend und bedauernd zugleich, als Eisenstein sein „Es muß geschieden sein!" herausschmettert.

Doch bleiben wir noch im Dialog des zweiten Auftritts. Ohne Adeles fingierte Klage über die kranke Tante zu beachten, räsoniert Rosalinde über ein mögliches Mißverständnis bei Alfred: „Sicher hält er mich für treulos, glaubt vielleicht, *ich liebe einen anderen,* und ich habe *doch bloß geheiratet.*" Als Adele sodann immer drastischer auf den erfundenen Pflegefall aufmerksam macht (*kläglicher* und *schluchzend* schreibt die Szenenangabe vor), kommt es zum ersten verbalen Abtausch: „Wer ist krank?" – „Meine Tante!" – „Deine Tante?" – „Ja, meine Tante!" Das klingt an jenes Gesellschaftsspiel (*Meine Tante, deine Tante*) an, auf das auch eine gelegentliche Zusatzstrophe (als Parodie von „Meine Liebe, deine Liebe") in Franz Lehárs *Das Land des Lächelns* parodierend Bezug nimmt. Adele kämpft nun in mehreren strategischen Anläufen um den erwünschten freien Abend. Erkundigungen nach der Tante wertem Befinden („Noch *immer fidel* und munter?" – eine volkstümliche Lesart von *semper fidelis* läßt sich dahinter vermuten) werden vorgetäuscht, und die „*nichtige* Liebe" als Motiv für den Sonderurlaub entfaltet hübschen Doppelsinn. Rosalinde bleibt zunächst hart, sie erklärt Adele endlich die Ursache von Eisensteins Arreststrafe („Wegen so einem bisserl?"), worauf dieser nur jammervolle Resignation bleibt. Auf ihre sentimentale Stammbuchprosa („So darf ich dich nicht mehr wiedersehen auf Erden? Eine solche Tante wie diese Tante – noch keine Nichte Tante nannte!") folgt mit der Wiederaufnahme der Introduktion das vorläufige Ende des Lamentos: „Gar zu traurig ist die G'schichte! Ach, warum schuf die Natur mich zur Kammerjungfer nur?"

Die Situation ändert sich psychologisch mit der Begegnung zwischen der Strohwitwe in spe und ihrem treuen Anbeter. Dieser ist zuerst über das gar nicht romantisch-operngerechte Verhalten der Verehrten irritiert: „Warum denn nicht: *mein Alfred*, und mir mit offenen Armen entgegengeflogen?" Der Hinweis auf den Ehestand entlockt ihm nur den immer wiederkehrenden Stehsatz „Das geniert mich nicht!" Ob darin eine Anspielung auf den Namen des Librettisten Genée steckt, bleibe dahingestellt. Tatsache ist, daß solche ‚leibeigenen' Aussprüche später zum Kerninventar der Operettenprosa zählen werden: von Nasonis „Das bin ich meiner Gesundheit schuldig!" (Millöcker, *Gasparone*) bis zu Zsupáns „Das ist ja ausgezeichnet!" (Strauß, *Der Zigeunerbaron*).

Sobald die Rede auf Eisensteins drohenden Arrest kommt, fällt wiederholt und mehrdeutig ein Verbum aus dem Jargon: Während Alfred singt, muß der Ehemann *brummen*. Diese Aussicht eröffnet dem Abgewiesenen die Chance zur Wiederkehr. Nach Rosalindes pathetischem Appell, sie zu verlassen und nicht zu kompromittieren („Ich *beschwöre* Sie, verlieren Sie sich!"), verlangt Alfred ganz im großen Opernstil (*theatralisch* verlangt die Regieangabe) die Gunst des Wiedersehens („*Schwören* Sie mir, daß Sie mich empfangen werden …"), und die Begehrte reagiert wie eine Primadonna: „Es sei … ich schwöre!" Darauf erwacht auch in Alfred die Kavaliersehre: „Nun denn … ich gehe!" Die Szenenanweisung freilich notiert dazu: „Bleibt stehen". Vieldeutig entfernt sich der Galan endlich mit Gesang: „Kein Lebewohl! Auf Wiedersehen! Bald bin ich wieder da!" – Verheißung oder gefährliche Drohung, das ist hier die Frage.

Erregt beginnt das Terzett, in dem wir vom bösen Ausgang des Gerichtstermins erfahren: „Nein, mit solchen Advokaten ist verkauft man und verraten; da verliert man die Geduld! …". Blind wehrt sich verzweifelt seiner Haut und versucht die Schuld von seiner unzulänglichen Verteidigung abzuwenden. Doch gehen die Vorwürfe des echauffierten Eisenstein („Der Herr Notar schwatzt wie ein Star. – Sie stottern ja bei jedem Wort! – Sie krähen wie ein Hahn! – Sie sind ein Blödian! – Sie reden lauter Lebertran und drehn sich wie ein Wetterhahn!") sind seine rhetorischen Manöver wirkungslos: „Herr Eisenstein fing an zu schrein. – Sie schimpfen ja in einem fort. – Sie sind ein Grobian! – Sie sind sehr inhuman! – Sie rasen wie im Fieberwahn und kollern wie ein Puterhahn!" Vergeblich versucht Rosalinde den Streit zu beschwichtigen. Ihr Einwurf „Doch schone *dein Organ*, es sei nun abgetan", ist erneut eine kokette Anspielung auf den Sängerberuf. Erst als sie von ihrem Ehemann das neue Strafausmaß erfährt („Fünf Tage sagst du? Jetzt sind's gar acht! Man hat mir drei dazugeschlagen. So weit hat's dieser Mensch gebracht"), kann sie dessen Empörung verstehen („Das ist zu stark, das muß ich sagen."). Blind, der im Stil der burlesken Komödie („Aktenstöße unterm Arm, Augengläser und Perücke") ängstlich das Weite sucht („Nein, diesen Ton hält man nicht aus. Ich gehe schon, ich geh hinaus."), kehrt gleichsam auf das Stichwort („Und daran ist der nur schuld!") unvermutet wieder und bietet für eine Wiederholung des Prozesses in nächster Instanz seine guten Dienste an. In der Fachsprache seines Berufsstandes fühlt sich der schmählich behandelte „Doktor Stotterbock" derart zuhause, daß ihm der Schwall einschlägiger Zeitwörter fließend und tadellos über die Lippen kommt, wenn er verspricht: „*Rekurrieren, appellieren, reklamieren, revidieren, rezipieren, subvertieren, devolvieren, involvieren, protestieren, liquidieren, exzerpieren, extorquieren, arbitrieren, resumieren, exkulpieren, inkulpieren, kalkulieren, konzipieren ...*". Gegen Eisensteins Protest („Hören Sie auf, es ist genug!") setzt er schließlich noch nach: „Und sie müssen *triumphieren!*" Einen sprachlichen Triumph kann der gedemütigte Advokat aber jedenfalls genießen: Dem klanglichen Sog seiner Fachwörterbatterie können sich weder Rosalinde noch Eisenstein entziehen. Während sich die Frau dabei bescheiden gibt („doch sie werden schließlich sich *blamieren*"), reimt der Verurteilte seinem Rechtsvertreter tüchtig hinterher: „Wenn Sie jetzt nicht *retirieren*, muß ich sie *hinausbugsieren*, und vielleicht noch schließlich *attackieren!*"

Jedem Opernfreund werden sich bei diesem verbalen Großaufgebot wenigstens zwei Assoziationen aufdrängen. Das nachhaltig wirksame Siegesvokabel erinnert an Osmins Rachearie aus *Die Entführung aus dem Serail*, in welcher der Haremswächter den überführten Eindringlingen alles Böse an den Hals wünscht: „O, wie will ich *triumphieren*, wenn sie euch zum Richtplatz führen ...". Bei der karikierenden Fülle und Dichte aufgezählter Amtstermini denkt man aber unwillkürlich an Albert Lortzings *Zar und Zimmermann*. Der dummdreiste, selbstgefällige Bürgermeister von Saardam ist in der Auftrittsarie „*O sancta justitia!*" von seiner Wichtigkeit überzeugt und hält damit nicht hinter dem Berg: „Denn ich weiß zu *bombardieren*, zu *rationieren*, zu *expektorieren*, zu *blamieren, inspizieren, echauffieren, räsonieren, malträtieren* und zu *ieren, zieren, rühren, führen, schmieren, ratifizieren.*" Diese Tirade läßt denn auch nur einen Schluß zu: „Mit einem Wort, man sieht mir's an, ich bin *ad speciem* ein ganzer Mann!" Gegen dieses Kauderwelsch, mit dem van Bett seine Bedeutung demonstriert, dabei Amtliches (*rationieren*) mit persönlicher Rache (*malträtieren*) vermengt und selbst grammatische Silben (*ieren*) nicht ausspart, wirkt Blinds juristische Selbstdarstellung freilich wie aus einem akademi-

161

schen Examen. Ein weiteres Vorbild, die komische Oper *Doktor und Apotheker* des Karl Ditters von Dittersdorf, ist unserem Repertoire entglitten.

Gerade in der gehobenen Wiener Umgangssprache sind diese Lehnverben aus dem romanischen Bereich bis heute heimisch geworden, haben eine für den Fremden auffällige Produktivität entfaltet und durchziehen abseits aller idiomatischen Beschränkungen auch den Konversationston des Alltags: Man fühlt sich *molestiert* oder gar *ägriert, perhorresziert* gewisse Dinge und *proponiert* seinem Gesprächspartner etwas, anstatt ihm schlicht einen Vorschlag zu machen. Als gesunkenes Kulturgut aus dem französischen Sprachgebrauch bei Hof und in den Adelshäusern darf man diese Eigenheit betrachten. Sobald solche Fremdverben über die Lieferantenstiege und durch die Domestikentür ins Freie gelangt sind, haben sie sich auch im gewöhnlichen Jargon angesiedelt. Das romanische Bildungselement hat sich übrigens alsbald auch mit deutschen Wörtern verbunden: *hausieren, hofieren, grundieren.*

Wenn Hugo von Hofmannsthal in seinen Komödien (*Der Schwierige, Der Unbestechliche*) oder im Libretto zur Oper *Der Rosenkavalier* den Umgangston der Wiener Gesellschaft so souverän trifft, so liegt das nicht zuletzt an der Virtuosität, mit der er sich in dieser Nische des Wortschatzes bewegt: „Man *retiriert* sich jetzt von hier", hat „die Gnad kaum *meritiert*", „der Baron Lerchenau *antichambriert* nicht" und ist „von so viel Finesse *charmiert*." So wird denn auch am Ende des ersten *Fledermaus*-Akts der Gefängnisdirektor Frank in jeder Hinsicht Verständnis beim Wiener Publikum gefunden haben, wenn er idiomatisch zur Eile mahnt: „Mein Herr, ich bin etwas *pressiert,* da heut ich selbst noch *invitiert*." Und wenn Rosalinde plausibel versichert: „So *ennüyiert* und so *blasiert* kann nur allein ein Ehmann sein!", so überzeugt sie damit die Amtsperson und erklärt Alfred nicht gerade zum feurigen Liebhaber.

Wortspiele und Sprachwitze

Bereits unsere Analyse der ersten Szenen des Librettos konnte den Verfassern durchaus einen differenzierten Lustspieldiskurs bescheinigen: Der Konversationston ist gut getroffen, die Figuren haben deutliches Eigenprofil und stehen doch auch erkennbar für einen Typus, die sprachlichen Scherze leben in der Tradition der Wiener Lokalposse von der Doppeldeutigkeit der Diktion, vom wörtlichen Sinn einer festgewordenen Phrase, von der Diskrepanz, auch dem Widerspruch, zwischen Gesagtem und Gemeintem.

Dieser Komödienduktus der Sprache prägt das ganze Textbuch, und auch das Niveau des Ausdruckrepertoires bleibt auf ansehnlicher Höhe. Wenn Orlofsky zu Beginn des zweiten Aufzugs Adele an die vermeintliche Schauspielelevin Komplimente macht („Ich liebe die Künstlerinnen, besonders die *angehenden!*“) und nachfragt: „Sind Sie eine angehende?“, so antwortet die gewiefte Zofe schlagfertig und zweideutig: „Man hat wenigstens schon öfters bei meinen Leistungen gesagt: *Es geht an!*“ Auch sonst steckt diese kleine Dialogszene (3. Auftritt) voll von humoristischen Details: Ob Adele im Angesicht Orlofskys hintersinnig zu ihrer Schwester Ida sagt: „Noch so klein und schon Prinz?“, ob sie auf die Anfrage nach ihren Russischkenntnissen mit geradezu absurder Pointe kontert („Nein, das ist mir zu kalt“) oder ihren Eindruck vom Auftreten des blasierten Gastgebers auf den aparten Nenner bringt: „Er amüsiert mich mit seiner Langeweile.“

Apropos fremde Sprachen: Die mühsame Konversation zwischen den beiden Pseudofranzosen Eisenstein und Frank im Inkognito von Marquis und Chevalier hat im Verlauf der Aufführungsgeschichte eine breite Spur gelungener Improvisationen hinterlassen. So wenn einer der beiden Gesprächspartner den Ausdruck *grande toilette* mißversteht und vertraulich bemerkt: „Dritte Türe links", oder wenn die aus Verlegenheit angehäuften französischen Namen assoziative Brücken bauen: „*Toulouse … Lautrec.*" Aber wenigstens rudimentär hat sich der originale Text bis in heutige Vorstellungen gerettet: In jedem Fall Eisensteins verzweifelte Fortsetzung der Begrüßungsformel (J'ai l'honneur … serviteur!") mit einem zur Seite gesprochenen: „Will er noch mehr, gibt's ein *Malhör*!" Auch sein Bescheid auf die phonetisch zweifelhaft realisierte Konversationsfloskel seines Gegenübers: „Vous êtes *aussi* Français?" gibt immer noch Anlaß zum Schmunzeln. „*Aussi, aussi, aussi! – Auß*i möchte ich!"

Mehrfach wiederkehrende Motive entwickeln semantische Felder des Wortspiels: So gibt Eisensteins Repetieruhr, das bei Damen bewährte Verführ- und Renommierobjekt („Vielleicht bin ich heute so glücklich, sie einer liebenswürdigen Künstlerin verehren zu dürfen!"), immer wieder Anlaß zu verbalem Geplänkel. Als Rosalinde im Kostüm einer ungarischen Gräfin ihrem Gatten das „treffliche Corpus delicti" abnimmt, apostrophiert er sie als „holde Uhrabzwickerin". Im großen Walzerensemble gegen Schluß des zweiten Aufzugs, wenn sich Frank und Eisenstein plötzlich ihres morgendlichen Pflichtenmilieus erinnern, meint der Gefängnisdirektor: „Brüderl, meine Uhr geht schlecht, schau wieviel's auf deiner ist?" und der Arrestant auf Abruf erwidert doppelsinnig: „Brüderl, meine *geht* auch *nicht recht*, weil sie schon *gegangen ist*!". Und vor der Aufklärung der Intrige im dritten Aufzug sagt Rosalinde im Gefängnis ihrem Ehemann auf den Kopf zu, „wieviel es bei dir geschlagen hat". Fast überflüssig zu erwähnen, daß die wienerischen Lieblingsverben auf -*ieren* auch im Uhrenduett ausgiebig benützt werden: „Ja, bald werd ich *reüssieren … retirieret* sie vor mir! … Heute wirst du nimmer *repetieren*! … Sie will die Uhr sich *annektieren* … Ach, ich bin *blamiert*!".

Auch der Sinnbezirk des Arrests entfaltet ein schmuckes Bouquet von blumigen Umschreibungen und vertrauten

Metaphern. Über das *Brummen* als mißliche Alternative zum Singen war schon zuvor die Rede. Als sich Eisenstein von Falke zum Festbesuch chez Orlofsky überreden läßt, will er seiner Frau den plötzlichen Wunsch, seine Strafe in Abendtoilette anzutreten, glaubhaft begründen. Er tut dies mit der Vermutung, „daß ich dort eine *geschlossene Gesellschaft* finde." Frank motiviert vor Rosalinde sein amtliches Erscheinen im Hause Eisenstein mit den Worten: „Ich bin Gefängnisdirektor Frank und kann mir das Vergnügen nicht versagen, Ihren renitenten Herrn Gemahl persönlich *in sein Stilleben* zu geleiten." Als er dann an den Falschen gerät, ihn aber nach den Beteuerungen der Hausfrau doch für den Rentier halten muß, findet er für sein Institut ein hübsches, geradezu einladendes Bild: „Mein schönes, großes *Vogelhaus*, es ist ganz nahe hier. *Viel Vögel* flattern ein und aus, bekommen *Freiquartier*". Im maskierten Dialog des zweiten Aufzugs weiß der Chevalier auf Zeit einen plausiblen Grund zu nennen, warum er dem so sympathischen Herrn Marquis bisher noch nicht begegnet ist: „Ich zeige mich selten öffentlich, ich bin *ein großer Freund von geschlossenen Zirkeln*" lautet der euphemistische Bescheid. Und auch Eisenstein nennt einen trefflichen Vorwand, warum er der rassigen Ungarin alias Rosalinde am nächsten Tag nicht begegnen kann: „Ich habe Sitzung morgen. – *Eine geheime Sitzung unter Ausschluß der Öffentlichkeit!*"

Eine wichtige Rolle übernehmen Tiernamen in Text und Dramaturgie unseres Stücks. Schon der Titel, der die Phantasie in eine falsche Richtung lenken mag, gibt ein Motto vor. Eisensteins rachsüchtiger Freund nennt sich *Falke*, der Gefängniswärter, der die Begebenheiten von unten, aus der – noch dazu slibowitz-getrübten – Perspektive des kleinen Mannes sieht, heißt *Frosch*. Für den Neo-Marquis hat sich der Drahtzieher Falke den französischen Namen *Renard*, also „Fuchs", ausgedacht. Und was ist mit dessen Partner, dem Chevalier von

Falkes Gnaden *Chargrin?* Sollte da ein *r* zuviel sein und sich ein Schreibfehler für *chagrin*, den „Ärger", hartnäckig gehalten haben, in dessen erster Silbe vielleicht das französische Wort für die „Katze" (*chat*) steckt? Oder ist *chargue*, ein seltenes Vokabel für eine Krähenart, die Basis des erfundenen Namens?

Von Tieren als Schimpfwörtern haben wir schon in der aufgeregten Kontroverse zwischen Eisenstein und seinem Rechtsvertreter gehört (*Star, Hahn, Puterhahn*), die *Ratten* im Doppelsinn von unappetitlicher Gefängnisplage und gustiösem Ballettnachwuchs spielen in der verdeckten Einladung des Arrestanten zum abendlichen Souper eine witzige Rolle. Und noch im Duett der beiden Lebemänner wird auch sprachlich Katz und Maus gespielt. Denn auf Falkes Abschiedsvariante: „Sagst: Lebewohl, mein süßes *Kätzchen*" kontert Eisenstein mit dem wirksameren und zoologisch korrekten Vorschlag: „Nein, nein! Mein *Mauserl*, sage ich, denn als *Katze* schleich ich selbst aus dem Hause mich."

Schon das erste Wort im Libretto ist *Täubchen*, und Adele, die sich in einer späteren Gesangsnummer als *Eichkatzerl* sieht, wäre als Ziel der Huldigung gern *jenes Täubchen*. Selbst in einer banalen Sequenz, wenn Adele aus einem nahen Gasthaus noch ein Nachtmahl besorgt – nichtsahnend, daß den Hausherrn inzwischen attraktivere kulinarische Angebote erreicht haben –, schimmert noch die Tiermetaphorik wortwitzig durch: „Der *Löwe* schickt diesen *wilden Schweinskopf*.".

An den sprachlichen Humor des Frosch haben die Librettisten nicht allzuviel Mühe und Inspiration verschwendet – wohl im Bewußtsein, daß jeder begabte Interpret hier seine persönliche Note einbringt und mit improvisierten aktuellen Anspielungen für Stimmung sorgt. Sein sprachliches Leitmotiv „Ich sag's ja, ein fideles Gefängnis, ungeheuer fidel!" ist inzwischen zumeist wirkungsvolleren, freilich auch derberen Aussagen gewichen. Hübsch ist nach wie vor, wenn der Subalterne den Ausruf seines Vorgesetzten „Der verdammte *Champagner!*" auf niedrigerer Ebene pariert: „Verdammter *Slibowitz!*" Dieses populäre Getränk hat in der späteren Komikertradition manches Wortspiel gezeigt, darunter auch dieses: „So ein Slibowitz macht doch einen ganz anderen Menschen aus einem! Warum soll aber der andere Mensch nicht auch einen Slibowitz kriegen?" Die bekannte Nebenwirkung des Doppeltsehens nach reichlichem Alkoholgenuß hat bereits der Originaltext wortspielerisch aufgegriffen, da Frosch vom Fenster aus registriert: „Zwei Damen sind da! … Vielleicht ist es auch nur eine. Ich sehe alles doppelt." Eleganter, knapper und zugleich wirkungsvoller ist da freilich eine Textvariante aus der Bühnenpraxis: „Zwei Damen sind da – es *können* aber auch eine sein!"

Wie sehr der Sprachwitz dieses Librettos in einer bodenständigen, nicht zuletzt in den Volksstücken Ferdinand Raimunds und Johann Nestroys wurzelnden Tradition steht, mag ein unscheinbares Detail belegen. Im dreizehnten Auftritt des ersten Aktes, kurz vor dem verlogenen Abschiedsterzett, da Eisenstein bereits den Festesfreuden entgegenfiebert und Rosalinde ihren früheren Galan erwartet, gibt der scheinheilige Gatte eine Durchhalteparole aus: „*Ermanne* dich, Weib, *ermanne* dich!" Der kaum noch bewußte semantische Gegensatz in solchen Äußerungen – immerhin hat sich das Zeitwort *ermannen* im Gebrauch längst von seiner sexistischen Etymologie abgehoben – hat offenbar auch Johann Nestroy zu denken gegeben. Er löst den Widerspruch freilich noch origineller, wenn er in *Der Talisman* den Haupthelden Titus Feuerfuchs, als dieser wegen seiner roten Haarfarbe von der Schloßherrin verstoßen wird, wortschöpferisch sagen läßt: „Der Zorn *überweibt* Sie! – Ich gehe –".

Eine gerade in ihrer Unauffälligkeit gelungenen Sachpointe ist den Librettisten, hier wohl in erster Linie dem musikerfah-

renen Genée, im großen Verbrüderungsensemble des zweiten
Aufzugs gelungen. Falke, der auf seine Revanche erpichte
Regisseur des ausgeklügelten Spiels, krönt seine Inszenierung
mit einem Verbrüderungsvorschlag, nach dem die Ernüchte-
rung und der Einbruch der Realität im Schlußakt umso drastischer ausfallen. „Ich seh, daß sich die Paare gefunden, daß
manche Herzen in Liebe verbunden, drum lasset uns alle ein
großer Verein von Schwestern und von Brüdern sein!" Das
sprachliche Muster dieser Zeremonie ist bemerkenswert: Man
wechselt zunächst zu den Intimformen *Brüderlein und Schwesterlein,* die wie Entlehnungen aus Grimms Märchen klingen,
landet dann beim zärtlichen Pronomen (*„Du, Du, Du* immer
zu!") und endet in einer gleichsam gelallten Mischung, die
geradezu zeichenhaft zwischen den Personen nicht mehr zu
unterscheiden vermag: *„Du-i-du, Duidu, la la la!"*

Zitate und Anklänge

Libretto und Dramaturgie einer erfolgreichen Operette sind
dem neugierigen Interpreten aus einer späteren Generation
immer auch Erkenntnisquelle und Fundgrube zugleich für ein
Untersuchungsfeld, das man heute recht anspruchsvoll Rezep-
tionsforschung nennt. Aber auch mit schlichterem Ziel und
ohne einen solchen wissenschaftlichen Terminus mag es inter-
essieren, auf welche Bühnenwerke, Gedichte und Lieder ein
Operettentext Bezug nimmt, indem er sie herbeizitiert, auf sie
anspielt, sie wenigstens mittelbar den Musikfreund und Thea-
terhabitué erkennen läßt. Denn solche Aha-Erlebnisse und die
daran geknüpfte Entdeckerfreude zählen bis heute zu den
musisch-geistigen Genüssen der besonderen Art. Erfolgreiche
Sendungen vom Typus *Opernrätsel* oder *Erkennen Sie die Melodie!* legen davon beredtes Zeugnis ab, wobei die innere Lust an
der schieren Entdeckung, die mentale Befriedigung über die

gelöste Aufgabe nicht selten den Anreiz einer lockenden Prämie übertrifft.

Im Wien der siebziger Jahre des vorigen Jahrhunderts wird es nicht anders gewesen sein. Daher ist die Versuchung groß, den sichtbaren wie den verdeckten Spuren solcher Anleihen, Assoziationen und Querverbindungen nachzugehen. Zumal darin auch eine Chance beschlossen liegt, über die Popularität anderer Werke, über Vorlieben und Hörgewohnheiten des Publikums, aber auch über die Praxis von Repertoirepflege und Spielplangestaltung indirekt Aufschluß zu gewinnen.

Geradezu mit Händen zu greifen sind die Bezüge des Librettos zu Giuseppe Verdis beliebter Oper *La Traviata* bzw. ihrem literarischen Sujet, dem Drama (und davor Roman) *Die Kameliendame* von Alexandre Dumas dem Sohn. Schon der Name des Sängers *Alfred* gibt die Richtung vor, sein Trinklied am Ende des ersten Aufzugs wirkt wie eine Replik des wohl berühmtesten aller italienischer Opern-Brindisi. Die Ankündigung der Gesangsnummer klingt ja durchaus stilecht („Also trinken wir und singen wir dazu!"), wenn auch der vorausgehende Satz die Illusion durchbricht: „Kompromittieren will ich Sie nicht, aber Ihren Wein will ich auch nicht stehen lassen.". Schon bei unserer Interpretation der Anfangsszenen haben wir in der Konversation zwischen Rosalinde und Alfred opernhaftes Pathos konstatiert. Nunmehr läßt sich dieser Eindruck vertiefen und das Klischee einem konkreten Vorbild zuordnen: Die vorwurfsvolle Frage des früheren Galans („Warum denn nicht: *mein Alfred*, und mir mit offenen Armen entgegen geflogen?) erinnert ebenso an Verdis großen Publikumserfolg wie das verheißungsvolle „Auf Wiedersehen!", dessen Fortsetzung mit „Bald bin ich wieder da!" freilich eher wie eine gefährliche Drohung tönt.

Vollends klar wird die Beziehung auf das Musterwerk in verbalen Andeutungen des originalen Dialogtexts: Als Falke im neunten Auftritt des ersten Aktes seinen Kumpan Eisenstein zum Souper beim Prinzen einlädt, macht er ihm mit erotischen Avancen den Mund wässerig: „Damen findest du dort, Damen, sag ich dir, ein wahrer Blütenflor, von der *Kamelie* bis zum Veilchen!" Und wenn die beiden Schwerenöter dann auf Eisensteins verführerisches Requisit zu sprechen kommen, bringt es Falke auf den Punkt: „Man behauptet, daß du mit dieser niedlichen Repetieruhr alle *Kameliendamen* köderst, wenn du ihnen den Hof machst."

Nicht ganz so deutlich, aber im Zusammenspiel der Indizien auch nicht zu übersehen, sind die Anklänge und Reminiszenzen im Gefolge von Ludwig van Beethovens *Fidelio*. Dieses Urbild der deutschen Oper, für Theatereröffnungen und Festveranstaltungen aller Art bis zur Toleranzschwelle strapaziert, galt jedenfalls auch zur Entstehungszeit der *Fledermaus* als repräsentativ, ja mustergültig und über jeden Zweifel erhaben. Schon das Milieu des Gefängnisses, zuerst als bedrohlicher Hintergrund, im dritten Aufzug sodann Ort der Handlung, mußte in seiner schlampigen Beschaulichkeit wie eine Parodie auf die Szenographie der Paradeoper wirken. Daß in Froschs wiederholtem Leibspruch vom *fidelen Gefängnis* auch ein verkapptes Wortspiel steckt, darf zumindest nicht ausgeschlossen werden. Als ironisches Satyrspiel gegenüber dem tragischen Ernst der Vorlage mag man auch das Gespräch zwischen dem Gefängniswärter und seinem Direktor („Nun, Frosch, quake deinen Rapport!") betrachten. Aus dem Staatsgefangenen Florestan ist im bürgerlichen Umfeld des 19. Jahrhunderts allerdings ein Randalierer gegen die Staatsgewalt in der Person eines Amtsdieners geworden. Und die geheimen Abmachungen zwischen Don Pizarro und Rocco haben sich in die Niederungen trivialer Quisquilien verflüchtigt („Nur Numero 12 verlangt einen Advokaten.").

Umso skurriler wirkt es denn auch, wenn Alfred ganz im Tonfall des großen Vorbilds seine ‚Retterin' Rosalinde begrüßt

(3.Akt, 10.Auftritt): „Aber nein, ich bin nicht verlassen; die *Himmlische* kommt selbst, mich in meinem Kerker zu trösten. Fürwahr, das ist edel, das ist *geradezu romantisch!*" Macht schon dieses Resümee die Rezeptionshaltung der Textstelle und ihren Verweischarakter deutlich, so läßt erst recht die Epiphanie, der *Engel Leonore* im Kleide der Rentiersgattin, die Folie erkennen. Dabei läßt gerade dieser Name auch noch an eine weitere Retterin aus Kerkersnot denken: an die andere Leonora aus Verdis Kassenschlager *Der Troubadour*, die sich für ihren Geliebten Manrico mit dem Einsatz ihres Lebens opfert. Ist man erst einmal auf der richtigen Fährte, so nehmen die verfänglichen und zitatverdächtigen Äußerungen kein Ende. Sollte etwa Froschs „Ich schwanke ja nicht!", mit dem er jeden Verdacht des übermäßigen Alkoholgenusses strikt von sich weist, ein Echo auf jenes mutige „Ich wanke nicht!" sein, mit dem die *Fidelio*-Leonore am Ende ihrer großen Arie ihre Entschlossenheit und Konsequenz bekundet?

Eine Erinnerung an die Erfolgsoperette *Die schöne Helena* des großen Konkurrenten Jacques Offenbach ist kaum zu übersehen. Als man vor dem großen Champagner-Finale des zweiten Aufzugs alle möglichen Gäste hochleben läßt, lenkt Orlofsky dieses Vivat auch auf die maskierte Rosalinde: „Auch *die schöne Helena* dort!". Eisenstein reagiert darauf als Mythenkenner und Theaterfreund: „Vielleicht hat sie auch einen *recht dummen Menelaus*".

An großen festen und üppigen Gastmählern herrscht in der Opernliteratur wahrhaft kein Mangel, sodaß sich die Suche nach einem bestimmten Prototyp zu erübrigen scheint. Hat es doch in der literarischen Vorlage *Le Réveillon* der gastronomische Genuß gar bis zum Rang des ‚Titelhelden' gebracht. Dennoch ist es verlockend, die kulinarischen Angebote der Diener zu Beginn des zweiten Aktes („Gefrornes! – Limonade! – Konfitüren! – Schokolade") mit den analogen Offerten („Hier Kaffee! – Schokolade! – Eis! – Pralinen!") zu verknüpfen, die Don Giovanni und Leporello ihren Festgästen machen.

Andere sprachliche Formeln, Phrasen oder auch nur einzelne Wörter evozieren den Charakter der großen Oper, sind zu verbreitet und zu wenig spezifisch, um mit Sicherheit auf ein besonderes Vorbild festgelegt zu sein. Zu diesem ,leibeigenen' Vokabular des pathetischen Musiktheaters gehören etwa: „Himmel, welche Lage!", „Oh, meine Hoffnungen!", „Schwöre!", aber auch „Rache schreie ich!" sowie „Der Eisenstein, der Eisenstein will Rache fürchterlich!". Hinter diesen affektgeladenen Kundgaben und Appellen wird zugleich der emotionale Wortschatz italienischer Melodramatik zwischen *speranza* und *vendetta*, von *cielo* zu *giuramento* transparent. Aber auch das endlose *addio!* aus diesem Milieu spiegelt sich im „Lebwohl, ich muß nun gehen."

Der Handlungszug eines Mannes, der der eigenen Frau im fremden Kostüm Avancen macht, ist nicht zuletzt im Schlußakt von Mozarts *Le nozze di Figaro* beispielhaft gestaltet, wenn Almaviva im Garten um seine Gattin Rosina wirbt, weil er sie der Kleidung nach für Susanna halten muß. In der Geschichte der Operette wird die maskierte Schöne noch lange für amouröse Verwechslungen sorgen oder auch Verwirrung in verschiedenen Gefühlshaushalten stiften, wenn wir nur an *Eine Nacht in Venedig, Wiener Blut, Der Opernball* oder *Maske in Blau* denken.

Der Lobpreis, aber auch die Ironie des Wiedersehens zieht sich in immer neuen Konstellationen durch das Libretto der *Fledermaus*. Ob Alfred gegenüber Rosalinde darauf besteht, ob sich die Ehegatten „voneinander losreißen" („Es gibt ein Wiedersehen!") oder die beiden ,Franzosen auf Zeit' sich in amikaler Gemeinschaft wiegen („Aber in Zukunft hoffe ich, Sie recht bald bei mir zu sehen"). Der Gemeinplatz ist fast zu trivial, um nach Quellen zu forschen, aber dennoch drängen sich zwei der bekanntesten und stets populären deutschen Mozartopern unmittelbar auf: *Die Entführung aus dem Serail* mit dem in immer neuen Varianten besungenen Kernmotiv des Wiedersehens von Konstanze und Belmonte, endlich auch *Die Zauberflöte*, die Gruß und Wunsch vielfältig durchspielt. Ist man erst einmal bei diesem Inbegriff der Wiener Opernkultur gelandet, dann ließe sich leicht fragen, ob der täubchenhaschende Alfred des Ständchens nicht vielleicht Ratschläge vom berufserfahrenen Vogelfänger Papageno einholen sollte!

Daß populäre Lieder wie etwa das zwischen Genuß und Fatalismus pendelnde „Freut euch des Lebens" angestimmt werden, gehört zu den Merkmalen der Gattung: Jedenfalls sieht das Libretto für Eisenstein auf dem Fest dieses Melodienfragment vor, schon um einer anderen Figur die provokante Frage in den Mund zu legen: „Erlaubt Ihnen denn aber auch Ihre Marquise, sich hier Ihres Lebens zu freuen?". Auch der jüngere bayerische Namensvetter des Walzerkönigs, der Opernkomponist Richard Strauss, hat diese Weise sehr geliebt, sie sich zum Leiblied erwählt und ihr in seinem späten Bühnenwerk *Die schweigsame Frau* ein ehrendes Denkmal gesetzt.

Eine Bemerkung wie „Ah, da ist ja *das Mädchen aus der Fremde*", auf die maskierte Rosalinde bezogen, mutet heute eher seltsam an: Einst hatte dieses Prädikat freilich eine fast sprichwörtliche Geläufigkeit, denn das gleichnamige Gedicht Friedrich Schillers von der unbekannten, alle Menschen beglückenden Schönen gehörte zum selbstverständlichen Bildungsgut der Epoche. Trost bei Schiller mag auch finden, wer mit Rosalindes Gesangstext im großen Walzerfinale des zweiten Aufzugs Verständnisschwierigkeiten hat: „Verlang nicht zu schaun, was hier verhüllt, erbeben würdest du vor diesem Bild!" Das verhüllte Götterbild zu Sais in Ägypten, das anzusehen grausam bestraften Frevel bedeutet, ist bereits ein von Plutarch bezeugtes antikes Motiv, das der Weimarer Klassiker in einem Gedicht behandelt hat und nach ihm Friedrich Novalis in einem Roman. Der Schrecken, den die Ballmaske verbirgt, ist freilich von harmloserer Art: „Hab ein Wimmerl auf der Nase, drum verberg ich mein Gesicht!"

Parasiten, Blasés und andere Exoten

Im Umfeld des Prinzen Orlofsky tummeln sich nach dem Willen der Librettisten – heute freilich vielfach wegretuschiert – allerlei seltsame Gestalten à la mode, denen der zeittypische Hintergrund und die karikierende Absicht unschwer abzulesen sind: Ali Bey, ein Ägypter – Ramusin, der russische Gesandtschaftsattaché – Carikoni, ein (hoffentlich echter) Marquis – Murray, ein Amerikaner. Sie verstärken nicht nur als Gesangschargen die Ensembles, sondern bringen auch fremdländisches Kolorit ein und melden sich bei jeder sich bietenden Gelegenheit mit Expertisen aus ihrem angestammten Milieu zu Wort. So verlautbart etwa Ali Bey: „Ganz recht, eine Oase in der Wüste! Wir Ägypter kennen das!" Und Murray wartet mit allerlei nordamerikanischen Spezialitäten auf: „Wir in Kanada werden nicht so leicht warm!" oder gar: „Bei uns in Kanada haben die Fledermäuse keine gelben Schnäbel!"

Jedem Nestroy-Freund und Liebhaber des Wiener Volkstheaters fällt da wohl spontan *Der Zerrissene*, die Posse mit Gesang aus dem Jahr 1844 ein (im Theater an der Wien uraufgeführt!), in der Herr von Lips, der verdrossene Kapitalist, Freunde aushält, die unterschiedliche Spielarten des modischen Spleen verkörpern: So Sporner die rechte englische Lebensart, die sich in guten Ratschlägen („Halte dir zehn bis fünfzehn Stück Vollblut, verschreibe dir Jockeis, besuche alle Wettrennen, und du wirst ganz umgewandelt!"), aber auch in originalen Redensarten („Goddam!", „Speak!") niedergeschlagen hat.

Auch die beiden anderen Kumpane der Hauptfigur – wie „im Verlauf der Begebenheiten" klar wird: eher schmarotzende Opportunisten als wirkliche Freunde – schielen nach Modetrends, und als Stifler und Wixer tragen auch sie den Pferdesport in ihren sprechenden Namen. Doch Sporner treibt es in seiner plumpen Anglophilie so arg, daß er damit sogar eine Spott-Tirade des unglücklichen Millionärs herausfordert: „Freund, blamier' dich nicht, du kennst die Nation schlecht, die du so mühselig kopierst, wenn du glaubst, daß die Narrheit eine englische Erfindung ist. An Narren fehlt's nirgends, aber es sind meist arme Narren, folglich red't man nicht von ihnen, und dann sind's Narren, die mit einer erbärmlichen Ängstlichkeit sich in den Nimbus der G'scheitheit einhüllen. Der Engländer hat das Geld, seine narrischen Ideen zu realisieren, und hat den Mut, seine Narrheit zur Schau zu tragen; darin liegt der Unterschied, von daher stammt das Renommée." Doch an Sporners verinnerlichtem Spleen und seiner angeschminkten Redeweise prallt diese kritische Belehrung ab. Als auch er sich nach dem vermeintlichen Tod des Mäzens und dessen Testamentzusatz um Kathi, die unvermutete ‚gute Partie', bemüht, gewinnt erneut das Kauderwelsch Macht über ihn: „Wenn ich Sie zu meiner Lady machte – schöne Miß! – Mistreß Kitty …".

Wie sehr die Internationalität der Gesellschaft, verbunden mit ätzender Satire und reziproker Nationenschelte, damals dramaturgisch in der Luft lag, zeigt ein Blick auf *Peer Gynt*. Henrik Ibsens großes Bekenntniswerk, nicht zuletzt eine Abrechnung mit der borniertem Engstirnigkeit und dem hochfahrenden Stolz seiner norwegischen Landsleute, war zur Entstehungszeit der *Fledermaus* zwar schon längst abgeschlossen (1867), aber noch nicht uraufgeführt (1876) oder gar in Mitteleuropa rezipiert. Dennoch lohnt der Hinweis auf wenigstens eine Szene, in der Zeitgeistiges im Zerrspiegel der Parodie eine überraschende Elementarparallele gezogen hat.

Zu Beginn des vierten Aktes hat sich Peer Gynt, mittlerweile begüterter Reeder und erfolgreicher Handelsherr mit zweifelhaften Geschäftspraktiken, für eine Zwischenlandung an die marokkanische Küste begeben. Die Zechgenossen bei einer improvisierten üppigen Mahlzeit sind auch in dieser Szene wandelnde Schablonen, groteske Inbegriffe kollektiver Merkmale, wie sie eine nach wie vor gängige Stereotypenbildung dem jeweiligen ‚Volkscharakter' nachgesagt und angedichtet hat. Schon die vier Namen besagen viel: *Trumpeterstråle,* der stahlharte Schwede; *Master Cotton,* der ebenso gerne mit Baumwolle wie mit Sklaven handelt; *Monsieur Ballon,* voll von Blasiertheit und unverhohlenem Nationalstolz; endlich Herr von *Eberkopf,* der preußische Junkermentalität mit umständlichem Tiefsinn zu verquicken sucht. Auch in diesem Konzert der Gesinnungen und Temperamente kommt es zunächst zum Schlagabtausch in der Konversation vermischt mit Huldigungen für den Gastgeber. So weiß etwa Herr Ballon zu rühmen: „Monsieur, Sie ziert ein goût, ein ton, der nicht beim Zehnten heut zu finden, der (so wie Sie) lebt als garçon, – ein – ein – ich weiß nicht was –" (Übersetzung von Christian Morgenstern). Wo dem Franzosen die Worte fehlen, setzt der Deutsche mit geballter Eloquenz nach: „Ein Hauch, ein Schimmer geistiger Entnachtetheit und Welterbürgertumgepachtetheit, ein scharfer Blick durch Dunst und Rauch, den keine Vorurteile binden, ein Abglanz höherer Verklärtheit, Urstoffnatur samt Weltbelehrtheit, im Brennpunkt eins der Trilogie. Nicht wahr, Monsieur, dies meinten Sie?"

Als gegen Ende dieses Abschnitts der Firnis gefälliger Komplimente absplittert und die nackten Geschäftsinteressen brutal hervortreten, nützen die Komplizen eine kurze Absenz des bereits angetrunkenen Titelhelden kaltblütig aus, indem sie sich auf seiner Jacht davonmachen. Freilich nicht ohne vorher auch diese Untat mit scheinheiligem Ethos zu verbrämen:

„Der Schweinekerl! / Kein Sinn für Ehre! … / Ich sah in meiner Hand schon prangen die heldengroßen Sporenspangen! / Ich meines großen Vaterlands Kultur ausbreiten ihren Glanz!" Doch am Schluß kennt der blanke Utilitarismus auch keine verbalen Feigenblätter: „Dort liegt, in diesem schwarzen Kasten, des Nabobs güldner Niggerschweiß –! / Ein königlicher Einfall! Sei's gewagt! Das wird sein Todespfeil sein! Kommt! Kommt! / Sie woll'n – ? / Ich will die Macht! Die Mannschaft wird um wenig feil sein. An Bord! Ich annektier' die Jacht! / Sie – was – ? / Ich mause, was ich find'. / Da heißt mein Vorteil mich geschwind mitmausen. / Eines Schurken Schluß! / Ein Diebsstück – ! Mais – en fin! Man muß – ! / Dann muß auch ich – der Eintracht wegen –, doch protestier' ich laut dagegen."

Das Phantom der ungarischen Gräfin

Eine nationale Demonstration der besonderen Art, ein aparter Farbentupfer im dramaturgischen Gewebe von Orlofskys Souper ist der Auftritt Rosalindes im Kostüm einer ungarischen Gräfin. Die Episode gipfelt im gesungenen Csárdás, mit dem die Maskierte gleichsam ein Identitätszeugnis ablegt, alle bestehenden Zweifel unter den Gästen zerstreut („Übrigens könnte ich zehn gegen eins wetten, daß sie keine Ungarin ist. Eine Dame jenseits der Leitha hat mehr Feuer und wäre in unserer Gesellschaft längst explodiert!"). Die etwas umwegige Konversation des Librettos („Und dennoch ist sie eine Ungarin! / Und wer verbürgt uns das, Durchlaucht? / … Ja, die nationalen Töne meines Vaterlands mögen für mich sprechen!") hat die Aufführungspraxis zu einer einzigen, grammatikalisch anfechtbaren Phrase verdichtet: *„Der* Musik!"

Betrachtet man den Text dieser musikalischen Einlage genauer, faßt ihn nicht bloß als Vorwand für eine rassige

Gesangsnummer, sondern legt seine semantische Intention, seine Mitteilungsabsicht frei, so ergibt sich ein erstaunlicher Befund. Analog zum musikalischen Aufbau zeigt auch die verbale Aussage eine dreiteilige Struktur. Der Beginn fingiert die Situation einer ihrem Milieu entfremdeten, von starkem Heimweh erfüllten Ungarin:

> „Klänge der Heimat, ihr weckt mir das Sehnen,
> Rufet die Tränen ins Auge mir!
> Wenn ich euch höre, ihr heimischen Lieder,
> Zieht mich's wieder, mein Ungarland, zu dir!"

Der anschließende Mittelteil motiviert diese Sehnsucht näher, entwickelt sich zum Preislied auf die landschaftlichen Schönheiten Ungarns und hinterläßt als Botschaft eine untrennbare Bindung des Einwohners an seine Heimaterde:

> „O Heimat, so wunderbar, wie strahlt dort die Sonne so klar,
> Wie grün deine Wälder, wie lachend die Felder,
> O Land, wo so glücklich ich war!
> Ja, dein geliebtes Bild meine Seele so ganz erfüllt,
> Und bin ich auch von dir weit,
> Dir bleibt in Ewigkeit doch mein Sinn immer dar
> Ganz allein geweiht!"

Der rasche Schlußteil hebt Wehmut und Huldigung in einer imaginierten Volksszene auf. Die Sängerin des Csárdás versetzt sich in ein lokales Fest, wird selbst zur Animateurin, beschwört die Lust an Wein, Weib und Gesang und nimmt damit auch den bacchantischen Taumel des folgenden Finales („Im Feuerstrom der Reben") vorweg:

> „Feuer, Lebenslust schwellt echte Ungarbrust,
> Hei, zum Tanze schnell, Csárdás tönt so hell.
> Braunes Mägdelein, mußt meine Tänz'rin sein,
> Reich den Arm geschwind, dunkeläugig Kind!

Zum Fiedelklingen tönt jauchzend Singen: ho, ha, ha!
Mit dem Sporn geklirrt, wenn dann die Maid verwirrt
Senkt zur Erd' den Blick, das verkündet Glück!
Durst'ge Zecher, greift zum Becher,
Laßt ihn kreisen schnell von Hand zu Hand!
Schlürft das Feuer im Tokaier,
Bringt ein Hoch dem Vaterland!"

Ehe man diesen Gesangstext als eine Anhäufung von Lokalkolorit im Stile des Operettengenres achtlos zur Seite legt,
empfiehlt sich ein Blick auf die zeitgenössische Geschichte und
auf die politische Lage in der Donaumonarchie.

Der heutige Österreicher sieht im Ungarn vor allem den
wesensverwandten sympathischen Nachbarn: Nostalgien
erwachen, man duzt einander spontan, keine Spur von einem
Feindbild. Das 19. Jahrhundert, die Spätzeit der Habsburgi-
schen Herrschaft stellt sich anders, konfliktreich und span-
nungsträchtig, dar – zumindest auf der offiziellen Ebene der
hohen Politik. Ungarn ist rund um das Revolutionsjahr 1848
der Gefahrenherd schlechthin für den Fortbestand des ange-
schlagenen Kaiserreichs: Demokratische Bestrebungen, poten-
ziert durch den zeittypischen Wunsch nach nationaler Selb-
ständigkeit, führen zu einem blutigen Krieg. Der restriktive
Vertrag beschert einen Frieden, unter dessen Oberfläche es
weiterhin gärt und brodelt. Erst 1867 wird mit der Wiederher-
stellung des ungarischen Reichstages und dem sogenannten
„Ausgleich" ein tragfähiger Kompromiß erreicht. Österreich ist
nunmehr eine Doppelmonarchie, die zwei selbständige, gleich-
berechtigte Staatsgebilde umfaßt. Die Personalunion durch
den Herrscher, der zugleich Kaiser von Österreich und König
von Ungarn wird, sowie gemeinsame auswärtige, militärische
und wirtschaftliche Interessen binden die beiden Reichshälften fest aneinander: es ist die Geburtsstunde des notorischen,
auch vielbelächelten „k.u.k.". Als 1881 die Zollgrenze zwischen

Österreich und Ungarn fällt, blüht der Handel auf beiden Seiten kräftig auf: Den cisleithanischen Industrieprodukten antwortet der magyarische Agrarmarkt mit Feldfrüchten, vor allem aber mit Schweinen, Gänsen und Paprika. Ungarn avanciert zum Dorado der Schlemmer, zur ‚nahrhaften Gegend‘, ein neuer Stereotyp entsteht.

Nach dem Zerfall der Donaumonarchie trauert dann das klein gewordene Deutsch-Österreich vor allem um Ungarn. Zum wirtschaftlichen Verlust gesellt sich eine neu entdeckte Gefühlsharmonie und Seelenverwandtschaft: Konflikte verblassen, die staatlichen Grenzen setzen Sympathiewellen frei, in den getrennten Haushalten erwachen späte brüderliche Gefühle. Und was von der alten Rivalität zurückgeblieben ist, wird als Erbfeindschaft auf dem Fußballfeld sportlich ausgetragen. Doch selbst in diesem Metier überspielt der Witz die ernsthafte Konkurrenz: Die Auskunft, daß im Fernsehen gerade ein Match Österreich-Ungarn übertragen wird, soll noch manchem älteren Wiener die Frage „Gegen wen?" entlockt haben!

Dieser grobe Zeitraffer einer seltsamen Partnerschaft schlägt sich auch in der Operette nieder – im ungarischen Ambiente zahlreicher Stücke, im Csárdástaumel der Musik und der Pusztaseligkeit der Landschaft, in der Figurentypik des eleganten Kavaliers, des gefährlichen Zigeuners, des gemütlichen, dabei raffinierten Gutsbesitzers und des feschen Ungarmädels, aber auch in einer sprachlichen Tünche der Libretti mit ihrem ebenso geläufigen wie beiläufigen „Jó napot!" oder „Jaj mamám".

Die Jahre 1873/74, also die Entstehungszeit des *Fledermaus*-Librettos, lassen wohl im Rückblick eine Ruhephase, eine Periode der Entspannung im Verhältnis der beiden Reichshälften erkennen: Doch die Verlängerung des Ausgleichs um weitere zehn Jahre stand 1877 bevor, und es galt daher durchaus, die friedliche Atmosphäre zu pflegen und auch für die Zukunft positive Stimmung zu verbreiten. Die Csárdás-Einlage auf dem Fest des Prinzen Orlofsky mag auch aus diesem Blickwinkel zu beurteilen sein, könnte mit ihrer Huldigung an die ungarische Landschaft, mit ihrem Lobpreis magyarischer Lebensart einen Beitrag zur politischen Verständigung vorgesehen haben. Daß Rosalinde in Wahrheit keine ungarische Gräfin ist, sich auch ihre emotionalen Bekenntnisse und nostalgischen Gefühle nur ‚angeschminkt' hat, tut dieser nationalen Verneigung keinen Abbruch. Ganz im Gegenteil: Wenn sie unter vielen anderen Möglichkeiten den äußeren Habitus und die innerliche Disposition einer Ungarin wählt, so wirkt das Kompliment wohl noch stärker und überzeugender denn ein chauvinistischer Ausbruch einer waschechten Ungarin als Figur des Stücks. Magyarisches Temperament als jederzeit zu fürchtender, da brodelnder Vulkan mag an einer Dialogstelle gemeint sein, wenn Rosalinde auf Dr. Falkes beruhigende, einen Eklat beschwichtigende Worte antwortet: „Besorgen Sie nichts! Das Pulverfaß wird morgen explodieren, aber dann wird es einen fürchterlichen Krach geben!".

Etwa zehn Jahre nach der *Fledermaus* wird Johann Strauß mit *Der Zigeunerbaron* das Milieu des freundfeindlichen Nachbarlandes thematisieren und den Prototyp der Ungarnoperette schaffen. Von einer ungarischen Novelle angeregt und von einem ungarischen Librettisten konzipiert, schafft dieses Werk nicht nur den dummdreisten, bildungsfeindlichen Schweinezüchter Zsupán, den schneidigen Emigranten Barinkay und den stolzen Grafen Homonay als Vorbilder des späteren Personeninventars, sondern erzeugt mit dem Szenario eines Zigeunerlagers auch nachhaltige Bühnenwirkung. Aber mehr noch: Die Entstehungszeit (1883–85), wiederum eine empfindliche Phase der kaum gefestigten Versöhnung, gibt Gelegenheit zur konstruktiven ideologischen Botschaft. Nach dem siegreichen

Krieg in Spanien ziehen die heimkehrenden österreichisch-ungarischen Truppen in brüderlicher Eintracht durch Wien. Von nationaler Spannung ist da keine Spur, wozu auch die dramaturgische Vereinigung von Wiener Walzer und Rákóczi-Marsch musikalisch ein Scherflein beiträgt.

Ein Dandy als Prinz: Orlofsky

Im Prinzen Orlofsky begegnet uns die vielleicht aparteste, in jedem Fall aber paradoxeste Gestalt aus dem Personenkreis der *Fledermaus.* Obwohl nur eine mittlere Rolle, nimmt man die eigenen Gesangsnummern und die Anteile an den großen Ensembles zum Maßstab, ist er doch als Bezugsfigur im Hintergrund stets präsent, ist seine Villa als dramaturgische Drehscheibe für das Geschehen allgegenwärtig.

Bereits aus dem Einladungsbrief Falkes an Adele, raffiniert im Namen ihrer Schwester Ida verfaßt, tritt uns das attraktive Ereignis quasi leitmotivisch entgegen: „Wir sind heut auf einer Villa, wo es hergeht flott und nett. Prinz Orlofsky, der reiche Suitier, gibt heute abend dort ein Grand-Souper." Als der Notar dann den straffälligen Eisenstein scheinbar freundschaftlich aufheitert und auf das rauschende Fest anspielt, rührt er beim Publikum bereits an vertraute Saiten: Ob er seine Verführung in nüchterner Prosa vorträgt („Ich komme, dich zu einem fürstlichen Souper mit den reizenden Koryphäen der Oper einzuladen. – … Heute gehst du mit mir in die Villa Orlofsky, des jungen russischen Fürsten, der hier im Bade fabelhafte Summen verschwendet") oder sie einer einschmeichelnden Melodie anvertraut („Komm mit mir zum Souper, es ist ganz in der Näh. Eh du in der stillen Kammer laborierst am Katzenjammer, mußt du dich des Lebens freun, ein fideler Bruder sein! … Mit holden Sirenen beim Göttermahl, da fliehen die Stunden in Lust und Scherz, da wirst du gesunden von allem Schmerz.") .

Und selbst am Ende des Geschehens im dritten Aufzug, als die überstandenen Turbulenzen sich als die Rache der Fledermaus herausstellen und (fast) alles seine harmlose Erklärung findet, tritt Orlofsky nochmals hervor: als bekennender Beteiligter am intriganten Spektakel („Ich spielte mit!"), vor allem aber des ‚Mentor ex machina' für Adeles unwiderstehlichen Drang zur Bühne: „Nein, ich laß als Kunstmäzen solch Talent mir nicht entgehn. Das ist bei mir so Sitte: Chacun à son goût!"

Dieser sein leibeigener Stehsatz aber führt uns in jenen Akt zurück, den er auch *in figura* prägt und beherrscht. Schon der Einleitungschor macht uns auf Außergewöhnliches gefaßt: „Ein Souper heut uns winkt, wie noch gar keins dagewesen, delikat, auserlesen immer hier man speist und trinkt!" Die folgende, bei heutigen Aufführungen zumeist (doch zu Unrecht!) gestrichene oder geraffte Konversation soll uns weiterhin auf den Gastgeber neugierig machen und sein spätes Erscheinen begründen: „Das muß man sagen, diese Villa Orlofsky ist ein wahres Paradies!" … „Aber wo ist denn eigentlich unser splendider Wirt, der Prinz?" – „Er hätte uns doch eigentlich empfangen sollen." – „Das tut er nie! Er läßt seine Gäste gern erst ein wenig warm werden. Der Empfang langweilt ihn."

Damit ist ein Stichwort ausgesprochen, daß der so gespannt Erwartete denn auch bei seinem Auftritt schon mit dem ersten Satz bemüht: „Ich habe in meinen achtzehn Jahren vierzig durchlebt, Doktor. Alles langweilt mich; ich kann nicht mehr lachen. Meine Millionen sind mein Unglück."

Die Diskrepanz zwischen jugendlichem Alter und Lebensüberdruß, zwischen zarter Gestalt und kolossalem Ruf, zwischen nichtigem Anlaß und pompösem Aufwand beherrscht denn auch in mehreren Varianten die folgenden Dialoge. Dem eintretenden Eisenstein stellt sich zunächst die Frage: „Wer ist denn das junge hübsche Bürschchen?" Und die überraschende Vorstellung entlockt ihm die plumpe xenophobe Entschuldigung: „Verzeihen, Durchlaucht, aber die Tscherkessen, die ich bisher kennenlernte, waren sämtliche größer und umfangreicher." Das Daseinsproblem seiner permanenten Langeweile durchkreuzt auch alle konventionelle Zerstreuung. Orlofsky will nicht am Glücksspiel teilnehmen, denn: „Ich könnte zufällig gewinnen, und das langweilt mich."

Als Hausherr kann er freilich auch recht eigenwillig sein und in einen ungewohnt ersten Ton verfallen: So wenn er Eisenstein umständlich und mit wachsender Ungeduld auf ein Getränk einlädt: „Eine Frage, Herr Marquis. – Ich ersuche Sie als Mann von Ehre zu antworten – aufrichtig – offenherzig – ohne Rückhalt! – Trinken Sie ein Gläschen Madeira mit mir?". Die gemurmelte Verwunderung des so streng in die Pflicht Genommenen können wir nachvollziehen: „Und zu dieser Frage eine Einleitung, als ob der durchlauchtigste Grünschnabel mein Beichtvater wäre!"

Von Orlofskys grobianischer Gastlichkeit, die er im Couplet detailfreudig darstellt, war schon die Rede: als Beispiel für ein etwas abwegiges, durchaus skurriles Trinklied. Neben den Spielarten unzulässiger Verweigerung von Alkohol und ihrer rigorosen Ahndung durch den unwirschen ‚Patron' kommen auch in diesem Text die Langeweile und der Überdruß ausgiebig zu ihrem Recht: „Zwar langweil ich mich stets dabei, was man auch treibt und spricht, indes, was mir als Wirt steht frei, duld' ich bei Gästen nicht. Und sehe ich, es ennüyiert sich jemand hier bei mir, so pack ich ihn ganz ungeniert, werf ihn hinaus zur Tür." Kein diskreter Charme, sondern Bewirtung à la russe, wie der Prinz selbst einleitend feststellt („Ich muß Sie vor allen Dingen mit meinen nationalen Eigentümlichkeiten bekannt machen") und im Refrain wiederholt: „'s ist mal bei mir so Sitte: Chacun à son goût!".

Auch das traumatisch gestörte Lachvermögen des frühreifen Lebemanns durchwirkt als roter Faden die Konversation des Aktes: „Und meinen Sie, daß wir heute lachen werden? – Ich möchte lachen, herzlich lachen, und das kann ich so selten. Aber Dr. Falke hat mir versprochen, daß ich heut über Sie lachen soll. – Marquis, Sie machen so ein verteufelt verdutztes Gesicht. Falke hat recht, ich werde lachen!"

Doch versuchen wir diesen Sonderling als literarischen Typus festzumachen. Eine Sorte seltsamer Einzelgänger war zu Beginn des 19. Jahrhunderts in die europäische Dichtung eingegangen und geriet alsbald zu einer prägenden Spezies des romantischen Menschen. Melancholie, *ennui*, Überdruß, *taedium vitae* oder – nach einer Wortprägung von Heinrich Heine – Weltschmerz nannte sich das psychische Korsett, jener zwanghafte Zustand, der junge Männer als Seelenleiden überfiel und festhielt, sie ihrem Pflichtenkreis entfremdete. Diese meist vornehmen Herren verzweifelten oder scheiterten an ihren Aufgaben, und der pathologische Überdruß befähigte sie nicht einmal zu dauerhaftem Genuß.

Auch als *Byronismus* kursierte dieses gebrochene Lebensgefühl, ein Wechselbad zwischen verstiegenen Erwartungen und ernüchternder Realität, zugleich eine zum Prinzip erstarrte Sinnkrise, die ihre Patienten in die Einsamkeit, in aussichtslose Kriege, zur physischen Selbstzerstörung, ja in den Suizid getrieben hat. Denn der englische Lord George Gordon Byron hatte der zeitgeistigen Strömung in Kunst und Leben das wirkungsmächtige Vorbild geliefert. Seine glänzende Begabung, seine berüchtigten Affären, hochfliegende Pläne, die Teilnahme am Freiheitskampf der Griechen und der frühe Tod nach körperlicher Erschöpfung (1824) haben Goethe zur Figur des früh vollendeten Euphorion im zweiten Teil des *Faust* inspiriert, jenem „Genius ohne Flügel" also, der sich als Sohn Helenas und des Titelhelden in unbändigem Streben nach dem Absoluten jäh zu Tode stürzt. Mit vielen seiner Kunstfiguren (Don Juan, Manfred, Childe Harold) hat Byron Vorbilder gesetzt, oft zitierte Muster und Leitgestalten einer enttäuschten Generation geschaffen und über Sprachgrenzen hinweg die literarische Produktion inspiriert.

Über die Ursachen dieses durchschlagenden Zeitgeists und wuchernden Lebensgefühls ist viel räsoniert und häufig spekuliert worden, hat man Kluges erdacht und Originelles geäußert. Man sah darin den überfälligen Pendelschlag in die andere Richtung nach dem rationalen Oktroi der Aufklärung. Manche haben ein Aufbegehren gegen den zunehmenden reaktionären Druck in der Politik wahrgenommen, wieder andere eine Entlastungskrise gegen Napoleon vermutet oder eine Rückbesinnung auf den wirkungsmächtigen Gefühlskult einer unvergessenen Epoche erkannt. Rousseaus Wiederkehr, Werther redivivus.

Eine minuziöse Spurensuche, ein analytisches Quellenstudium ist vor einer Rolle wie dem Prinzen Orlofsky, der schon in seinem französischen Vorbild zum Typus geronnen erscheint, wohl ein vergebliches Unternehmen. Immerhin sei an zwei literarische Gestalten erinnert, die beide auf ihre Weise das Musterbild eines Dandy oder Blasé darstellen. Aus dem russischen Bereich stammt die Titelfigur von Alexander Puschkins Versroman *Eugen Onegin* (erschienen 1825–33), der immerhin seit 1840 (R. Lippert) bzw. 1854/55 (F. Bodenstedt) in deutschen Übersetzungen bekannt war. In der zuletzt genannten Fassung wird der Held dieser Dichtung gleich zu Beginn mit folgenden Worten eingeführt: „… Doch, Himmel! Welche Langeweile, beim Kranken sitzen Tag und Nacht, nicht aufstehn, ob er schläft, ob wacht!" Und seinen sozialen Status läßt der Verfasser alsbald folgen: „So, mit der Post hinrollend, dachte ein junger Nichtsnutz, den sein Glück zum Erben der Familie machte; er blieb als letzter Sproß zurück." Und Jahre später, als sich Onegin nach langen Reisen wieder in Gesellschaft zeigt, munkelt man über ihn: „Ist er der Sonderling noch immer, der aufgeblas'ne Menschenfeind? Ist er verändert? besser? schlimmer? In welcher Rolle wohl erscheint er jetzt? Spielt er den Patrioten, Kosmopoliten, Don Quixoten, Tartuffe, Childe Harold? Oder hat er gänzlich die Verstellung satt?" Kein Prinz zwar, aber ein russischer Dandy, der äußerlich manche Eigenschaften Orlofskys vereinigt.

Über den Herrn von Lips als eine österreichische Spielart des von Weltschmerz und Sinnkrisen geplagten Reichen war bereits kurz die Rede. *Der Zerrissene*, wie diese Titelfigur Nestroys vielsagend heißt, enthüllt sein Lebensproblem in der ersten Strophe des Auftrittscouplets:

„Mein Gemüt ist zerrissen, da ist alles zerstückt
Und ein z'riss'nes Gemüt wird ein' nirgends geflickt.
Und doch – müßt i erklär'n wem den Grund von mein' Schmerz,
so stundet ich da als wie's Mandl beim Sterz;
Meiner Seel', 's is a fürchterliches G'fühl,
wenn man selber nicht weiß, was man will!"

Im folgenden Monolog räsoniert sodann der also Geplagte über sein Naturell, und auch diese Überlegungen erreichen sehr bald das Zeitgefühl schlechthin: „Armut ist ohne Zweifel das Schrecklichste. Mir dürft' einer zehn Millionen herlegen und sagen, ich soll arm sein dafür, ich nehmet s' nicht. Und was schaut anderseits bei Reichtum heraus? Auch wieder ein ödes, abgeschmacktes Leben. *Langeweile* heißt die enorm horrible Göttin, die gerade die Reichen zu ihrem Priestertum verdammt, Palais heißt ihr Tempel, Salon ihr Opferaltar, das laute Gamezen und das unterdrückte Gähnen ganzer Gesellschaften ist der Choral und die stille Andacht, mit der man sie verehrt."

Auch in diesem Stück kreisen Ansichten und (Vor-)Urteile der anderen Personen bereits um den reichen Sonderling, ehe dieser selbst die Szene betritt. So meint einer seiner Bediensteten auf die Bemerkung hin, daß selbst edle Weine die üble

Laune des Verstimmten nicht heben können, mit geradezu naturwissenschaftlicher Akribie: „Das versteht ihr nicht! Er hat ein zerrissenes Gemüt, da rinnt der Wein durch und kann nicht in Kopf steigen." Der Schlosser Gluthammer hingegen ergeht sich nur in klischeehaften Vorstellungen über das Wohlleben: „Die reichen Leut' haben halt doch ein göttliches Leben. Einen Teil vertrinken s', den andern Teil verschnabulieren s', a paar Teil' verschlafen s', den größten Teil verunterhalten s'."

Eine Selbstdiagnose des *ennui,* die auch aus dem Mund des Prinzen Orlofsky stammen könnte, stellt alsbald der Titelheld im Dialog mit seinen Kumpanen: „Sag' mir ein Land, wo ich was Neues seh'; wo der Wasserfall einen anderen Brauser, der Waldbach einen andern Murmler, die Wiesenquelle einen andern Schlängler hat, als ich schon hundertmal g'sehn und gehört hab'! – Führ' mich auf einen Gletscher mit schwarzem Schnee und glühende Eiszapfen, segeln wir in einen Weltteil, wo das Waldesgrün lilafarb, wo die Morgenröte paperlgrün is!"

Wenn auch Nestroys *Der Zerrissene* und seine Vorlage, das französische Vaudeville *L'homme blasé* von Duvert und Lauzanne, das übrigens am gleichen Abend (9. April 1844) in Wien seine österreichische Premiere erlebte, nicht als unmittelbares Urbild des prinzlichen Dandys in der *Fledermaus* gelten muß, so ist er doch ein auffälliger Baustein in einer langen literarischen Tradition.

Tik-tak und Dui-du –
die Verwertung einer Fledermaus

Auf der Jagd (nach Erfolg)

In einer Zeit, als es noch keine Schallplatten, keine Tonband-
kassetten und natürlich keine Compact Discs gab, wurden
Musikwerke nicht nur auf der Bühne und in Konzerten aufgeführt, sondern es wurden auch viele Noten verkauft, vor allem
für Klavier. Aus den Melodien beliebter Werke wurden ver-
schiedene Tänze zusammengestellt, wobei Walzer, Polka
schnell, Polka française, Polka Mazurka und Quadrille zu den
beliebtesten Tänzen zählten. Dabei wurden vor allem für Qua-
drillen auch Bühnenwerke anderer Komponisten benutzt. So
schrieb Johann Strauß eine Dinorah-Quadrille op.224 nach
Motiven der Oper *Dinorah* von Giacomo Meyerbeer, eine
Orpheus-Quadrille op.236 nach der Operette von Jacques
Offenbach, ja sogar eine Künstler-Quadrille op.201 mit Motiven von Ludwig van Beethoven, Frédéric Chopin, Heinrich
Wilhelm Ernst, Felix Mendelssohn Bartholdy, Giacomo Mey-
erbeer, Wolfgang Amadeus Mozart, Nicolò Paganini, Franz
Schubert, Julius Schulhoff und Carl Maria von Weber. Schon
Joseph Lanner schrieb zwei Galoppe nach Motiven der Oper
Der Postillon von Lonjumeau von Adolphe Adam.

Manchmal ist der Zusammenhang zwischen einem Tanzar-
rangement und dem Originalwerk am Titel nur schwer
erkennbar. Ein hübsches Beispiel dafür ist die Schnell-Polka
„Auf der Jagd" op.373. Das auf Seite 89 abgebildete Titelbild
zeigt eine Jagdszene mit Jägern, Pferden und Hunden, und es
steht auch kleingedruckt „nach Motiven der Operette *Cagliostro in Wien*". Und erst die Musik! Man hört förmlich die Jäger
galoppieren, schon in der kurzen Einleitung und erst recht im

zweiten Thema des Teils A (in A-Dur). In Teil B, der in D-Dur steht, ist sogar ein Schuß zu hören! *Cagliostro in Wien* ist eine Geschichte rund um den legendären Cagliostro. Giuseppe Balsamo alias Alessandro Graf von Cagliostro (1743–1795) wird in den Lexika als Abenteurer beschrieben, der sich als Wundertäter und Goldmacher einen Namen machte, aber zum Teil in hohem Ansehen stand. Allerdings wurde er letztlich zum Tode verurteilt, aber zu lebenslänglicher Haft auf Fort San Leone bei Urbino begnadigt, wo er dann starb. Nun, in der heiteren Operette ist von Jagd und Waidmannsheil keine Rede, außer daß man dem Lebenskünstler wegen seiner Betrügereien auf der Spur ist. Wer im zweiten Thema von Teil A Hufgetrappel hört, hört richtig, denn dieses Thema ist das (in As-Dur stehende) Entrée-Lied des Grafen Stefan Fodor mit dem Text „O mein Misko, mein Pferd, bist mir wie ein Freund so wert! Hopp, hopp, im Galopp fliegst mit mir, treues Tier …". Das erste Thema entstammt aber dem Duett zwischen Lorenza (der Frau Cagliostros, die aber von diesem loskommen will) und Fodor: „Es lacht mir der Liebe Glück" (ebenfalls in As-Dur). Das markante Thema des Mittelteils ist aus dem Finale des zweiten Aktes, ein Schlußchor, dem Geist der *Fledermaus* verwandt „Trinket, hahaha, lachet, hahaha", natürlich in freudigem D-Dur. Damit ist auch leicht erklärt, warum in der Polka schnell As-Dur durch A-Dur ersetzt wurde. D-Dur ist die Subdominante zu A-Dur und ein derartiger Wechsel der Tonarten ist bei Polkas, Märschen, Menuetten usw. üblich.

Es war daher selbstverständlich, daß rund um die *Fledermaus* zahlreiche Kompositionen entstanden. Es handelt sich um folgende Opera.

Fledermaus-Polka nach Motiven der gleichnamigen Operette, op.362
Fledermaus-Quadrille, op.363
„Tik-Tak", Polka (schnell), op.365
„An der Moldau", Polka française, op.366
„Du und Du", Walzer, op.367
„Glücklich ist, wer vergißt", Polka Mazurka, op.368

Übrigens: Die Lücke im Werkverzeichnis op.364 wird von dem
wundervollen Walzer „Wo die Zitronen blühen" geschlossen.

Polkas und Quadrille

Die Fledermaus-Polka wurde für das Ballfest des Wiener Jour-
nalisten- und Schriftstellervereins „Concordia" am 10. Februar
1874 aus Melodien der Operette zusammengestellt. Da dieses
Datum vor der Uraufführung liegt, kann man darin den Versuch
sehen, für das kommende Ereignis (5. April 1874 war die Uraufführung) Reklame zu machen. Auf dem Titelbild des Erst-
druckes sind eine große Fledermaus und zahlreiche immer kleiner werdende Fledermäuse zu sehen, die im Mondlicht einer
düsteren Burgruine entflattern. Der Zeichner war offenbar mit
der Handlung der *Fledermaus* nicht vertraut. Diese Polka ist im
Schema A-B-A, genauer in der Form A_1-A_2-A_1-B_1-B_2-A_1-A_2-A_1-
C komponiert (wobei die Teile B_1 und B_2 miteinander das sogenannte Trio bilden). A_1 und A_2 sind fast ein Leitmotiv der Operette zu nennen. Man hört diese Polka schon in N°1 („Was
schreibt meine Schwester Ida" – „Prinz Orlofsky, der feine Offizier"), später in N°3 („Ein Souper heut uns winkt" – „Ballerinen,
leicht beschwingt"), in N°6 und im Melodram N°13. In der Fledermaus-Polka stehen diese Teile in Es-Dur bzw. B-Dur. Das Trio
steht in der Subdominante zu Es-Dur, also in As-Dur. Das
Thema von B_1 ist die Anfangsmelodie der Introduktion des
zweiten Aktes, ein Allegretto con fuoco, wie es für eine Polka
durchaus passend ist. Das Thema von B_2 ist „Die Majestät wird

191

anerkannt" – der Refrain des Trinkliedes aus N°11. Die Coda C
ist die die Überredungskunst Falkes („Da fliehen die Stunden in
Lust und Scherz", N°3) begleitende Stretta des Orchesterparts.

Die Fledermaus-Quadrille soll etwas ausführlicher besprochen
werden, da ja die Quadrille ein heute fast vergessener höfischer Tanz ist (gelegentlich noch in alten Kostümfilmen zu
sehen; einen kurzen Überblick zu Begriff und Geschichte gibt
Dahms 1997, 1930–1932). Selbstverständlich gab es zahlreiche
Varianten dieses Tanzes, aber die Fledermaus-Quadrille ist in
ihrem Aufbau durchaus typisch für ihre Zeit. Jede ihrer Nummern (auch *Figur* oder *Tour* genannt) besteht aus mehreren Teilen zu je acht Takten (von Auftakten bzw. den bei N°3 üblichen
Einleitungstakten abgesehen). Die erste Tour heißt *Pantalon*.
Sie hat die Form A-B-A-C-A. Teil A ist das Thema „Ich lade
gern mir Gäste ein" (aus N°7 von Des-Dur nach A-Dur transponiert), sodann folgt als Teil B „Mein Herr Notar, das war
fürwahr" (aus N°15 von G-Dur nach E-Dur). Teil C ist „Spiel'
ich 'ne Dame von Paris", die letzte Strophe des Couplets N°14
(von G-Dur nach D-Dur). Die zweite Tour nennt sich *Été* in der
Form A-B-B-A und geht auf einen in Paris um 1800 populären
Contredanse dieses Titels zurück. Das Thema von A ist wiederum aus dem Couplet des Prinzen Orlofsky: „'s ist mal bei
mir so Sitte" (D-Dur statt Des-Dur). Der Mittelteil B ist aus
Rosalindes Vorwurf „Mein Herr, was dächten Sie von mir"
(aus N°5 in G-Dur wie in der Operette) gestaltet. Sodann folgt
Nummer Drei, *Poule* genannt, in der Form A-B-A-C-A. Teil A
ist in 6/8-Takt gehalten, und eine Assoziation mit dem
Gegacker von Hühnern ist – wie der Name dieser Tour besagt
– nicht zufällig: „Nun wohlan, das Schicksal will es so", das

Thema des Abmarsches von Alfred ins Gefängnis am Schluß
des ersten Aktes (N°5; von C-Dur nach G-Dur). Teil B ist der
ersten Strophe des Couplets der Adele entnommen: „Und
folgt er mir, wohin ich gehe" (von G-Dur nach D-Dur). Teil C
ist hingegen in walzerähnlichem 6/8-Takt. „Sehnsuchtsvoll
gedenk ich dein, holde Rosalinde", so schmachtet Alfred hinter der Szene (N°1; von C-Dur nach D-Dur). *Trénis* wird die
von einem Tanzmeister namens Trenitz eingeführte vierte
Figur genannt. Sie hat wieder die Form A-B-B-A. Teil A ist das
„La, la, la, la" des Schlusses des Verführungsduettes (Dr. Falke
überredet Eisenstein, mit ihm zum Souper und zu schönen
Mädchen, auserlesen, zu gehen; N°3, in der Tonart der Operette, also A-Dur) und eignet sich daher auch gut als Abschluß
dieses Tanzes. Der Mittelteil B ist denn auch das verführerische
„Ein Souper uns heute winkt" (N°3 in A-Dur). Sodann folgt die
Pastourelle in der Form A-B-C-B-A. Teil A ist die Orchesterbe-
gleitung zu Eisensteins Ärger „Nein mit solchen Advokaten"
(N°2; von G-Dur nach D-Dur). Teil B besteht aus dem präch-
tigen „Im Feuerstrom der Reben", Teil C aus dessen Seitenthema „Die Könige, die Kaiser, sie lieben Lorbeerreiser"
aus N°11 in der Originaltonart D-Dur. Last but not least, die
Tänzer sind schon müde, das *Finale*, als A-A*-B-B-A-A* gestaltet (A* ist die Wiederholung von A, aber glanzvoller, eine
Oktave höher gesetzt). Wie in der Ouvertüre erklingt zunächst
„O je, o je, wie rührt mich dies" in E-Dur (statt in C-Dur, wie
in N°4), sodann folgt (Teil B) „Mein schönes großes Vogelhaus"
(aus N°5, von C-Dur nach A-Dur) und als Kehraus nochmals
„O je, o je, wie rührt mich dies". Man muß zugeben, auf knap-
pem Raum eine Fülle herrlicher Melodien aus der Meisteroperette … Man wird fragen, warum so viele Themen transponiert wurden. Die Antwort scheint einfach zu sein. A-Dur ist
das tonale Zentrum der Quadrille. Man wechselt zur Dominante E-Dur bzw. zur Subdominante D-Dur. Im zweiten und

dritten Teil ist die Subdominante D-Dur vorübergehend Haupt-
tonart, sodaß ein nochmaliger Wechsel zu deren Subdominante
G-Dur möglich ist. Man beachte aber, daß die Wahl von A-Dur
bzw. D-Dur insofern raffiniert ist, als die Themen des Baccha-
nales in ihrer Tonart verbleiben konnten: „Ein Souper uns
heute winkt" (das A-Dur-Thema aus N°3) und „Im Feuerstrom
der Reben". Der Wechsel der Tonart beim Thema „O je, o je,
wie rührt mich dies" ist schon in der Ouvertüre vorzufinden, als
Terzverwandtschaft auch stilgeschichtlich passend und verleiht
der neckischen Trauer in kreuzbravem C-Dur eine größere
Brillanz in der Tonart des Balles E-Dur.

Die Polka schnell „Tik-Tak" beginnt mit dem Allegro in D-Dur
„Eins, Zwei, Drei, Vier" aus N°9. Es folgt als nächstes Thema
„Kein Verzeihn, Herr Eisenstein" aus N°15 (dort in As-Dur, hier
in D-Dur). Das erste Thema des Trios ist „Wie fliehen schnell die
Stunden fort" aus dem Eröffnungsensemble des zweiten Akts
(N°6 – dort in E-Dur, hier in A-Dur). Das zweite Thema ist in
die brillante Tonart E-Dur gesetzt: „Alles macht voll Ehrfurcht
mir Spalier" singt Adele in der zweiten Strophe ihres Couplets
im dritten Akt (N°14; dort in der heiteren Tonart G-Dur).

Nun zur Polka française „An der Moldau"! Das Titelblatt
zeigt eine (friedliche) Fledermaus und die durch Prag fließende
Moldau. Diese Polka française wurde erst im Herbst 1874
uraufgeführt. Der Hauptteil besteht aus der Polka aus der Ballettmusik mit dem Text „Marianka, komm' und tanz me' hier!"
Das Trio verwendet das Thema aus dem Finale der Operette:
„O Fledermaus, o Fledermaus, laß endlich jetzt dein Opfer
aus" (hier in A-Dur, was als Subdominante zu E-Dur ver-
ständlich ist) und das Thema „Das Ganze war ein Zufall; nichts
Übles ist passiert" aus dem Terzett N°15.

Einige Melodien im 3/4-Takt wurden zu einer Polka Mazurka zusammengestellt. Teil A aus dem Lied „Glücklich ist, wer vergißt" und dem klagenden Moderato „So muß allein ich bleiben", Teil B aus dem als ‚Russisch' bezeichneten Teil der Ballettmusik. Dieser Teil ist in der Originaltonart G-Dur übernommen, woraus sich die Tonart D-Dur für Teil A erklärt, nämlich als Wechsel zwischen Tonika und Subdominante.

Der Fledermauswalzer

Wir zitieren nochmals Max Schönherr „ … denn mit jedem melodischen Einfall ist der mit ihm geborene charakteristische Klang der Tonsprache verbunden." (Schönherr 1982, X). Sind nicht die zahlreichen Werke, die Johann Strauß mit und aus der *Fledermaus* komponiert hat, Gegenbeispiele par excellence? Wir haben schon einige Vermutungen bei den Transpositionen in den vorangegangenen Werken aufgestellt, wollen aber dieser Frage an Hand des Walzers op.367 noch einmal nachgehen.

Der rauschende Refrain „Ha, welch ein Fest, welche Nacht voll Freud!" steht in der Operette (beim ersten Auftreten in der Ouvertüre und im Finale II) in G-Dur, aber der Fledermauswalzer findet sich im Verzeichnis von Schönherr 1982 auf Seite 95 unter F-Dur! Denn dieses Motiv ist das erste Thema des ersten Walzers. Nun mag es im Dunkel der Geschichte verborgen bleiben, ob dieses Motiv aus G-Dur oder aus F-Dur geboren wurde. Vieles spricht dafür, daß die ursprüngliche Tonart G-Dur war. Aber es läßt sich zeigen, daß diese Transposition aus guten Gründen erfolgt ist, denn der Charakter des Walzers op.367 ist ein anderer als der des Walzers in der Operette. Dieser Walzer wurde am 2.8.1874 zum ersten Mal aufgeführt, ein eher friedlicher Nachklang an die nun schon populäre Operette, und eine nähere Betrachtung zeigt, daß dieser Walzer eine andere tonale Dramaturgie verfolgt als die Operette. Nachklang ist dazu ein Schlüsselwort, denn das genannte Motiv erscheint auch in der Operette einmal in F-Dur, nämlich am Schluß des Melodrams N°13, wo Frank diese Melodie pfeifend gemütlich in Morpheus Arme sinkt! Für die Verwendung der Tonart F-Dur als Nachklang oder wehmütig heitere Erinnerung gibt es einen interessanten Beleg. Johann Strauß hatte für das Melodram statt des Walzers einen anderen Schluß (Più moderato im 2/4-Takt) vorgesehen, nämlich eine Reminiszenz des Champagnerliedes „Im Feuerstrom der Reben". Dieses Lied steht in der Operette in fröhlich bacchantischem D-Dur (siehe N°11 bzw. N°16), aber als Schluß des Melodrams war wiederum F-Dur vorgesehen! (Swarowsky 1968, 723 ff.).

Mailer (1986, 253) berichtet, daß das (erste ?) Arrangement dieses Walzers von Eduard Strauß stamme (Schönherr 1982 vermerkt auf Seite 295 unter der Anmerkung 651 als Zeitungsmeldung v. 11.1.85: „arrangiert v. Ed. Str."). Besehen wir uns aber den Walzer genauer. Es ist ihm eine Introduktion vorangestellt, zunächst ein Moderato in F-Dur, das berühmte „Brüderlein, Brüderlein und Schwesterlein", sodann Poco animato, wo das Festmotiv „Ha, welch ein Fest" mehrfach angedeutet wird, bis es zu einem wuchtigen Abstieg kommt, wie er dem Beginn des von Falke angestimmten „Brüderlein, Brüderlein und Schwesterlein" vorangestellt ist, der aber von jagenden Figuren, ähnlich wie sie in der Ouvertüre mehrfach zur Überleitung verwendet werden, abgelöst wird. Diese Figuren führen zu einem wiederholten c, eben dem Beginn des ersten Walzers. Der erste Walzer ist in der Form A-B-A konzipiert. Der Teil A ist entsprechend der von der Einleitung vorbereiteten Grundstimmung der Refrain „Ha, welch ein Fest, welche Nacht voll Freud!" in F-Dur. Dann kommt als Teil B das tänzerische Motiv in der Nebentonart C-Dur (der Dominante zu F-Dur). Es ist bemerkenswert, daß hier ein Tonartenwechsel vorgenommen wird, denn in der Operette geht dieses

Motiv einerseits dem Refrain voraus, anderseits stehen dort
beide in G-Dur! Bei der ersten Durchführung gelangt man
natürlich zu E-Dur und endet auf *e*, einem Ton der als Terz
zum Grundton auch zu C-Dur gehört. Bei der zweiten Durchführung kommt eine Variante. Ein Ausstieg über einen Takt in
d-Moll führt nach drei weiteren Takten zu einem Schluß in C-
Dur. Auch der zweite Walzer hat die Form A-B-A. Das Thema
A ist „Mit mir so spät im tête à tête", vom koketten G-Dur
nach B-Dur versetzt, das Thema B ist das Allegretto (im 3/8-
Takt!) des Couplets „Mein Herr Marquis", diesmal von G-Dur
zu F-Dur transponiert, was aber wiederum als Wechsel zur
Dominante zu B-Dur einem üblichen Schema entspricht. Walzer N°3 hat die Form A-B und steht nun ganz in F-Dur. Die in
der Introduktion angesprochene Verbrüderung setzt sich nun
mit „Erst ein Kuss" fort um dann im „Duidu, duidu" auszu-
klingen. Dann folgt eine mittellange Coda mit einem drängenden Beginn (Dominantseptakkord zu C-Dur!) und einem
auch in Des-Dur angespielten „Mein Herr Marquis", die als
erste Reprise „Mit mir so spät im tête à tête" anbietet und dann
das Thema des Tanzes bringt. Zuletzt folgt zweimal das Kopf-
thema des Walzers, an das sich nochmals das „Duidu, duidu"
anschließt. Der Walzer wird von F-Dur beherrscht; als weitere
Tonarten kommen nur die Dominante (C-Dur) und die Subdominante (B-Dur) vor. Die tonale Absicht scheint klar. Friede
und Brüderlichkeit sind das leitende Thema, es ist ein schöner
sonniger Nachmittag, die Ballnacht, ihr Flirten und auch ihre
Komplikationen sind vergessen. Das Ehepaar Eisenstein
begegnet Direktor Frank (vielleicht mit Adele, wer weiß?),
aber er sagt nun „Grüß Gott, Herr Direktor!" und nicht „Herr
Chevalier, ich grüsse Sie!". Da kann man natürlich nur sagen
„Se non è vero, è ben trovato", aber vergessen wir nicht Ort
und Zeit der Erstaufführung: Der Vergnügungspark „Neue
Welt" in Hietzing, am ersten Sonntag im August 1874.

171. 4r

Im neuen k. k. Hofoperntheater gegebene Oper.

Im neuen k. k. Hofoperntheater zum erstenmal gegeben.
Sonntag, den 28. October 1894.

„Die Fledermaus"

Komische Operette in 3 Akten nach Meilhac und Halévy's
„Reveillon" frei bearbeitet von C. Haffner und Richard Genée.
Musik von Johann Strauß.

Die Fledermaus
an der Wiener Staatsoper

Tastende Anfänge

Der heutigen Generation von Opernfreunden ist ein Silvester-oder Neujahrstag ohne die geradezu rituelle Aufführung der *Fledermaus* an beiden Wiener Opernhäusern unvorstellbar geworden – von der Wiedergabe des Werkes auf verschiedenen Rundfunksendern und in mehreren Fernsehkanälen einmal ganz abgesehen. Und wenn die Direktion der Wiener Staatsoper für den epochalen Jahreswechsel 1999/2000 *Die lustige Witwe* auf das Programm setzt, so erscheint das wohl nur einer Minderheit von Theaterbesuchern als überfällige Abwechslung. Die Mehrzahl des Publikums wird darin eine seltsame Abkehr vom lieb gewordenen Brauch, wenn nicht gar ein dramaturgisches Sakrileg erkennen.

Doch das war nicht immer so. Ein Blick auf den Spielplan etwa der zwanziger und dreißiger Jahre zeigt eine wechselnde Vielfalt in der Programmierung dieser herausragenden Abende. Was uns nunmehr zum Regelfall geworden ist, war damals die besondere Ausnahme. Wenn überhaupt Operette gespielt wurde, dann durfte es auch *Der Zigeunerbaron* oder Heubergers *Der Opernball* sein, und die damalige Dominanz von Werken der Opernliteratur auch am Jahresende verrät noch etwas von der ursprünglich strikten Trennung der beiden Genres. Die Operette hatte ihre eigenen Aufführungsstätten und ihr besonderes Publikum. Eine Verletzung der hermetischen Grenzen ist kaum jemandem eingefallen: Sie wäre an ästhetische Barrieren gestoßen und hätte auch kommerziell wenig eingebracht. An der Aufweichung dieser Intransigenz und Unverträglichkeit der Gattungen war *Die Fledermaus* maßgeblich beteiligt!

Es begann damit, daß Sänger der Hofoper als Gäste des Orlofsky-Soupers im zweiten Aufzug im Theater an der Wien auftraten und dabei Glanzstücke ihres Arienrepertoires vorführten: Das brachte Geld, galt nicht als unschicklich (immerhin zollte man einem anerkannten Wiener Meister die gebührende Anerkennung!), und die Schranken der Tradition blieben dennoch gewahrt.

Im Oktober 1894 gab es dann ein großes künstlerisches Jubiläum zu feiern: das Debüt von Johann Strauß als Komponist und Dirigent jährte sich zum fünfzigsten Mal. Da lag es immerhin nahe genug, dem Liebling der Wiener ausnahmsweise auch die Ehre einer Hofopernaufführung zuteil werden zu lassen. Bezeichnenderweise wurde diese Idee aber nicht von der Operndirektion lanciert. Sie stammte vielmehr vom „Verwaltungsausschuß des von Seiner k.k. apostolischen Majestät allergnädigst sanctionierten Pensions-Institut der k.k. Hofoper."

Der Aufgabenbereich dieses Vereins mit dem nach modernem Begriff so schleppenden und umständlichen Namen war vielfältig, seine Initiativen muten erstaunlich an: Ballfeste in der Hofoper, die Vorläufer des heutzutage selbstverständlich gewordenen Opernballs, außergewöhnliche musikalische Soireen. Dazu kamen aber auch Veranstaltungen von charismatisch-wohltätigem Zuschnitt: so etwa das Zugeständnis an den Altmeister der Wiener Operette, Franz von Suppé, aus dem Schatten nachlassender Schaffenskraft und abnehmender Wertschätzung hervorzutreten, indem er im Februar 1890 in einer Benefizvorstellung am Opernhaus seine erste Operette *Das Pensionat* selbst dirigieren durfte.

Doch lassen wir zu den Ereignissen rund um das *Fledermaus*-Debüt in der Hofoper den Experten Franz Mailer berichten: „Nun sorgte also der Pensionsfonds auch für das Erscheinen der Strauß'schen *Fledermaus* im Haus am Ring: er mobilisierte alle seine Mitglieder und ließ sie, soweit sie nicht für die Rollen des Stückes in Frage kamen, beim Fest des Prinzen Orlofsky im zweiten Akte auftreten, ja selbst im Chor mitsingen. Mit dem Termin der Aufführung schloß man sich an die Jubiläumsfeierlichkeiten an, die um den 15. Oktober gruppiert waren, und wählte den Nachmittag des 28. Oktober. Die Preise der Plätze waren – wie ein Journal meinte – geradezu ,abenteuerlich‘, eine Loge kostete bis zu 75fl. Dennoch waren alle Plätze innerhalb weniger Stunden vergriffen. Es kam dann die ursprünglich erhoffte ,superprominente‘ Besetzung nicht zustande, und auch Johann Strauß schützte im letzten Augenblick ,eine Grippe verbunden mit einer leichten neuralgischen Affektion im Gesicht‘ vor und nahm seine Zusage zurück, die Aufführung selbst zu dirigieren. So bestimmte die Direktion Kapellmeister Johann Nepomuk Fuchs zum Leiter der Vorstellung, obwohl dieser nur die Ouvertüre der Operette kannte und die Partitur erst studieren mußte. Und doch ging alles gut: es gab Jubel, Trubel und Beifall in Hülle und Fülle; auch der Reingewinn erreichte astronomische Höhen." (Mailer 1974, 222).

Interessant ist dabei die Diskrepanz zwischen Publikumserfolg und räsonierender Distanz auf seiten der professionellen Kritik, ein kultursoziologisches Phänomen, das sich speziell auf Wiener Boden über mehr als ein Jahrhundert bis heute gehalten hat. So konstatiert der renommierte Feuilletonist Ludwig Speidel ein Mißverhältnis zwischen Stück und Ambiente, ein zweifelhaftes Avancement des Werkes, das seine Wirkung reduziert habe, anstatt sie – wie erhofft – zu steigern. „Wenn man uns auf das Gewissen fragte, ob es wohlgetan wäre, die Operette von Strauß in das Opernhaus zu verpflanzen, so würden wir doch mit einem entschiedenen *Nein* antworten. Sie würde im Opernhaus an Schlankheit, an Heiterkeit, an Leichtsinn verlieren. Wir machen vom Opernhaus lieber noch einige Schritte in die Vorstadt hinaus, um die Strauß'sche Operette auf dem Boden zu begrüßen, auf dem sie gewachsen ist. Der Erdgeschmack gehört zum Wein."

Doch diese mit botanischen Metaphern begründete Skepsis konnte nicht verhindern, daß der kommerziell sehr erfolgreiche Versuch schon bald seine Fortsetzung fand. Die so attraktive Verbindung gestürmter und voller Kassen mit der Reverenz an ein Wiener Idol und der Aufwertung einer jungen Kunstgattung setzte sich über alle ästhetischen Bedenken hinweg. Daß die nächste Vorstellung am 27. Jänner 1895, also an Mozarts Geburtstag, stattfand, mag zwar anekdotischer Zufall sein, nimmt sich aber dennoch im Rückblick geradezu symbolhaft, als Versöhnung zwischen künstlerischem Ernst und lebensfroher Unterhaltung aus. An diesem Nachmittag wurde noch ein anderes Tabu gebrochen: Als Adele gastierte eine bekannte Vertreterin der leichten Muse, die Operettengröße Julia Kopacsi-Karczag setzte ihren Fuß auf jene Bühne, die sonst ausschließlich einem exklusiven Kreis von Operndiven vorbehalten war.

Eigentümlich mutet das Verhalten von Johann Strauß bei diesen Ereignissen an. Er war auch diesmal nicht für die musikalische Leitung zu gewinnen – hypochondrischer Respekt vor dem ehrwürdigen Milieu oder anderweitige Forderungen seines musikalischen Alltags? –, aber er setzte immer wieder Zeichen engagierter Sympathie für solche Unternehmen. Denn bei einer weiteren Wohltätigkeitsvorstellung im Herbst 1896 sollte ein weiblicher Star der Hofoper, die beliebte Marie Renard, als Rosalinde auftreten, wobei sich freilich die Höhenlage dieser Rolle für sie als zu exponiert herausstellte. Strauß kam den Schwierigkeiten nicht bloß durch Transpositionsvorschläge der Partie entgegen, er war sogar bereit, die Glanznummer, den Csárdás im zweiten Akt, durch eine neue Einlage zu ersetzen.

Dieses nachkomponierte und lange Zeit verschollene Stück ist mittlerweile wieder aufgetaucht und liegt nunmehr auch im Druck vor. Doch weiß die Chronik zu berichten, daß die Widmungsträgerin damals doch lieber auf Bewährtes setzte. Sie zog es vor, mit dem sogenannten *Eva-Walzer* das Orlofskyfest zu bereichern und das Publikum zu erfreuen. Sie hatte das wirkungsvolle Stück geläufig in der Kehle: War sie doch damit in der wenig geglückten Premiere von Johann Strauß' einziger Oper *Ritter Pásmán* (1892) im Haus am Ring aufgetreten und konnte nunmehr wenigstens ihrem Leiblied späte Genugtuung verschaffen. (Mailer 1994, 223 f.)

Ein gutes weiteres Jahr dauerte es, bis sich *Die Fledermaus* mit einer Abendvorstellung gleichsam die höheren Weihen der Repertoire-Fähigkeit erworben hat. Noch immer firmierte der Pensionsfonds als offizieller Veranstalter, doch die Leitung der Hofoper trat diesmal in Gestalt ihres Direktors leibhaftig und künstlerisch gewichtig in Erscheinung. Gustav Mahler, eben erst an die Spitze des Hauses berufen, dirigierte Ende November 1897 höchstpersönlich das Werk, dem er schon auf seinem früheren Posten in Hamburg ein überzeugter Sachwalter gewesen war. Ob ,Wackelkontakte' zwischen Bühne und Orchester, welche kritische Stimmen in der Presse registriert haben, tatsächlich auf ungewohnt langsame Tempi zurückgingen oder vielleicht eine bei Operetten ungewohnte, rubatoreiche ,Modellierung' der Partitur zur Ursache hatten, läßt sich aus dem zeitlichen Abstand nicht mehr feststellen. Ein weiteres Detail rund um diese Aufführung verdient unser Interesse. Den Frosch, diese von Alexander Girardi nobilitierte Komikerrolle, hatte an der Staatsoper Wilhelm Hesch, ein hochgeschätzter und stimmgewaltiger Bassist des Ensembles, übernommen. Strauß war von dieser prominenten Besetzung der Charge und ihrer Bühnenwirkung so angetan, daß er dem Sänger ein Couplet schreiben wollte. Als biederes Gegenstück

zum Champagner auf dem Fest des russischen Prinzen sollte
der Gerichtsdiener darin seinem Lieblingsgetränk, dem Slibowitz, huldigen. Doch der Vorsatz wurde nicht ausgeführt, und
so bleibt der Frosch bis heute die einzige größere männliche
Sprechrolle des Stücks. Es sei denn, man hält es mit Harry
Kupfer als Regisseur und Yakov Kreizberg als Dirigenten, die
1995 in Berlin das Profil der Rolle durch ein adaptiertes Lied
aus der Partitur der Spätoperette *Waldmeister* bereicherten. In
dieser Fassung definiert sich der Gerichtsdiener (Otto Sander)
als ein Österreichneuling, der eben erst mit seinem Direktor
den Dienst angetreten hat und noch gewisse Anpassungspro-
bleme in Dialekt und Lebensart hat. Nach dem ‚kammersän-
gerlichen Intermezzo‘ ist der Frosch an der Hofoper am
30. Oktober 1898 vom bewährten Alexander Girardi übernommen worden, der unter der Stabführung von Joseph Hellmesberger als Gast die Bühne der Staatsoper betrat.

Auch außergewöhnliche Ereignisse verlieren mit der Wiederholung ihren Anreiz. So ließen die Einnahmen bei späteren Aufführungsdaten (z.B. am 22. Jänner 1899) deutlich nach,
und mit der materiellen Flaute verflachte auch die Initiative
der Organisatoren. Doch einen Anlaß galt es in jedem Fall
noch würdig zu begehen: das fünfundzwanzigjährige Bühnen-
jubiläum der *Fledermaus*, an dem auch die Hofoper nicht ‚sang-
und klanglos‘ vorbeigehen wollte. Da sich zum eigentlichen
Gedenktag sowie im Monat April 1899 keine passende Gelegenheit ergab, steuerten die Veranstalter den Nachmittag des
22. Mai, immerhin des Pfingstmontags, an. Zum besonderen
Anlaß überwand selbst Johann Strauß seine schon notorische
Auftrittsscheu und stellte sich als Dirigent der Ouvertüre zur
Verfügung, um für den Rest der Aufführung wieder Joseph
Hellmesberger das Pult zu überlassen. Für eine Verständi-
gungsprobe am Pfingstsamstag wurde der betagte Meister von
Direktor Mahler persönlich in den Orchestergraben geleitet

und von den Philharmonikern musikalisch begrüßt. Nach dem Durchspielen der Ouvertüre, der Klärung von Tempofragen mit den Solisten und einigen privaten Worten gab Strauß zufrieden den Taktstock an Hellmesberger weiter. Die Resonanz bei Publikum und Presse litt offenbar unter dem herrlichen Frühlingswetter und dem frühen Beginn der Vorstellung. Als der Komponist um 13 Uhr vor das Orchester trat, muß er sich eher wie bei einer verspäteten Matinee gefühlt haben. Wie verlautet, war auch diesmal der Pensionsfonds mit den Einnahmen unzufrieden und überlegte bereits Alternativen für künftige Termine. Niemand konnte ahnen, daß dieses kurze Dirigiergastspiel der letzte musikalische Auftritt des ,Walzerkönigs' gewesen war. Eine Erkältung, die er sich wohl bald danach auf einem Modefest im Prater zugezogen hat, zwingt ihn schon tags darauf mit Schüttelfrost ins Bett. Fieber und Husten quälen den Kranken, dann stellt sich Delirium ein. Die stark geschwächte Physis des Patienten und die beschränkten Möglichkeiten von Medizin und Pharmazie ließen kaum noch Hoffnung aufkommen. Ein später publizierter Augenzeugenbericht seiner Frau Adele hält die Stufen des Verfalls fest und überliefert auch manches rührende Detail. So schreibt sie zum 1. Juni 1899: „Und da der Kranke uns redlich erkennt … ringt sich erschütternd leise – Gesang empor! Ein altes Lied, auch mir und meinem Kinde wohlvertraut, von ihm aber hatte ich es nie gehört. Jetzt löste es sich von seinen blassen Lippen, feierlich, wie geisterhaft durch den Raum schwebend: ,Brüderlein fein – einmal muß geschieden sein!'" Was zunächst wie eine sentimentale Erfindung klingen mag, findet im Œuvre des Komponisten gleichsam seine Bestätigung. Die Beschäftigung mit dem Textdichter dieser Verse und seiner Epoche schlägt sich immerhin im letzten Werk von Johann Strauß nieder. Im Mai 1898 hatte er zur Enthüllung des Raimund-Denkmals vor dem Volkstheater sein op.479 *Klänge aus der Raimundzeit* nach

Motiven von Drechsler, Kreutzer, Lanner, Wenzel Müller und seinem eigenen Vater uraufgeführt.

Die Besserung des Gesundheitszustands am 3. Juni war trügerisch, sie glich der wohlbekannten Euphorie im Schatten des Todes. Dieser trat noch am selben Tag ruhig und undramatisch ein: „Um 4 1/4 Uhr nachmittags entschlief er in meinen Armen." (Jaspert o.J., 220 f.).

Nun fühlte sich auch die Hofoper selbst aufgefordert, den verstorbenen Meister mit seinem Gipfelwerk postum zu ehren. Am 9. Juni 1899, drei Tage nach dem Begräbnis, wird *Die Fledermaus* im offiziellen Programm des Hauses aufgeführt. Und da die Vorstellung binnen weniger Stunden ausverkauft ist, wird das Stück schon am nächsten Tag wiederholt, diesmal sogar im Rahmen des Abonnements. Die äußeren Umstände dieser Aufführungen ließen an keine Gedächtnisfeier denken: weder salbungsvolle Ansprachen noch ein Vermerk auf dem Programmzettel. Doch als das Orchester unter Hellmesbergers Leitung als Zwischenaktmusik den *Donauwalzer* zum besten gab, da war diese begeistert akklamierte Huldigung eine Form des Gedenkens, die jedes Requiem an nachhaltiger Wirkung übertraf. Mit diesem Datum ist *Die Fledermaus* als unverzichtbares Kleinod im Repertoire der Wiener Oper gegenwärtig. (Mailer 1994, 224).

Von der Stunde Null bis heute
Die Fledermaus in der Zweiten Republik

Auf den folgenden Seiten ist keine lückenlose Chronik, keine zusammenhängende Aufführungsgeschichte der Meisteroperette im Opernspielplan der Zweiten Republik geplant. Ein solches Unterfangen würde den Rahmen des Buches sprengen. Zudem sind alle statistischen Angaben bequem in dem verdienstvollen Buch *Chronik der Wiener Staatsoper 1945–1995. Aufführungen, Besetzungen, Künstlerverzeichnis* nachzulesen, das

Harald Hoyer zusammengestellt hat (Wien-München 1995).
Für die späteren Saisonen springt das regelmäßig erscheinende
Jahrbuch der Wiener Staatsoper ein, dessen minuziöse Aufbereitung der Daten und Fakten noch dazu die jeweilige Besetzungsliste dokumentiert, sodaß auch – für den Theaterfreund
durchaus reizvoll – die jeweilige Personenkonstellation und
Bühnenpartnerschaft nachgelesen werden kann.

Was in diesem Abschnitt versucht wird, ist zugleich
bescheidener und anspruchsvoller: ein ‚Panoramablick' auf die
Jahre seit 1945, einen Zeitraum also, den mancher Leser dieses Buches selbst wach als Opernbesucher erlebt hat, soll her-
ausragende Wiedergaben, prominente Besetzungen, hervor-
stechende Einzelleistungen, vielleicht auch einige Kuriositäten
in Erinnerung rufen oder, anders gesagt, aus dem pauschalen
Kontinuum erfahrener Vergangenheit hervortreten lassen.

Bereits im Herbst 1945, genauer am 6. November, wurde
Die Fledermaus als Wiederaufnahme erstmals auf den Spielplan
der Staatsoper gesetzt, die nun im Gebäude am Währinger
Gürtel eine besondere Pflegestätte der Operette gefunden
hatte. Mit dem Sänger-Regisseur Alfred Jerger – selbst als
Frosch im Einsatz – und dem auch als Komponisten von
Unterhaltungsmusik hervorgetretenen Alois Melichar hatten
zwei gewiegte Theaterpraktiker die Neueinstudierung übernommen, unter deren Personal uns mancher Name noch
wohlvertraut klingt: Sena Jurinac als Rosalinde und Wilma
Lipp als Adele in vorderster Linie, dazu Rosette Anday, die
langjährige Altistin des Hauses, bereits zu Amneris und
Klytämnestra gereift, nochmals in der Hosenrolle des
Orlofsky. Mit Anton Dermota (Alfred), Alfred Poell (Frank)
und Hans Braun (Falke) waren als erste Kräfte des Opern-
ensembles Garanten des stimmlichen Wohlklangs. Josef Witt
endlich, der bekannte Palestrina und Herodes, später Regisseur und Spielleiter zahlreicher Produktionen und überhaupt

eines der treuesten Mitglieder des Hauses, gab dem Eisenstein die Konturen einer Charakterrolle.

87 Folgevorstellungen während der nächsten vier Jahre belegen die andauernde Beliebtheit des Werkes, das in der politisch und materiell so schwierigen Nachkriegszeit auch der Ablenkung und seelischen Entlastung des Publikums diente, also durchaus eine psychohygienische Funktion erfüllte. Denn von der Ausstattung, dem ‚abgewohnten' Bühneninterieur und den notdürftig rekrutierten Kostümen ging kein Glamour aus, und es fehlte auch noch die Attraktion wechselnder Besetzungen und reizvoller Gastspiele.

Eine Neuinszenierung der Königin unter den Operetten war für gesteigerte Theateransprüche überfällig. Die Produktion im Volksoperngebäude, die am 18. Juni 1950 ihre Premiere hatte, wußte bewährte Kräfte und – zumindest in diesem Rollenfach – überraschende Neubesetzungen ins rechte Lot zu bringen. Fred Liewehr, der Burgtheater-Mime mit dem Verführercharme und der angenehmen Singstimme, eroberte sich mit dem Eisenstein für Jahre eine Glanzpartie und war nunmehr auch in anderen Rollen aus dem Operettenrepertoire des Opernhauses nicht mehr wegzudenken. Rudolf Christ als tenoraler Orlofsky ließ die von Max Reinhardt und Erich Wolfgang Korngold begründete Tradition einer männlichen Besetzung dieses ‚Zwischenfachs' erfolgreich aufleben. Mit Kurt Preger als Alfred wurde das ironisch-parodistische Moment dieser Rolle stark aufgewertet, und der gleichfalls als Theaterschauspieler hochgeschätzte Richard Eybner kehrte am Gefängnisdirektor Frank die komisch-skurrilen Merkmale drastisch hervor. Walter Höfermayer als Dr. Falke und Carl Dönch als Advokat Blind sorgten für bestes Operettenniveau. Karl Skraup wiederum, der große Wiener Volksschauspieler mit dem hintergründigen Humor und dem sympathischen Hang zum Understatement, hob den Frosch weit über den

Standard einer landläufigen Charge hinaus. Last but not least die Damen: Die dem Wiener Opernleben wiedergewonnene Hilde Güden stellte als Rosalinde eine Salondame mit Herz und Verstand auf die Bühne. Der oft gerühmte Silberklang ihrer Stimme gestattete der Sängerin nicht bloß eine mühelose Erfüllung der exponierten Rolle, er legte vielmehr auch emotionale Nuancen – Enttäuschung, Verletztheit, Unruhe – überzeugend frei. Hilde Ceska, Schülerin von Ljuba Welitsch, als Adele vertrat die hoffnungsvolle Jugend, gleichsam die ‚next generation‘ im Ensemble: Freilich gehörte diese Künstlerin nur zwei Spielzeiten lang der Wiener Oper an und konnte sich nicht erkennbar weiterentwickeln.

Am Pult stand bei der Premiere und in der Mehrzahl der bis zum Juni 1955 folgenden 98 Vorstellungen Anton Paulik, der Kenner, Liebhaber und engagierte Vermittler des ‚leichten Genres‘. Mit Oscar Fritz Schuh lenkte ein Meister der Menschenführung und szenischen Deutung als Regisseur das Bühnengeschehen. Der Repräsentant des Wiener Mozartstils in der Nachkriegszeit, in dessen Händen ein Gutteil der Neuinszenierungen zwischen 1945 und der Wiedereröffnung des Hauses am Ring lag (*Fidelio* ebenso wie *Otello, La Traviata* mit gleicher Souveränität wie *Wozzeck*), sorgte im Zusammenspiel der Akteure für Scherz, Satire, Ironie und tiefere Bedeutung. Neben dem bewährten Walter Hoesslin als Bühnenbildner wirkte Fred Adlmüller, später in Wien als Modezar nobilitiert, zum Wohle der Kostüme.

Ein Blick auf die Besetzungsliste während des folgenden halben Jahrzehnts läßt bei vielen Namen die Herzen reiferer Wiener Musikfreunde höher schlagen. Eine knappe Auswahl mag die Vielfalt des Angebots ebenso belegen wie die sorgsame Repertoirepflege dieser Ära: Konzentrieren wir uns dabei auf die Rollen von Adele und Falke. Als gewitztes Stubenmädchen war die bildhübsche, auch vom Tonfilm okkupierte Elfi Mayrhofer ebenso zu bewundern wie Wilma Lipp sowie gelegentlich Rita Streich und Hanny Steffek. Als Spiritus rector der Bühnenintrige waren alternativ der Kavalierbariton Alfred Poell und der Routinier Josef Knapp zu hören, bald aber auch der kommende Publikumsliebling Eberhard Waechter. Auch der Wunsch nach unterschiedlichen Charakteren und Temperament im Komikerfach blieb nicht ungehört: nach dem ‚implodierenden' Karl Skraup als Premieren-Frosch konnte man den polternden Franz Böheim, den prallen Fritz Imhoff und den bizarren Richard Eybner alternativ erleben. Detail am Rande: Mit einem Auftritt als Orlofsky – statt des sonst allgegenwärtigen Rudolf Christ – eroberte sich Waldemar Kmentt jene Operette, die mit allen tenoralen Partien seine lange Karriere begleiten sollte.

Über die Silvesterpremiere 1960 am wiederhergestellten Opernhaus am Ring ist viel geschrieben worden, und die Legenden beginnen allmählich die Realität zu überwuchern. Deshalb zunächst einige Sätze im nüchternen Tonfall des Chronisten. Mit Leopold Lindtberg, Teo Otto und Erni Kniepert sorgte ein erfahrenes Regieteam für präzise Abläufe und hübsches Interieur. Herbert von Karajan als musikalischer und administrativer Hausherr führte die Philharmoniker zur Entfaltung ihres ganzen Könnens und legte alle Reserven ihres Esprits frei. Manches Extempore von der Bühne, das mit schmunzelnder Doppeldeutigkeit und augenzwinkernder Satire auf Spezifika des Hauses (etwa das grundsätzliche Singen in der Originalsprache) anspielte, goutierte er mit großzügiger Gelassenheit. Die Besetzung vereinte stimmliches Format mit persönlicher Ausstrahlung und charmanten Eigenwilligkeiten. Eberhard Waechter eroberte sich mit dem Eisenstein eine geradezu leibeigene Rolle, mit der er fortan fast drei Jahrzehnte lang brillierte: auch in Otto Schenks Fernsehinszenierung von 1972, ebenso in zahlreichen Münchener Vorstellungen unter Carlos

210

Kleibers Stabführung. Daß er die Partie seiner Baritonstimme anpassen mußte, gelegentlich Spitzentöne nicht aussang oder ‚punktierte‘, zählt wenig vor der Souveränität, mit der er die Figur an sich heranzog, sie ganz und gar unverwechselbar mit seiner Persönlichkeit ausfüllte. Hilde Güden bestach wie eh und je mit vokalem Wohlklang und fraulicher Wärme, der die Adele von Rita Streich kecke Attacke und gewitzte Verstellung entgegenhielt. Giuseppe Zampieri als Alfred scheute nicht vor Selbstpersiflage zurück und steuerte mit improvisierten Anspielungen durch sein tenorales Repertoire („O namen-namenlose Freude!"). Erich Kunz in seiner neuen Paraderolle als Frank, Gerhard Stolze als blasiert-kurioser Orlofsky, die wienerisch resche Elfriede Ott als Ida und der Charakterbuffo Peter Klein mit einer fast klinischen Fallstudie des stotternden Blind rundeten die Schar der Mitwirkenden ab. Doch zwei Künstler verdienen noch ein besonderes Wort: Josef Meinrad als ein Frosch der Zwischentöne, mit grotesker Lebensnähe und ohne aufgesetzte Manier. Walter Berry endlich als sonorer Dr. Falke, der als Maître de plaisir des zweiten Aufzugs Giuseppe di Stefanos Gastauftritt (*O sole mio*) und Erich Kunz als Interpreten des *Fiakerliedes* ankündigte und doppeldeutig auf den Gefängnisakt verwies („*Mein Rat* ist gut!"). Jüngst auf CD!

Fast 20 Jahre lang und in 70 Aufführungen ließ sich diese Inszenierung bis zum Neujahrstag 1979 in wechselnden Besetzungen genießen, wobei gerade die Vorstellungen um den Jahreswechsel mit prominenten Gästen aufwarteten und dem Publikum auch manche Überraschungen bieten konnten. Wenigstens eine subjektive Auswahl solcher Luxusangebote darf an dieser Stelle nicht fehlen: Der Nestor der Wiener Operette Robert Stolz, aber auch bereits Placido Domingo als musikalische Leiter; als lebenslustiger Rentier der unermüdliche Waldemar Kmentt, immer noch Fred Liewehr, der auch vom Film her populäre Rudolf Schock und als aufsteigender

Operettenstar Harald Serafin; die Rosalinde wechselte von Hilde Güden u.a. zu Wilma Lipp, Edda Moser, Melitta Muszely, Esther Rethy und Gerda Scheyrer; als kokettes Kammerkätzchen erfreuten Renate Holm, Lucia Popp, Anneliese Rothenberger und Ilonka Szep; den Alfred teilten sich Hans Beirer, Anton Dermota, Karl Terkal und – natürlich – Waldemar Kmentt mit wechselnden Nuancen rollenbezogener Karikatur; die reichen Gestaltungsmöglichkeiten des dandyhaften Prinzen wurden von Männern (Murray Dickie, Heinz Zednik) wie Frauen (Christa Ludwig, Czeslawa Slania) weidlich genützt. Und in der Traumrolle unter den Operettenchargen brillierten so gut wie alle großen Komikeroriginale: Heinz Conrads, Richard Eybner, Hugo Gottschlich, Erich Kunz, Karl Paryla, Heinz Rühmann sowie – Otto Schenk.

Mit diesem vielseitigen Künstler fällt auch gleich der Name des bislang letzten Regisseurs einer Neuinszenierung an der Wiener Staatsoper. Die von Theodor Guschlbauer geleitete Premiere am Silvesterabend 1979 zeigte in der Ausstattung von Günther Schneider-Siemssen (Bühnenbild) und Milena Canonero (Kostüme) zum größeren Teil Künstler in Wiener Rollendebüts am erfolgreichen Werk. Bernd Weikl setzte als stattlicher Eisenstein das baritonale Stimmprofil dieser Rolle fort: im Vergleich zu seinem Vorgänger mehr Bürger als Edelmann, eher ein gern Verführter denn ein gestandener Verführer. Lucia Popp als Rosalinde mit sinnlichem Timbre und ausladender Höhe gestaltete unter Schenks Anleitung den Prototyp einer verwöhnten Dame mit Feiertagsmigräne und Wohlstandsneurosen. Edita Gruberova als koloraturengewandte Adele bereicherte die Spektralfarben dieser ‚Traumpartie‘ um affektiertes Imponiergehabe und schmollende Weinerlichkeit. Brigitte Fassbaender fügte der Vielzahl ihrer eindrucksvollen Hosenrollen (Cherubino, Komponist, Oktavian) eine neue Charakterstudie hinzu. Mit dem Falke von Walter Berry und dem Frank von Erich Kunz behauptete sich die etablierte Sängergeneration eindrucksvoll. Josef Hopferwieser legte seinen Alfred eher als Vorstadt-Caruso und Möchtegern-Casanova an. Und aus der ‚Froschperspektive' von Otto Schenk wurde der Wiener Opernalltag ebenso wortwitzig aufs Korn genommen wie – im Laufe der langen Aufführungsserie – so manche politische Aktualität.

Mit Otto Schenk als bald polterndem, dann wieder verlegen stotterndem Bühnenoriginal, das mit Kalauern die Neuigkeiten der großen und kleinen Welt glossierte, sind wir freilich schon zu späteren Vorstellungen dieser Serie vorgestoßen. Der Frosch der Premiere war Schenks Freund und häufiger Bühnenpartner Helmut Lohner, der trockene Verbalpointen mit schier artistischer Körpersprache zu verbinden wußte, dessen physische Verrenkungen in Zeitlupe die ausweglose Verfahrenheit einer Situation unmittelbarer verdeutlichen konnte als jeder aufgeblähte Wortschwall.

Wie die vorausgegangene Produktion war auch diese *Fledermaus*-Inszenierung ein sicheres As: Es stach ebenso bei den obligaten Festtagsvorstellungen wie auf einer Japantournee im Herbst 1994, bei der ein gleichsam wienerischer Exotismus das fremde Publikum ebenso einnahm wie spielerische Zugeständnisse an das Lokalkolorit der Gastgeber. Das alte Prinzip *variatio delectat* sorgte auch in der Besetzungsgeschichte dieser Inszenierung für aparte Abwechslung und erfolgreiche Partnerschaften. Beginnen wir mit den Dirigenten, unter denen Placido Domingo mehrfach seine Doppelbegabung und einen souveränen Umgang mit dem Taktstock beweisen konnte. Neben der traditionell starken ungarischen Präsenz (Janos Ferencsik, Adam Fischer, Michael Halász), welche die Nähe der Wiener Operette zu ihrer Budapester Schwestergattung offenbart, stehen Namen wie Janos Kulka, Julius Rudel, Pinchas Steinberg und Silvio Varviso für internationales Flair und belegen die universelle Beliebtheit dieser Musik. Leopold Hager, Günther Neuhold und Ulf Schirmer wiederum sorgten als bewährte Sachwalter für das künstlerische Niveau.

Unter den Interpreten des Eisenstein lassen sich zwei Besetzungstypen ausmachen: Die von Eberhard Waechter und Bernd Weikl vorgegebene baritonale Linie setzten etwa Hermann Prey, Claudio Nicolai und Peter Weber fort. Waldemar Kmentt, Josef Protschka, Siegfried Jerusalem und Heinz Zednik wiederum verkörperten das originale Rollenprofil eines Tenors, bei dem – wie im Falle von Zednik – durchaus auch die buffonesken Züge hervortreten konnten. Im Part der Rosalinde ist ein breites Spektrum von Nuancen und Facetten angelegt, dessen Charakterzüge von Larmoyanz bis Raffinesse reichen und das auch Temperamentsausbrüche vorsieht: Sängerinnen wie Sona Ghazarian, Gundula Janowitz, Karita Mattila, Karen Huffstodt und Inga Nielsen begaben sich in dieses Wechselbad der Stimmungen und Empfindungen. Unter den jungen Darstellerinnen der Rolle sangen und spielten sich Gabriele Fontana und Silvana Dussmann immer stärker in den Vordergrund. Die Rolle der Adele mit ihren vokalen Herausforderungen und der reichen Palette an Launen und Capricen bietet internationalen Größen ebenso Gelegenheit, ihr virtuoses Können zu demonstrieren, wie sie sich als Sprungbrett für weiterführende Aufgaben eignet. Das spiegelt sich auch in der Wiener Besetzungsliste der achtziger und neunziger Jahre wider: Auf der einen Seite wiederholt Edita Gruberova mit schöner Regelmäßigkeit ihren Premierenerfolg, andererseits sehen wir Künstlerinnen am Werk, die sich nicht zuletzt mit der Adele in die erste Reihe des hohen Sopranfaches gesungen haben: Ildiko Raimondi und Ulrike Steinsky, Barbara Kilduff, Eva Lind und Edith Lienbacher. Als Alfred präsentierten sich neben und nach dem Routinier Josef Hopferwieser ebenso lyrische Tenöre (Richard Karczykowski, Herbert Lippert) wie Vertreter des Zwischenfachs

(Thomas Moser, Hermann Winkler), die dem Wiener Publikum auch als Florestan oder Bacchus vertraut sind.

Die Partie des Dr. Falke erweist sich seit je als beliebtes Experimentierfeld der vokalen Disposition, was auch die Aufführungsstatistik der Wiener Staatsoper wiedergibt: Schöne Baritonstimmen singen sich mit der Rolle in den Vordergrund (Georg Tichy, Boje Skovhus, Peter Weber), bewährte Sänger demonstrieren ihre Publikumswirkung (Walter Berry, Hans Helm) und reife Künstler kehren zu ihren Anfängen zurück (Eberhard Waechter). Ein Blick auf die Besetzungsliste des Frank zeigt neben dem unvergeßlichen Erich Kunz und dem nicht weniger profilierten Walter Berry vor allem zwei Rollenvertreter, die diesem dankbaren Part ihre Persönlichkeit aufdrückten: Heinz Holecek mit schlitzohriger Bonhommie und Rudolf Mazzola in schlacksiger Skurrilität. Die Phalanx der nunmehr durchwegs weiblich verkörperten russischen Hoheiten (Helga Dernesch, Margareta Hintermeier, Christa Ludwig, Gabriele Sima und immer wieder Brigitte Fassbaender) durchkreuzte ein prominenter männlicher Gast: der ‚männliche Alt‘ Jochen Kowalski von der Berliner Komischen Oper, der sich mit dem Orlofsky eine weitere Glanzrolle eroberte, mit deren stimmlicher wie darstellerischer Erfüllung er Maßstäbe setzte und einem Ideal nahekam.

Erwähnen wir nur, daß der allgegenwärtige Waldemar Kmentt auch als Blind gute Figur machte und ergänzen wir den Reigen der Dritte-Akt-Komiker um einige weitere Originale: die gelernten Schauspieler Franz Muxeneder und Fritz Muliar sowie die chargierenden Spielkanonen aus dem Gesangsfach Hans Kraemmer und Heinz Holecek.

Der 2. Jänner 1999, die bislang letzte *Fledermaus*-Darstellung der Wiener Staatsoper, stellt in jedem Fall eine Zäsur dar: ihre Besetzung sei in den wesentlichen Rollen wenigstens zur Erinnerung festgehalten. Unter der Stabführung von Fabio

Luisi sangen Heinz Zednik und Ildiko Raimondi das Ehepaar Eisenstein, Torsten Kerl den tenoralen Galan, Simina Ivan die karrierebewußte Kammerzofe, Gabriele Sima den Orlofsky, Alfred Sramek den Gefängnisdirektor auf Freiersfüßen, Georg Tichy den Drahtzieher aller Verwicklungen. Fritz Muliar räsonierte als Frosch über den Slibowitz und seine Folgen.

Große Interpreten im Wechsel der Geschichte

Zwischen den ersten ,Flugversuchen' der *Fledermaus* im Haus am Ring und ihrer Aufführungsgeschichte nach 1945, als sie zuerst an der Volksoper fest im Repertoire verankert war und zum Silvesterstück schlechthin aufgestiegen ist, klafft eine beträchtliche zeitliche Lücke. Sie systematisch mit einer Aufzählung aller Inszenierungen und Neueinstudierungen zu schließen, kann nicht Aufgabe dieses Buches sein und würde seine Zielsetzung bei weitem überschreiten. Diese dunklen Jahrzehnte wenigstens mit ein paar Streiflichtern zu erhellen, auf einige bekannte Interpreten hinzuweisen, bemerkenswerte historische Daten dabei mitzuberücksichtigen, mag aber den geschichtsbewußten Leser und den Freund schöner Stimmen und klingender Namen erfreuen.

Der Eisenstein war in den ersten Jahrzehnten wie selbstverständlich Fritz Schrödter. Als seine Nachfolger profilierten sich in den zwanziger Jahren der von Dresden nach Wien engagierte Richard Tauber, aber auch Richard Schubert, der berühmte Heldentenor und Singschauspieler, ein Siegfried wie aus dem Bilderbuch. Mit Karl Hammes, der auch als Dr. Falke erfolgreich war, eroberte sich im Vorgriff auf spätere Stimmprofile ein höhensicherer Bariton die beliebte Partie. Dieser Sänger, der sich als passionierter Flieger 1939 freiwillig zur Luftwaffe meldete, ist bei einem Angriff auf Warschau schon in den ersten Weltkriegstagen ums Leben gekommen. Ende der dreißiger Jahre ist mit Josef Witt, dem Charaktertenor und großen Menschengestalter (Herodes, Palestrina), der Staatsoper ein neuer ‚Abonnent' auf diese vielschichtige Rolle erwachsen.

Die Vertreterinnen der Rosalinde zwischen 1910 und 1930 lesen sich wie ein Register legendärer Primadonnen: Wanda Achsel, Margit Angerer, Elise Elizza, Maria Jeritza, Selma Kurz, Lotte Lehmann, Rosa Pauly – keine wollte sich den Nimbus dieser Partie entgehen lassen. Aber auch die nächste Generation konnte sich sehen und hören lassen: Margit Bokor, Else Schulz, schließlich Maria Reining, deren Name ja bereits in die Nachkriegsgeschichte hinüberweist.

Auch die Interpretinnenliste der Adele wirkt nachgerade wie ein *Who is who*, diesmal im leichtkalibrigen Stimmfach: Lotte Schöne, Adele Kern, Berta Kiurina, Elisabeth Schumann. Auch Lilly Claus, später die Gattin des Komponisten Nico Dostal, brilliert als Edelsoubrette, die koloraturengewandte Erna Sack findet sich als Gast ein. Wiederum ist der Wechsel in den späten dreißiger Jahren nicht bloß eine Generationenfrage, sondern er vollzieht sich auch im dunklen Schlagschatten der Politik. Mit Dora Komarek, Emmi Funk und Emmy Loose begegnen wir erneut Künstlerinnen, die auch beim Wiederaufbau des Wiener Opernlebens mitwirken werden.

Der Prinz Orlofsky war in der ganzen frühen Aufführungsgeschichte fest in weiblicher Hand: Hermine Kittel, Maria Olszewska, Bella Paalen sind nur einige bekannt gebliebene Sängerinnen dieser begehrten Hosenrolle. Am Beispiel von Rosette Anday läßt sich der rassistische Wahn der neuen Machthaber exemplarisch belegen. Als Standardbesetzung dieser Rolle wird die Altistin ab dem März 1938 unvermittelt von Marta Rohs abgelöst und übernimmt die Partie nach 1945, nunmehr in ein anderes Fach übergewechselt, nur noch fallweise.

Der Alfred war für Tenöre seit jeher eine Gelegenheit, nicht bloß Stimme zu zeigen, sondern auch Sängerallüren selbstkritisch zu parodieren, improvisierend auf das eigene Repertoire anzuspielen: Kein Wunder, daß der Reigen der berühmten Interpreten von Karl Aagard Oestvig und Richard Tauber bis zu Leo Slezak und Franz Völker reicht, ehe sich Anton Dermota auch diese Rolle bis weit in die sechziger Jahre hinauf erobert hat.

Bei den tiefer gelegenen männlichen Chargenrollen sehen wir ein Nebeneinander von Konstanz und Variation: Hans Duhan, der bewährte Frank, versucht sich auch als Dr. Falke. Umgekehrt wechselt der vielseitige Alfred Jerger vom Notar zum Gefängnisdirektor, ehe er den beliebten Spielbaß Karl Norbert in der Paraderolle des Frosch beerbt. Unter den Gästen stechen aus den Besetzungslisten mehrfach bekannte Namen hervor. Willi Domgraf-Fassbaender, der Vater der großen Mezzosopranistin und neuen Innsbrucker Intendantin, als Dr. Falke, Hans Moser als Frosch.

Während in unseren Tagen die Leitung der *Fledermaus* auch als attraktive Aufgabe für Pultstars gilt, war das Dirigat des Werkes in der Zwischenkriegszeit keineswegs ‚Chefsache'. Nur bei besonderen Anlässen treffen wir auf Namen wie Felix Weingartner oder Bruno Walter. Robert Heger, Hugo Reichenberger und Josef Krips haben das Werk über viele Jahre musikalisch betreut, bevor mit Anton Paulik ein erklärter Operettenspezialist der Anwalt dieser Musik wurde.

Ein bemerkenswertes Detail zum Schluß: In zahlreichen Publikationen ist nachzulesen, daß bei der letzten regulären Vorstellung im Haus am Ring vor der Theatersperre und seiner späteren Zerstörung bei einem Bombenangriff Wagners *Götterdämmerung* auf dem Spielplan stand. Über die Aufführung am Vorabend dieses symbolträchtigen 30. Juni 1944 wird kaum berichtet: es war *Die Fledermaus* von Johann Strauß.

Klangdokumente
aus einem Jahrhundert
Schritte einer Annäherung

Tonspuren und Störgeräusche

Was bleibt von einer beispielhaften Inszenierung, von Bühnenbildern, die Illusionen vermitteln oder Zeichen setzen, von den wechselnden Stimmungen des Lichts, von der suggestiven Ausstrahlung der Darsteller und ihrer mimischen Verwandlungsgabe mehr und anderes übrig als ein interpretierendes Programmheft, ein paar vergilbte Photographien? Dazu kommt die subjektive Erinnerung der Besucher, die bekanntlich mit zunehmender Distanz immer reicher, bunter und phantastischer wird, die sich immer mehr verklärt, im Wechselspiel mit gleichgestimmten Partnern hochgeschaukelt wird – und weder kritisiert noch relativiert oder gar widerlegt werden kann.

Der akustische Eindruck einer Produktion, das stimmliche Potential einer Sängergeneration, die musikalische Akzentuierung und Ausdeutung einer Partitur lassen sich dagegen leichter überprüfen und im Hörvergleich objektivieren. Diese auditive Spurensuche ist zwar oft mühsam, von Störfaktoren irritiert und entbehrt bei Aufnahmen aus der Frühzeit der Tonträger nicht der archäologischen Bedingungen: Man muß – bildlich gesprochen – Schutt wegschaffen, um den Gegenstand freizulegen. Das heißt im Klartext: Der Tontechniker von heute muß die alte Aufnahme präparieren, Geräusche, aber auch Kratzer und Sprünge ehrwürdiger Schellackplatten wegfiltern, um das ‚Kernmaterial' anzuheben und dabei zu veredeln. Aber auch der geneigte Hörer fungiert dann noch gleichsam als sein eigener ‚Hobby-Archäologe', indem er von vielen störenden ‚Schlacken' abstrahiert und manche Qualitäten des Timbres, der Schallfülle und Klangschönheit aus seiner Erinnerung wie aus der Vorstellungskraft ‚rekonstruiert'.

Doch mit dem Beginn der modernen Aufnahmetechnik, vor allem aber mit dem Einsetzen der Langspielplattenära (um 1950) setzt durchaus das Genußhören ein, und die Umstellung auf das komfortable neue Medium der Compact Disc hat weitere Vorteile hinzugefügt. Die bequemere Bedienung ist dabei nur ein Moment, das Wegfallen von Abspielgeräuschen bedeutet für das ungestörte Musikerleben noch wesentlich mehr. Der auffälligste Vorzug aber betrifft neben den vorsorglich produzierten Neuaufnahmen die Möglichkeit zur klanglichen Aufbereitung älterer Bänder. Nicht nur längst verschollene und vom Markt verschwundene Einspielungen gelangen so auf dem aktuellen Tonträger wieder in die Regale und in die privaten Sammlungen. Auch ältere Rundfunkproduktionen, die der interessierte Musikfreund per Zufall hören oder nach mühsamer Recherche im Archiv eines Senders orten konnte, gelangen nunmehr käuflich auf den Markt.

Freilich gibt es kaum einen Vorteil und eine positive Neuerung, die nicht auch beträchtliche Schattenseiten mit sich bringt. Zum einen hat die Gründung zahlreicher, besser gesagt: zahlloser Firmen und Labels, die unter Expansionsdrang und Profilierungsdruck hektisch ihre Produkte vorlegen, eine Art von neuer Unübersichtlichkeit geschaffen. Selbst die bewährten enzyklopädischen Gesamtkataloge können das vielfältige, dazu noch rasch wechselnde Angebot nicht mehr eindeutig aufschließen. Dazu kommen die ausgeprägte kommerzielle Konkurrenz zwischen den Unternehmen und eine zunehmende Sättigung der Bedürfnisse des Verbrauchers. Manche hörenswerte, musikalisch wertvolle Einspielung aus der Langspielplatten-Periode wird demnach nicht wiederveröffentlicht oder verschwindet bei geringer Nachfrage rasch aus dem Repertoire.

Auf den folgenden Seiten sollen einige wichtige, durch ihre Besetzungen reizvolle oder auch kulturgeschichtlich aparte Gesamtaufnahmen der *Fledermaus* vorgestellt und knapp charakterisiert werden. Wesentlich ist dabei als Auswahlkriterium, daß sie irgendwann tatsächlich unter einer Katalognummer käuflich angeboten wurden: ob als Paket von (zumeist zwei) Langspielplatten, als Sortiment von ,MusicCassetten' oder im platzsparenden CD-Album. Daß die aktuelle Marktlage bei dieser Selektion keine Rolle spielen kann, ergibt sich nach meinem Vorspann wohl von selbst. Querschnitte durch das Werk oder Einzelaufnahmen vorzustellen, verbietet sich durch das Mißverhältnis zwischen der Fülle des Vorhandenen und dem beschränkten Kapitelumfang.

Kleinodien und Kuriositäten

Als ältestes Tondokument ist uns mit allen klanglichen Einschränkungen und akustischen Unzulänglichkeiten eine Aufnahme aus dem Jahr 1907 zugänglich. Daß sich bereits in der Steinzeit der Schellack-Platten ein Sängerensemble unter dem Dirigat von Bruno Seidler-Winkler vor dem Schalltrichter versammelt hat, erweist die Attraktivität gerade dieses Werkes für das Publikum des jungen Mediums. Leoncavallos *Pagliacci* in einer italienischen Gesamtaufnahme aus demselben Jahr scheint als Paradewerk des Verismo eine vergleichbare Wirkung ausgeübt zu haben. Neben einem *Grammophon-Orchester*, einem Musikerverband, dem die Herstellermarke ihren Namen geliehen hat, und – immerhin – dem Chor der Hofoper Berlin, sind die Sängernamen weitgehend unserem Gedächtnis entschwunden: Robert Philipp als Eisenstein, Emilie Herzog als Rosalinde, Julius Lieban als Alfred, Marie

Dietrich als Adele, Ida von Scheele-Müller als Orlofsky, Max Begemann als Falke, Alfred Arnold als Frank und – mit preußisch verfremdetem Humor – Hermann Vallentin als Frosch.

Die moderne Technik hat eine Berliner Rundfunkproduktion aus dem Jahr 1949 in tadelloser Klangqualität und mit Gesangskräften auf CD zugänglich gemacht, die vielen Musikfreunden auch aus Österreich noch in lebendiger Erinnerung sind. Allen voran Peter Anders, der frühverstorbene Tenor mit dem lebensfrohen Timbre und der ungewöhnlichen Repertoirebreite, der hier den Eisenstein mit virilem Charme ausstattet. Anny Schlemm, soeben 70 Jahre alt geworden und in jedem ihrer mehrfach gewechselten Fächer als Persönlichkeit überzeugend, erfreut als durchaus lebenslustige, nicht larmoyante Rosalinde. Der im Oratorienmetier so erfolgreiche Helmut Krebs hat für den Alfred eine etwas zu ‚weiße' Stimme. Dafür begeistert die gleichfalls blutjunge Rita Streich mit Spritzigkeit und perlenden Koloraturen. Unter den weiteren Rollenträgern machen besonders die belkantistische Anneliese Müller im Prinzenkostüm und der auch in Wien tätige Herbert Brauer als lyrischer Advokat Eindruck. Eigentlicher Star dieser Aufnahme aber ist der Dirigent: Der Ungar Ferenc Fricsay, auch er ein Frühvollendeter, entfacht mit seinem RIAS-Symphonie-Orchester ein Feuerwerk an Stimmung, Temperament und Präzision. Man versteht im Rückblick, welche symbolische Bedeutung, welchen exemplarischen Rang als Kulturvermittler dieses Ensemble und sein Chef in der schwierigen politischen Insellage Westberlins um 1950 behaupteten.

Zwei Produktionen für die Schallplatte aus dem Jahre 1950 verdienen bis heute – aus unterschiedlichen Gründen – unser unvermindertes Interesse. Die Wiener Aufnahme unter Clemens Krauss (Wiener Staatsopern-Chor und -Orchester) gilt bei vielen Plattenkennern als Inbegriff einer Operetteneinspielung, kurzum als die klassische *Fledermaus*. Der eminente Straußinterpret und Begründer der Neujahrskonzerte, der mit den Wiener Philharmonikern diesem Komponisten einst auch bei den Salzburger Festspielen Heimatrecht verschafft hat, steht einem Sängerreigen vor, in dem sich stimmliche Vorzüge, Musikalität und Charakterisierungsgabe zu einem unvergleichlichen Amalgam vereinigen. Julius Patzak mit wienerischer Sprachfarbe und unverwechselbarer Tongebung verkörpert den Eisenstein nicht als lebenslustiges Klischee, sondern als Biedermann auf Abwegen. Hilde Güdens Edelorgan und die Silberstimme von Wilma Lipp kontrastieren charmant in den Rollen von frivoler Dame und ambitionierter Zofe. Anton Dermota wertet den leichtfertigen Alfred zum gemütvollen Belkantisten auf. Mit Alfred Poell als Falke begibt sich ein *Figaro*-Graf und *Tannhäuser*-Wolfram in das leichtere Genre. Kurt Preger als Frank verkörpert ein Stück Wiener Operettengeschichte der Nachkriegszeit. Sieglinde Wagner als stilsicherem Orlofsky ist man später in großen Mezzorollen des Opernfaches wiederbegegnet.

Die amerikanische Aufnahme aus demselben Jahr in englischer Sprache geht auf eine legendär gewordene Aufführungsserie der Metropolitan Opera New York zurück. Im Studio haben sich unter der Stabführung des gebürtigen Ungarn und Wahlamerikaners Eugene Ormandy Stars der Oper zusammengefunden, deren Namen noch heute überragenden Nimbus aufweisen: allen voran die Jahrhundert-Salome Ljuba Welitsch als Rosalinde, der große Mozart- und Mahler-Tenor Charles Kullmann als Eisenstein, die brillante Lily Pons als Adele und die tenorale Galionsfigur des damaligen italienischen Repertoires, Richard Tucker, als Alfred mit Momenten der Selbstpersiflage. Daß John Brownlee als Falke einst in Glyndebourne unter Fritz Busch den Don Giovanni gesungen hat, belegt zusätzlich den Rang dieses sprachlich verfremdeten Solitärs.

Herbert von Karajan hat zwei Studio-Aufnahmen der Parade-operette als akustisches Erbe hinterlassen. Unter der Ägide von Walter Legge standen ihm für seine Londoner Produktion von 1955 das Philharmonia Orchestra und der zugehörige Chorus sowie ein prominentes Sängerensemble zur Verfügung, in dem sich internationales Flair und bodenständiges Idiom die Waage halten. Der junge Nicolai Gedda, am Beginn seiner steilen Opernkarriere, bestach als Eisenstein durch Phrasie-rungskunst und tenoralen Höhenflug. Elisabeth Schwarzkopf wußte als Rosalinde Klugheit, Emotionalität und Raffinement ins rechte Lot zu bringen und überzeugte einmal mehr durch vokalen Feinschliff und die Kunst der Zwischentöne. Man merkt ihrem Vortrag die gewiegte Liedinterpretin an und wird schon auf die spätere Marschallin verwiesen. Bei Helmut Krebs wünscht man sich für den Alfred erneut kräftigere Far-ben, bewundert aber seinen musikalischen Vortrag. Mit Rudolf Christ als Orlofsky in Tenorlage wird die von Max Reinhardt und Erich Wolfgang Korngold begründete Tradition aufgegrif-fen. Der Falke von Erich Kunz und Carl Dönchs Frank brin-gen deftiges Komödiantentum ins turbulente Spiel: die Beck-messer-Erfahrung ist beiden Künstlern deutlich anzuhören. Durch Franz Böheim, den langjährigen Frosch zahlloser Wie-ner Aufführungen, erhält das Dokument Lokalkolorit und skurrilen Humor.

Die spätere Einspielung aus 1960 ist im engen Zusammen-hang mit einer Neuinszenierung des Werkes an der Wiener Staatsoper entstanden, deren künstlerischer Leiter Karajan mittlerweile geworden war. Bindende Plattenverträge sorgten freilich für Varianten gegenüber der Theaterbesetzung. Mit Waldemar Kmentt agierte ein Eisenstein der Sonderklasse, bald Zornbinkel, gleich wieder Schwerenöter, aber auch Wohl-standsbürger, dazu ein exzellenter Sänger. Über Hilde Güden mit ihrer Ausdruckspalette ebenso reife Frau wie kokettes

Weibchen ließe sich ebenso schwärmen wie über das virtuose Stimmregister der Erika Köth. Giuseppe Zampieri, der ‚Hausitaliener' im Gebäude am Ring für viele Jahre, betont nolens volens die parodistischen Elemente seiner Partie. Mit Regina Resnik präsentiert sich eine gefeierte Darstellerin von Carmen und Eboli als russischer Prinz. Mit drei Wiener Künstlern in neuer Konstellation (Walter Berry als Falke, Eberhard Waechter als Frank, Erich Kunz als Frosch) kommt das angestammte Ambiente stimmgewaltig und milieuecht zur Geltung. Zwei Merkmale zeichnen diese Karajan-Produktion in der Fülle des Angebots besonders aus: Der Verzicht auf instrumentale Ballettmusik beim Fest des zweiten Aufzugs; dafür eine ausgedehnte Einlage prominenter Gäste, die sich chez Orlofsky mit Paradenummern, aber auch in ungewohnten Rollen einführen: Renata Tebaldi, Leontyne Price, Jussi Björling u.a., aber auch Birgit Nilsson mit einer Nummer aus *My Fair Lady* und Ljuba Welitsch, bereits über den Zenit ihrer Karriere hinaus, mit „Wien, Wien, nur du allein …".

Zwischen diesen beiden vielgerühmten, immer wieder aufgelegten Referenzaufnahmen verdient auch eine Produktion aus dem Jahr 1959 noch unser Interesse. Auch sie ist in London mit den Philharmonia-Klangkörpern entstanden, und der Schweizer Otto Ackermann als musikalischer Leiter hat für das Operettengenre allemal eine gute Hand. Er versteht es, Witz, heitere Laune und augenzwinkernde Stimmung zu entfachen, und die Pflege der ‚leichten Muse' war ihm ein wirkliches Anliegen. Als tenorales Duo wirken Karl Terkal und Anton Dermota: dieser erneut ein Alfred mit Mozart-Schmelz und Verdi-Legato, jener ein Eisenstein mit vokaler Attacke und Wiener Vorstadt-Attitüden, in der ihm weniger liegenden Prosa vom Sing-Schauspieler Fred Liewehr gedoubelt. Gerda Scheyrer ist eine Rosalinde der verhaltenen Gefühle und stimmlichen Noblesse, Wilma Lipp erfreut als Adele wiederum

225

mit einer Allianz aus silbernem Timbre und trefflichem Rollenprofil. Mit dem Orlofsky bereichert Christa Ludwig das Repertoire notorischer Hosenrollen (Octavian, Komponist, Cherubino) ihrer frühen Sängerjahre. In anderer Konstellation – diesmal Waechter als Notar und Berry als Gefängnisdirektor – verkörpern die beiden Wiener Paradesänger gemeinsam mit dem Frosch von Erich Kunz nochmals das bodenständige Element.

In den sechziger Jahren erweitern zwei bemerkenswerte Neuaufnahmen das bereits üppige, aber noch übersichtliche Plattenangebot. In der Produktion aus 1964 regiert, was sich auch sprachlich bemerkbar macht, die Internationalität: Eine amerikanische Rosalinde, die damals im Fach der Operettendiva stark präsente Adele Leigh, eine gleichfalls anglophone Besetzung des Orlofsky, Risë Stevens, berühmt als Carmen, Orpheus und Dalila, dazu Sandor Kónya, der Ungar mit dem betörend-unverwechselbaren Stimmklang, kurz davor schon zum Bayreuther Lohengrin gereift, als Alfred. George London, der unvergeßliche Don Giovanni und Amonasro der Staatsoperneröffnung, der großartige Holländer und Amfortas, verleiht kurz vor dem tragisch frühen Ende seiner Sängerkarriere dem Falke Züge eines schweren Helden. Anneliese Rothenberger, auf dem Weg zur universellen Medienpräsenz, ist eine gewitzte Adele mit stimmlichen Momenten der *Figaro*-Susanna. Eberhard Waechter hat sich inzwischen den Eisenstein zu einer Glanzrolle für Jahrzehnte erobert: Als gestandener Bariton ‚punktiert' er zwar gelegentlich diese Tenorpartie, kompensiert die fehlenden Spitzen jedoch durch ein erfühltes und erfülltes Charakterporträt. Mit dem Frank stellt Erich Kunz seine vielgerühmte Bühnencharge auch auf der Platte vor. Über Chor und Orchester der Wiener Staatsoper waltet der Südslawe Oscar Danon, dem die Wiener Operettentradition nicht fremd und hörbar ein Bedürfnis ist.

226

Zwei Jahre später hat der österreichische Altmeister Robert Stolz ins Studio geladen. Wer selbst als Komponist mit einem Genre verwachsen ist, der wird auch zum engagierten Anwalt seiner großen Ahnherren. Am Pult der Wiener Symphoniker sorgt er für Schwung, aber auch für genaues Musizieren. Wilma Lipp ist vom Stubenmädchen zur Dame des Hauses aufgestiegen, ohne mit diesem Avancement ihr wienerisches Naturell zu verleugnen. Die ‚Zugereiste' Renate Holm, später eine erfolgreiche Wiener Hausbesetzung, verrät nur für genaue Ohren ihre preußischen Wurzeln. Rudolf Schock, stimmlich damals nicht mehr in allerbester Fassung, ist gleichwohl als Typus überzeugend und weiß, wovon er singt. Cesare Curzi verleugnet zum parodistischen Vorteil der Sänger-Rolle keineswegs den angestammten italienischen Opernhelden. Elisabeth Steiner (Orlofsky), Claudio Nicolai (Falke) und Walter Berry (Frank) komplettieren das Ensemble von Maestro Stolz.

Schon sind die siebziger Jahre erreicht, und an ihrem Beginn (1972) steht eine Aufnahme, die durch einige überraschende Besetzungsvarianten auffällt: Willy Boskovsky, ehemals Konzertmeister der Wiener Philharmoniker, dann für viele Jahre ihr telegener Dirigent (und Stehgeiger) bei den Neujahrskonzerten, erobert sich hier mit den Symphonikern aus Wien auch die musikdramatische Gattung: mit Charme und viel Sinn für Idiomatik. Ein akustisches Gustostück ist der Falke von Dietrich Fischer-Dieskau: Der überragende Liedgestalter setzt auch auf diesem ungewohnten Terrain seine Ausdrucksnuancen und stimmt das Verbrüderungsensemble mit weich strömender Kantilene an. Adolf Dallapozza ist ein Alfred mit tenoralem Aplomb und strahlender Tongebung. Brigitte Fassbaender singt sich mit dem Orlofsky, später einer ihrer bevorzugten Gastspiel-Rollen, ins Bewußtsein einer größeren Öffentlichkeit. Nicolai Gedda und Anneliese Rothenberger als ‚erstes Paar' sind nach wie vor Markenzeichen für Stimmkultur und musikalischen Geschmack. Renate Holm hat sich die Adele ganz zu eigen gemacht, und Otto Schenk brilliert erstmals als Frosch, dem die Pointen nie ausgehen. Fast überflüssig zu sagen, daß Walter Berry als Frank keinen Wunsch offen läßt.

Der Einspielung aus dem Jahre 1974 merkt man ein wenig an, daß sie eigentlich als ‚Sound-Track' zu der Fernsehinszenierung des Werkes produziert worden ist, einer Verfilmung übrigens, die seither zum Standardrepertoire für das Silvester- oder Neujahrsprogramm zahlreicher TV-Kanäle zählt. Liegt es daran, daß man durch die visuelle Prägung die vertraute Mimik und Gestik der durchwegs exzellenten Darsteller vermißt? Oder wirkte sich die Koordination mit den Bedürfnissen der Regie vielleicht doch als Korsett für die musikalische Wiedergabe aus? Denn die Besetzung selbst verheißt ja Genuß und allerhöchstes Niveau: Eberhard Waechter, der sich den Eisenstein bereits zum *Alter Ego* zurechtgebogen hat. Gundula Janowitz, mittlerweile große Opern-Heroine, wechselt virtuos die Register von Primadonnenallüre und Bürgerfadesse. Waldemar Kmentt, der vielseitige Bühnenkünstler (auch als Orlofsky und Blind in der *Fledermaus* bewährt), liefert als Alfred ein Psychogramm leicht schmieriger Selbstgefälligkeit. Renate Holm, die Referenzbesetzung der Adele, der Heldentenor Wolfgang Windgassen als grotesk-ältlicher Orlofsky, dazu das Wiener Duo Heinz Holecek (Falke) und Erich Kunz (Frank), schließlich der Regisseur Otto Schenk auch in der Frosch-Perspektive. Karl Böhm leitet die Wiener Philharmoniker und den Staatsopernchor im offenbar besten Einvernehmen. Ist es also wirklich nur das Fehlen der optischen Dimension, die dem schieren Hörgenuß das Erlebnis eines ‚Gesamtkunstwerkes' raubt? Oder hat die Münchener Einspielung aus 1976 dem älteren Produkt den Nimbus des Außergewöhnlichen entzogen? Denn hier ist Carlos Kleiber der Spiritus rector des musikalischen Geschehens, – und damit ist eigentlich schon sehr viel gesagt: Esprit der Interpretation, Wechsel zwischen Gefühlsrausch und aphoristischer Schärfe, erstaunliche, sogar befremdliche Temposchwankungen, erstmals hörbare Nebenstimmen, vieles gegen den Strich gebürstet. Chor und Orchester der Bayerischen Staatsoper sind ihrem Maestro überzeugt und überzeugend zu Diensten. Desgleichen ist den Sängern anzuhören, daß sie nicht einfach ihre ,leibeigenen‘ Schablonen abliefern, sondern sich in ein Konzept der ,wohlüberlegten Spontaneität‘ einordnen. Hermann Prey, wie Waechter ein Eisenstein aus der Bariton-Region, bündelt Phrasierungskunst und Bühnentemperament. Julia Varady, am Beginn ihrer internationalen Karriere, setzt ihr blühendes Timbre für die Rosalinde ein und ,explodiert‘ auch zur rechten Zeit. Lucia Popp ist in Stimme und Temperament eine Adele der Superlative. Bernd Weikl und Benno Kusche machen deutlich, welcher melodische Reichtum und harmonische Reiz auch in den Episoden von Falke und Frank stecken. Franz Muxeneder als lethargischer Frosch ist gewöhnungsbedürftig, mehr noch Iwan Rebroff als falsettierender Orlofsky: immerhin aber eine Möglichkeit, Extravaganz und ,Verstiegenheit‘ umzusetzen.

Neues vom Tage:
die Aufnahmen der achtziger und neunziger Jahre

Mit der Entwicklung des digitalen Verfahrens der Tonaufzeichnung wurde zu Anfang der achtziger Jahre in einem anderen, aber nicht minder revoltierenden Wortsinn eine ,Schallgrenze‘ durchstoßen. Über die Chancen und Bequemlichkeiten des neuen Tonträgers war einleitend bereits die Rede. Ebenso durften wir die Schattenseiten der raschen, bisweilen wildwüchsigen Konkurrenz, einer fast unkontrollierten Erweiterung des Angebots, einer sukzessiven Überschwemmung des Marktes und wachsenden Übersättigung der Konsumenten nicht verschweigen. Mit dem magischen Datum wurden Neueinspielungen zunächst parallel auf drei unterschiedlichen ‚Medien' veröffentlicht: Die bewährte Langspielplatte und die auf Reisen, im Auto oder mit Hilfe des Walkman so praktikable Musikkassette haben der Silberscheibe für gut ein Jahrzehnt Paroli geboten, ehe die Firmen zunehmend dazu übergingen, ihre aktuellen Produkte, aber auch Entdeckungen aus alten Archiven nur noch auf Compact Disc zu publizieren.

Eine Aufnahme aus dem Jahre 1986 hat wiederum durch zugkräftige Namen und ungewöhnliche künstlerische Konstellationen überrascht und den Verkauf begünstigt. Placido Domingo, mittlerweile als Otello und Hoffmann, aber auch im Wagnerfach weltberühmt und ein universeller Medienstar geworden, präsentierte sich in einer ungewohnten Doppelrolle. Als Dirigent von Chor und Orchester des Bayerischen Rundfunks München praktiziert er seine umfassende musikalische Ausbildung und beweist auch interpretatorische Fähigkeiten. Als Sänger des Alfred ist er in seinem vokalen Element und karikiert nebenbei auch die Mätzchen des Sängerstandes. Als Eisenstein läßt der junge Peter Seiffert aufhorchen und weist mit den Möglichkeiten seines Organs schon auf spätere helden-tenorale Aufgaben voraus. Seine Ehefrau Lucia Popp ist auch die Rosalinde im Stück, und einmal mehr hört man beklommen, welch eine Künstlerin durch den frühen Tod der Bühne abhanden gekommen ist. Als Adele singt sich Ulrike Steinsky in den Vordergrund der Aufmerksamkeit, und Agnes Baltsa, die große Tragödin und Komödiantin in einer Person, auch sonst mit Hosenrollen vertraut, gibt dem Orlofsky köstliches Profil. Mit Wolfgang Brendel als Falke und Kurt Rydl als Frank sind gestandene Opernsänger von sattem vokalen Kaliber eingesetzt. Helmut Lohner, auf den verbalen Part seiner

Rolle reduziert, gibt gleichwohl als Frosch Proben seines trocken-skurrilen Humors.

Auch die Neuerscheinung des Folgejahres verhieß der Musikwelt eine ausgewachsene Sensation. Kein geringerer als Nikolaus Harnoncourt, einst Sachwalter der alten Stile und Gattungen, Propagator der Originalinstrumente, Vertreter der ‚Klangrede' als Ausdrucksmuster, hatte Johann Strauß (auch seine Walzer und Märsche) und die Gattung der Operette für sich entdeckt. Wer diese Aufnahme aufmerksam anhört, wird ‚Aufrauhungen' im Klangbild, ungewohnte Tempi, eine gewisse Härte (oder vielleicht besser Un-Lieblichkeit) der Phrasierung zur Kenntnis nehmen, sich aber jedenfalls darüber freuen, daß er auch die originale Ballettmusik auf Orlofskys Fest authentisch hören darf. Das Concertgebouw-Orchester Amsterdam ist dem Dirigenten bei seinem unkonventionellen Vorgehen ein getreuer, nicht von langjähriger Routine belasteter Partner. Daß dieser Klangkörper keine nennenswerte Operettenerfahrung aufweist, ist im besonderen Fall kein Manko, sondern wendet sich in dialektischer Umkehr zum Vorzug. Auch die Besetzung der Gesangsrollen erbringt neue Facetten und läßt das Werk von markanten Persönlichkeiten profitieren: Werner Hollweg ist ein Eisenstein der Zwischentöne und der Gratwanderung zwischen Bonhommie und Schlitzohrigkeit. Als seine Gattin zeigt Edita Gruberova nicht bloß die erwartete gesangliche Virtuosität, sondern formt auch ein plastisches Charakterbild. Alfred, ihr Galan, gewinnt durch Josef Protschka den Standard eines vokalen Krösus, und Barbara Bonney, nunmehr die Hanna Glawari in der Wiener Staatsopernproduktion der *Lustigen Witwe*, erobert sich mit der Adele das Terrain der Operette. Die pastose Marjana Lipovšek als Prinz, Christian Boesch und Anton Scharinger als Notar Falke bzw. Gefängnisdirektor Frank, endlich André Heller als maniert-paradoxer Frosch komplettieren ein Ensemble, in dem eine kleine Rolle besondere Erwähnung verdient: Waldemar Kmentt hat den vielen Charakteren in der *Fledermaus* nun auch noch den Advokaten Blind hinzugefügt – und ist ganz und gar kein ‚Blindgänger‘.

Auch die Aufnahme, die André Previn, der Pianist, Komponist und Jazz-Experte unter den Pultstars 1990 mit den Wiener Philharmonikern eingespielt hat, verdient Beachtung – nicht zuletzt wegen einiger außergewöhnlicher Besetzungen: Dame Kiri Te Kanawa kann auch als Rosalinde die seriöse Primadonna nicht abstreifen, die Arabella und Donna Elvira nicht verleugnen. Edita Gruberova beweist, daß ihr Aufstieg zur Rentiers-Gattin (siehe die vorige Produktion) die Attitüden des Kammerkätzchens nicht beeinträchtigt haben: Wieder als Adele eingesetzt, erfreut sie nicht nur durch brillante Koloraturen, sondern unterhält auch mit gespielter Larmoyanz und affektiertem Gehabe. Mit Richard Leech in der Rolle des Alfred erobert sich ein höhensicherer Tenor der Sonderklasse das Operettenmetier.

Die Neuerscheinungen der neunziger Jahre spiegeln zwei rezente Tendenzen des Tonträgermarktes wider: Billig-Labels expandieren aus ihren bescheidenen Nischen und ermöglichen es jungen Sammlern, sich für wenig Geld in kurzer Zeit eine stattliche Kollektion anzulegen. Weiters ist ein Trend zur Konservierung von Bühnenaufführungen auszumachen. Zum Reiz der Live-Atmosphäre und dem Erinnerungswert eines faßbaren Theaterereignisses kommen auch ökonomische Vorteile: Das vorhandene, direkt aufgezeichnete Tonmaterial braucht nur noch ‚kosmetisch‘ bearbeitet zu werden, oder – dies eine weitere Variante – ein bereits eingespieltes Ensemble wird für kurze Zeit im Umfeld einer Aufführungsserie ins Studio gebeten.

Eine besonders rührige Firma hat 1991 mit dem Klangkörper aus Bratislava und dem Ex-Philharmoniker Johannes Wildner als Dirigenten ein großteils jüngeres, sehr ambitio-

niertes Team von Sängern verpflichtet, die dem Wiener Musikfreund aus dem Opernalltag beider Häuser durchaus vertraut
klingen: John Dickie als frecher Eisenstein, Brigitte Karwautz
als quicklebendige Adele, Rohangiz Yachmi als exotischer
Dandy-Prinz, dazu die Routiniers Josef Hopferwieser (Alfred),
Andrea Martin (Falke), Hans Kraemmer (Frosch).

Ein Ensemble der Wiener Volksoper auf Japan-Tournee
hält ein weiteres CD-Produkt akustisch fest: darunter die
führenden Sopranistinnen Melanie Holliday und Mirjana
Irosch in den weiblichen Hauptrollen, Richard Karczykowski,
Robert Granzer, Hans Kraemmer und Waldemar Kmentt
unter den männlichen Akteuren sowie Ossy Kolmann mit hin-
tergründigem Witz als kuriosen Frosch. Auch der Dirigent
dieser Aufnahme, Erich Binder, ist aus dem Verband der
Wiener Philharmoniker hervorgegangen.

Beenden wir diesen Rundgang durch das Ton-Museum mit
einer Dokumentation der *Fledermaus*-Inszenierung von den
Freilicht-Festspielen in Mörbisch am Neusiedler See. Rudolf
Bibl, der große Operetten-Praktiker am Pult des Sinfonie-
orchesters Burgenland, steht einer Riege von Gesangssolisten
vor, die nunmehr eine neue Generation am Werke zeigen: so
Silvana Dussmann als Diva von heute, Eva Lind als Koloratur-
sopran auf ,Soubretten-Gastspiel', die Brüder Peter und Paul
Edelmann, Söhne des unvergessenen Wiener Ochs auf
Lerchenau, im aparten Widerstreit der Bühnenrollen. Waldemar Kmentt sorgt einmal mehr für die ungebrochene Konti-
nuität.

Ein Solitär der Interpretation

Wir glaubten uns mit guten Gründen auf Gesamtaufnahmen
der *Fledermaus* beschränken zu dürfen, vielleicht sogar zu müssen. Denn das Angebot an Querschnitten, gar an Einzelnum-

mern in prominenter Besetzung hat Legionenstärke angenommen. Selbst eine bloße Titelrevue ohne jedes wertende
oder charakterisierende Wort verbietet sich da, wenn das
schiere Quantum kaum noch überblickt, die individuelle Qualität dafür umso leichter übersehen werden kann.

Doch eine Ausnahme von der selbstgestellten Regel sei
gemacht, und sie läßt sich mit dem exemplarischen Rang der
Interpretation auch gut vertreten: zumal das Tondokument
zeitlich so weit zurückliegt, daß es gleichsam außer Konkurrenz zu jüngeren, gar heutigen Wiedergaben steht und somit
auch manche störenden Momente eines vergleichenden Qua-
litätsurteils entfallen. Es handelt sich um die Nr. 9 der Partitur,
um das sogenannte Uhrenduett zwischen Rosalinde und
Eisenstein: „Dieser Anstand, so manierlich …" Die dramaturgische Situation fordert über die vokalen Ansprüche hinaus
auch der musikalischen Rhetorik, der Phrasierungskunst und
dem Profilierungsvermögen der Interpreten vielerlei Nuancen
ab. Ein verkappter Lebemann, der mit dem alten Ver-
führungstrick, einer hübschen Repetieruhr, angeblich gekauft,
„um sie einer liebenswürdigen Künstlerin als Zeichen meiner
Huldigung darzubringen", an die eigene Gattin gerät. Diese
wiederum geht im Inkognito einer ungarischen Gräfin
zunächst bereitwillig auf die erotische Werbung ein. Da sie das
Spielchen durchschaut und im Gedanken schon einen Schritt
weiter ist, übernimmt sie alsbald selbst die Initiative. Sie
schlägt einen Rollenwechsel vor („Den Schlag des Herzens
zählen Sie und ich das Tiktak Ihrer Uhr"), erobert dabei das
tückische Objekt und kann es sich als Corpus delicti für das
geplante Rachemanöver aufsparen. Eisenstein wiederum, der
von diesem raffinierten Hintersinn nichts ahnt, ist doppelt
düpiert: Er kommt mit seinen amourösen Absichten nicht ans
Ziel und hat noch dazu seinen bewährten Köder verspielt.
Seine Reaktion wirkt wie ein Verschnitt aus resignierter Ver-

drossenheit und widerwilliger Anerkennung der überlegenen Partnerin: „Sie ist nicht ins Netz gegangen, hat die Uhr mir abgefangen. ... Meine Uhr ist annektiert, ach, ich bin blamiert! Weh mir!"

Was Vera Schwarz und Richard Tauber am 28.10.1928 in der Frühzeit der elektrischen Aufnahmetechnik – das Mikrophon hatte eben erst den Schalltrichter abgelöst! – zu Gehör bringen und der Nachwelt vermitteln, ist eine künstlerische Offenbarung und eine Sternstunde musiktheatralischer Interpretation. Bei aller Skepsis gegenüber superlativischen Urteilen und der gebotenen Vorsicht vor Pauschalaussagen: der Meinung, das Uhrenduett in dieser Kombination sei die gelungenste, interpretatorisch überzeugendste Operetten-Aufnahme aller Zeiten, läßt sich schwer widerstehen und kaum widersprechen. Technische Mängel, Plattenrauschen, verringertes Schallvolumen und ein reduzierter Orchesterklang verlieren als Störfaktoren ihre Bedeutung. Denn der Rang der Ausdeutung dieser Nummer, die Verbindung von Witz, Diktion, Timbre und Musikalität, der gleitende Übergang zwischen Kantilene und chansonesker Pointe, die Schattierungen von Drängen und Nachgeben, die Dynamik von Eroberung und Niederlage, das Wechselspiel menschlicher Affekte und Schwächen – hier wird es zum unvergleichlichen Ereignis.

Über die Person und Karriere von Richard Tauber erübrigen sich wohl weitschweifige Ausführungen: Ein vielseitiges Wirken, ein reichhaltiges Tonvermächtnis, die Bindung an das Spätwerk von Franz Lehár, literarische Würdigungen und eine ungebrochene mediale Präsenz sorgen dafür, daß seine Leistungen (auch als Komponist und Dirigent) nicht vergessen wurden, daß sein Name noch heute ein Begriff ist. Immerhin sei in Erinnerung gerufen, daß unsere beispielhafte Einspielung von zwei bemerkenswerten Berliner Operetten-Uraufführungen eingerahmt ist: Lehárs *Friederike* (4.10.1928) und *Das*

Land des Lächelns desselben Komponisten (10.10.1929), beide am Metropol-Theater zu ihrem Siegeszug aufgebrochen. Auch daß Richard Tauber – wenige Monate vor seinem frühen Tod – im September 1947 mit Sängern der Wiener Staatsoper bei einem Gesamtgastspiel des Ensembles an der Covent Garden Opera nochmals als Don Ottavio aufgetreten ist, soll als Österreich-Bezug nicht vergessen werden.

Über Vera Schwarz, die Operettendiva mit dem Standbein im Opernrepertoire, mögen dagegen einige Informationen hilfreich und willkommen sein. Aus Agram gebürtig hat die Künstlerin nach kurzem Gesangstudium 1908 am Theater an der Wien debütiert: Zwar nur in einer kleinen Operettenrolle eingesetzt, hatte die Zwanzigjährige immerhin Alexander Girardi zum berühmten Partner. Die notorischen Provinzjahre absolvierte sie in Graz, ehe sie sich am Wiener Johann Strauß-Theater gerade mit der Rosalinde einen ganz großen und nachhaltigen Erfolg ersang. Doch der innere Ruf zu Höherem ließ sie über das Operettenfach hinausstreben: Die Jahre des Weltkriegs verbrachte sie in Hamburg, wo sie große Opernpartien bald überregional bekannt machten. Ein Engagement an der Berliner Staatsoper schloß sich an, und 1922 kehrte sie endlich mit dem Nimbus einer packenden Sängerdarstellerin nach Wien, freilich nunmehr an die Staatsoper, zurück, wo sie als Tosca, Carmen, *Figaro*-Gräfin, aber auch im Wagnerrepertoire als Eva und Sieglinde auftrat. Ihr sensationeller Durchbruch bei der Uraufführung von Franz Lehárs *Der Zarewitsch* am Deutschen Künstlertheater Berlin an der Seite von Richard Tauber ließ sie 1927 ihr ehemaliges Metier neu entdecken. Ja mehr noch, die großen tragischen Sujets, denen sich dieses Genre in seiner Nachblüte stellte, und die erhöhten stimmlichen Anforderungen gestatteten der Künstlerin zwanglos ein zweigleisiges Wirken. Dieses schlägt sich auch in ihren Engagements nieder: in den frühen dreißiger Jahren war sie in

Berlin gleichzeitig an der Staatsoper und am Metropol-Theater verpflichtet. Die Partnerschaft mit Richard Tauber schlug sich auch zunehmend in Plattenprodukten nieder, so etwa in den noch heute unübertroffenen Szenen aus dem *Land des Lächelns*. Als Jüdin mußte Vera Schwarz 1933 zunächst Deutschland, 1938 auch Österreich verlassen. In Chicago und San Francisco, vor allem aber als Konzertsängerin setzte die Emigrantin in den USA ihre Laufbahn fort. Doch bald nach Kriegsende zog es sie wieder nach Wien, wo sie ebenso wie am Salzburger Mozarteum gesangspädagogisch tätig wurde. Im 77. Lebensjahr ist die Künstlerin am 4.12.1964 in der Stadt ihrer großen Triumphe gestorben.

Ein Fest in E-Dur und (vorgeschützte) Trauer in C-Dur

Ein umstrittenes Thema

Ein viel umstrittenes Thema der Musikpsychologie und Musiktheorie ist, daß man immer wieder versucht hat, Tonarten bestimmten Stil- und Ausdruckswerten zuzuordnen, etwa das Dämonische und Gewaltige dem d-Moll oder das Strahlende, Frühlinghafte dem E-Dur. Zahlreiche Gegenargumente gegen einen Charakter der Tonarten sind leicht anzuführen. Die Tonhöhen sind nicht absolut, da schon die Stimmung der Instrumente erheblich schwanken mag. Die Stimmung von Saiteninstrumenten wird bei Erwärmung tiefer und von Blasinstrumenten höher, weswegen während eines Konzertes immer wieder nachgestimmt werden muß, wobei traditionell die Oboe den Ton angibt. Lieder können höher und tiefer angestimmt werden, sind also innerhalb von Grenzen transponierbar. Mathematisch betrachtet bedeutet die Erhöhung um einen temperierten Halbton eine Erhöhung der Tonfrequenzen um den Faktor $1,059463094\ldots$ (ganz genau sollte es die zwölfte Wurzel aus 2 sein!). So ist die Frequenz des Tones *cis* in der temperierten Stimmung gleich der Frequenz des Tones *des*, nämlich um diesen Faktor größer als die Frequenz von *c*. In der natürlichen Stimmung sollte *cis* gleich $25/24 = 1,04166\ldots$ sein, hingegen *des* gleich $27/25 = 1,08$. Da der Bereich der hörbaren Frequenzen zahlreiche Oktaven umfaßt – ein Oktavschritt entspricht dem Faktor 2 – mag diese Veränderung tatsächlich geringfügig erscheinen. Im Bereich des sichtbaren Lichtes bedeutet dieser Faktor schon eine Verschiebung des Farbtons, denn der Bereich des sichtbaren Lichtes umfaßt die Wellenlängen von etwa 380 Nanometer bis 780 Nanometer – dabei ist ein Nanometer nur der milliardste Teil eines Meters. Das ist eine knappe Oktave. Im Vergleich dazu: Die Tastatur eines Klaviers umfaßt in der Regel mindestens sieben Oktaven. Vor allem hat sich im Lauf der letzten Jahrhunderte die Stimmung erhöht, bis man den Kammerton a^1 mit 440 Hz international festgelegt hat (aber manche Orchester stimmen immer noch höher; manchmal zum Leidwesen der Sänger und Sängerinnen).

Nun: Der Bau der Instrumente mag hier seinen Anteil gehabt haben. Der Klangraum eines Blechblasinstruments wird zunächst von den Naturtönen dieses Instruments bestimmt, und vor der Erfindung der Ventiltechnik war dies auch eine kompositorische Einschränkung. Man hat Hörner und Trompeten vielfach in F oder B gebaut und daher stehen viele Konzerte für Trompete oder Horn in einer B-Tonart. Die Streichinstrumente haben meist vier Saiten: die Violine in g, d^1, a^1 und e^2, das Violoncello in C, G, d und a. Durch die Grifftechnik bedingt sind daher die Kreuztonarten auf der Violine bevorzugt. Die Walzer von Joseph Lanner und Johann Strauß Vater belegen dies recht gut, wobei die Tendenz bei Joseph Lanner viel eindeutiger ist. Betrachten wir nur die Anfangsmelodien der Walzer dieser beiden Komponisten. Bei Joseph Lanner finden wir bei 139 Walzern folgende Verteilung: E-Dur 29, A-Dur 30, fis-Moll 2, D-Dur 18, G-Dur 17, e-Moll 2, C-Dur 14, a-Moll 1, F-Dur 6, B-Dur 8, Es-Dur 12. Bei Johann Strauß Vater sind es insgesamt 147 Walzer mit E-Dur 21, A-Dur 23, D-Dur 15, h-Moll 2, G-Dur 12, C-Dur 25, F-Dur 19, B-Dur 14, Es-Dur 14, As-Dur 2. Verschiedenen Überlieferungen nach hat die musikalische Karriere von Johann Strauß Vater als Bratschist bei Michael Pamer (1782–1827) bzw. bei Joseph Lanner (1801–1843) begonnen. Nun ja, die Bratsche hat die Besaitung in *c*, *g*, *d¹* und *a¹*, steht also den Kreuztonarten nicht ganz so nahe wie die Violine (alles nur Spekulation!).

Von Richard Wagner wird folgende Anekdote berichtet: Er habe das eben erfundene Meistersinger-Thema gesungen und ein echtes „C-Dur-Thema" genannt, worauf „ein Jünger mit absolutem Gehör" eingewandt habe, der Meister habe nicht in C, sondern in A gesungen. (Zitiert nach Wellek 1987, 139). Ein beredtes Beispiel für die Vorstellung eines den Tonarten innewohnenden Charakters! Brahms soll dieser Frage eher skeptisch gegenübergestanden sein, aber auch da gibt es eine Anekdote. Dem Sänger Gustav Walter zuliebe, der das „Minnelied" (op.71/5) aus dem Manuskript mit Brahms probierte, transponierte er es nach C-Dur, und jammerte dann, nachdem es gedruckt war, den Freunden vor, daß er es nicht in der ursprünglichen Tonart D gelassen habe, da habe es viel frischer geklungen (aus der Brahmsbiographie von Kalbeck; zitiert nach Mies 1948, 213).

Eine größere Untersuchung über den Charakter der Tonarten hat Mies 1948 vorgelegt. Er diskutiert auch die ältere Literatur zu diesem Thema. Das seiner Untersuchung zugrunde gelegte Material sind einerseits Werke, die für Instrumente in temperierter Stimmung (also Tasteninstrumente) geschrieben worden (noch unterteilt in vier Gruppen: Barock, Klassik, Romantik, Neuere Zeit) und Instrumentalwerke von J. S. Bach, L. van Beethoven und J. Brahms. Obwohl sich bei diesem Material doch einige Zuordnungen zu bestätigen scheinen, führt ihn seine Untersuchung zum Schluß: „Ich meine auch, daß es ein weitgehendes, fast unmögliches Verlangen sei, wenn sich lediglich die Tonart über alle Wechsel der Rhythmik, Taktart, des Zeitmaßes, über die vielfachste Melodik und Modulation hinaus auch nur in einer Mehrheit von Stücken durchsetzen soll."(a. A. O., 192). Es zeigt sich nämlich, daß neben der Tonart für den Charakter eines Stückes die Faktoren Taktart (gerader versus ungerader Takt) und Tempo zu berücksichtigen sind. Unter Berücksichtigung dieser Faktoren können mit einer gewissen Vorsicht ‚Charaktere' ermittelt werden, die allerdings noch von Stilepoche zu Stilepoche Veränderungen unterworfen scheinen oder besser als Stilmomente einzelner Komponisten aufzufassen sind. Dabei sind die von Mies zur Gruppe ‚Neuere Zeit' gezählten Werke meist auszuklammern, da bei ihnen meistens die Grenzen der Tonalität überschritten sind.

Einige Beispiele seien genannt:

C-Dur, **C** oder 2/2 , langsames Tempo ~ majestätisch
G-Dur, ungerader Takt, 2/4 oder 6/8,
mittleres oder schnelles Tempo   ~ einfach, heiter, unkompliziert
Fis-Dur, gerader Takt,
schnelles Tempo   ~ leidenschaftlich, heiße Liebe
cis-Moll, beliebiger Takt,
mittleres Tempo   ~ ernst, pathetisch, energisch.

Trotz dieses nicht allzu optimistisch stimmenden Befundes soll versucht werden, an einigen Beispielen zu zeigen, daß die Wahl der Tonart in der Tradition der Wiener Operette doch nicht ganz zufällig zu sein scheint. Dabei wird immer wieder auf Johann Strauß und die *Fledermaus* geachtet werden, aber auch einige wenige Beispiele aus bekannten Opern angeführt.

Im Quintenzirkel aufwärts

Beginnen wir mit der schlichten Tonart C-Dur. In der *Fledermaus* ist sie überwiegend die Tonart von Trauer und Feierlichkeit, natürlich ironisch gemeint. Adele klagt in dieser Tonart „Ach ich darf nicht hin zu dir", sie spricht von ihrer Tante und denkt an das Grand Souper in der Villa. Die Vorfreude auf eben dieses Souper in E-Dur wird durch das bedenkliche Andantino „Doch meine Frau, die darf's nicht wissen" unterbrochen. Der trüben Aussicht auf Gefängnis und Einsamkeit wird ein trostreiches feierliches „Es gibt ein Wiedersehn" entgegengesetzt, umrankt von der scheinheiligen Fröhlichkeit „O je, o je, wie rührt mich dies" (ebenso in C-Dur, nachdem das traurige c-Moll der Klagen „So muß allein ich bleiben" und „Wo bleibt die traute Gruppe" abgeschüttelt wurde). Fröhlichkeit mit etwas melancholischem Unterton zeichnet die Einladung des Gefängnisdirektors aus „Mein schönes, großes Vogelhaus". In C-Dur sind die eher höfisch feierlich wirkenden Teile der Ballettmusik (in N°11) gehalten: Allegretto moderato (Spanisch) und Allegretto molto moderato (Russisch). Ebenso feierlich beschwörend, aber durch den 6/8-Takt als Ständchen gekennzeichnet, ist „Täubchen, das entflattert ist." Eine fröhliche Melodie mit durch chromatische Einsprengsel angedeuteten Bosheiten ist „Mein schönes, großes Vogelhaus."

G-Dur und Tempo di Valse (moderato), das ist vor allem bei Lehár und Kálmán Verlangen nach Liebe, Hoffen und Werben. Schon in Lehárs *Wiener Frauen* steht ein sehnsuchtsvoller Walzer in G-Dur, und im letztlich nicht erfolgreichen *Göttergatten* singt Amphitryon in dieser Tonart sehnsuchtsvoll „Was ich einst erträumte". „Lippen schweigen, 's flüstern Geigen" steht in G-Dur. „Bist Du's lachendes Glück, das jetzt vorüberschwebt" singen Angèle und René, als in ihnen die Sehnsucht nach Liebe in der Operette *Der Graf von Luxemburg* erwacht, in dieser Tonart; das elegische Walzerlied „Wer die Liebe kennt" in Lehárs Operette *Die blaue Mazur* ist in G-Dur. Tassilo lädt ein und hofft in G-Dur (in der *Gräfin Mariza*; alles natürlich in der für Kálmán typischen Klangfarbe): „Mein lieber Schatz, zieh an Dein schönstes Kleid" und weiter „Sag ja, mein Lieb, sag ja".

243

Sehr aufschlußreich sind auch Transpositionen, das heißt Verlagerungen einer Melodie in eine andere Tonart. Am Ende des ersten Aktes der Operette *Die Lustige Witwe*, als Danilo zuversichtlich ist, durch den Zauber des Walzers Hannas Liebe zu gewinnen, erklingt die Weise „Wie die Blumen im Lenze erblüh'n" als Valse moderato nach G-Dur versetzt. Das naturhafte, geheimnisvolle Motiv „Eh' ein kurzer Mond in's Land mag entflieh'n, wird Dein stolzes Herz in Liebe erglüh'n", welches Gräfin Mariza im Finale des ersten Aktes in F-Dur anstimmt, wird im Finale des zweiten Aktes in G-Dur wiederholt, zunächst sehr langsam und verzweifelt feierlich, dann aber, als Mariza erkennt, wer die vermeintliche Konkurrentin Lisa wirklich ist, stürmisch in dieser Tonart mit dem Text „Lisa, seine Schwester, wer hätt's gedacht!" aufgenommen und mit jubelndem Ruf „Mein Herz ist sein und seine Lieb' auf ewig, auf ewig mein" in der marschartigen Variation „Wenn das Herz von Glück und Liebe träumt" fortgeführt. Die Melodie des Duettes „Wir zu Zwei'n, so ganz allein, im Mondenschein und nicht im Dunkeln munkeln?", welches Dolly und Frank in der nicht so erfolgreichen Lehároperette *Endlich allein* in As-Dur zum Besten geben, hat als Walzerlied „Bin verliebt, bin so verliebt, maßlos verliebt, so wie ein kleines Mädel!" in der erfolgreicheren Umarbeitung *Schön ist die Welt*, natürlich in G-Dur, ein ganz anderes Timbre bekommen.

Verlangen und Hoffen schließen aber Verzicht nicht aus: „Immer nur lächeln und immer vergnügt", so singt Prinz Sou-Chong, aber dieses G-Dur verliert sich in verschiedenen in Moll gehaltenen Abtönungen, und wir haben auch schon den Walzer hinter uns gelassen, denn der Takt ist 9/8 und Tempo rubato ist angesagt.

Nur selten hat Lehár ein Liebeslied in geradem Takt geschrieben. „Sag mir, sag mir, bist du die Frau" aus *Frasquita* ist eine Ausnahme. Meist sind es fröhliche Märsche und lustige

Lieder, die im geraden Takt in fröhlichem G-Dur angestimmt werden, eine Fröhlichkeit, die das G-Dur der *Fledermaus* beherrscht (von den zahlreichen Beispielen dieser Art bei Lehár seien nur zwei erwähnt: „Wir bummeln durchs Leben, was schert uns das Ziel" aus *Der Graf von Luxemburg* und „Wer ist denn der Mann mit der schönen Frau?" aus *Wo die Lerche singt*).

Im ungeraden Takt (nämlich 3/4) steht das Trinklied „Trinke, Liebchen", aber es ist ein echtes Allegretto, kein Walzer, ein Schuß Italianità, die in diesem Lied steckt, welches auch in die noch wärmere Tonart D-Dur ausschwärmt („Flieht auch manche Illusion"). „Mein Herr, was dächten Sie von mir" steckt voller Ironie und Überredungskunst. Das neckische Couplet „Mein Herr Marquis" ist ein Allegretto im 3/8-Takt, welches eine Interpretation als Walzer gestattet – das Thema wird von Strauß in den Walzer „Du und Du" (op.367) eingearbeitet. Ausgelassen fröhlich sind natürlich die beiden Walzerthemen des großen Finales des zweiten Aktes. In drei fröhlichen Schattierungen erleben wir G-Dur im Couplet der Adele im dritten Akt: Im 6/8-Takt eines Ständchens „Spiel ich die Unschuld vom Lande", im gehobenen C-Takt höfischer Feierlichkeit „Spiel' ich eine Königin" und im neckischen Allegretto grazioso (3/8) „Spiel' ich 'ne Dame von Paris". In G-Dur stehen die aufgeregte Erzählung Eisensteins „Nein mit solchen Advokaten" und der unverblümte Bericht Alfreds „Ein seltsam Abenteuer". Nur auf dem ersten Blick steht „Nein mit solchen Advokaten" in G-Dur. Die Stimmung ist viel zu erregt, um in einer Tonart zu bleiben! Daher bricht die Harmonik dem in Halbtonschritten absteigenden Thema folgend immer wieder aus. Die Stimmung bleibt erregt: „Sie krähen wie ein Hahn" wirft Eisenstein dem Dr. Blind in einer Mischung aus E-Dur und F-Dur an den Kopf und wird in Fis-Dur und G-Dur noch deutlicher: „Sie sind ein Blödian" usw. bis Rosalinde bedeutet

„Das Beste wär, Sie gehen hinaus, sonst wird noch ein Skandal daraus!"

Da ja *Die Fledermaus* nicht die Geschichte einer erwachenden Liebe erzählt, gibt es dort kaum Belege für die Verwendung dieser Tonart bei Johann Strauß in diesem Sinn. Im Jahr 1874 ist aber der wunderbare Walzer op.364 „Wo die Zitronen blühen" geschrieben worden. Der Titel wurde offenbar inspiriert von Goethes Lied der Mignon „Kennst du das Land, wo die Zitronen blühn", welches mehrfach vertont wurde (darunter von Ludwig van Beethoven, Franz Schubert, Robert Schumann, Franz Liszt und Hugo Wolf). Es ist ein Walzer der Sehnsucht und Liebe. Der erste Walzer hat zwei Themen, den sehnsuchtsvollen Beginn in G-Dur (mit den Anweisungen *pianissimo* und *dolce*) und ein lebhaft drängendes Thema, welches in eben dieser Tonart aus dem Dominantseptakkord entwickelt wird. Walzer Nummer Zwei steht in D-Dur. Das erste Thema beginnt ebenfalls mit der Dominante und wird nach der Wiederholung in ungewöhnlich reichhaltiger Modulation zu einem zweiten Thema geführt. Dieser zweite Walzer wurde mit dem Text „Wenn der Nachtwind weht" in eine spätere Überarbeitung des *Carnevals in Rom* aufgenommen und signalisiert dort eindeutig ein Liebeslied. Der dritte Walzer hat die Form A-B-A. Teil A ist wiederum in G-Dur (die Melodie wurde später in der Operette *Wiener Blut* mit dem Text „Was nützt der gute Vorsatz mir?" (N°8) unterlegt, aber nach A-Dur versetzt – Graf Zedlau ist aber auch ein liebenswerter Schwindler!), Teil B in der Tonart der Dominante in D-Dur. Man könnte darüber nachsinnen, ob Johann Strauß einige melodische Einfälle, die im heiteren Geschehen der *Fledermaus* keinen Platz finden konnten, in diesem Walzer vereint hat.

D-Dur, das ist im 3/4-Takt Liebe und Nähe, Wärme und Fröhlichkeit. Das Liebesduett in Johann Strauß' erstem Bühnenwerk *Indigo und die vierzig Räuber* hat eine wunderbare

Melodie in dieser Tonart „Von deinem Arm umfangen fühl'
ich süße Lust". Die Ballmusik im ersten Akt der Operette *Die
lustige Witwe* ist in fröhlichem D geschrieben. In dieser Tonart
führt Danilo sie auch ins Maxim, denn dieses Lied ist doch ein
heimliches Liebeslied, wie die kurze Reminiszenz vor dem
Tanzduett des zweiten Aktes zeigt. In dieser Tonart liebt so
unbeschwert in Lehárs *Der Graf von Luxemburg* Juliette Ver-
mont ihren Armand Brissard („Denn doppelt schmeckt's dem
Bübchen"), möchten Sylva und Edwin in Kálmáns *Csardas-
fürstin* tanzen und jauchzen und in die Welt es schreien, gibt
Stefan in der *Ungarischen Hochzeit* von Nico Dostal seiner Janka
den Rat „Frag' nur Dein Herz, was Liebe ist"… Immerhin, der
Walzer „Liebeslieder" op.114 von Johann Strauß beginnt mit
einem drängendem Thema in D-Dur. Alles Zufall? In Bizets
Carmen gibt es nur ein einziges kurzes Liebesduett: Bevor
Escamillo die Arena betritt, spricht er Carmen an „Liebst du
mich treu und innig" (in D-Dur). Carmen antwortet (in G-Dur)
„Escamillo! Ich lieb dich".

In dieser Tonart erklingt der wundersame Dreiklang, der
den Walzer „An der schönen blauen Donau", op. 314 von
Johann Strauß (Sohn), der für eine Faschingsliedertafel
geschrieben wurde, unvergänglich werden ließ. Der Name dieses Walzers könnte einem Gedicht von Carl Isidor Beck entnommen sein. Beck dichtete: „An der schönen blauen Donau
liegt mein Dörfchen still und fein …". Diese Verse sind von der
ungarischen Landschaft inspiriert, wo an sonnigen Tagen die
Donau klar und blau erscheinen mag, die Theiß durch den fei-
nen mitgeführten Sand gelblich getönt ist. Aber dieser Walzer
war als Faschingswalzer gedacht („Ihr Wiener seid froh, oho
wieso" lautete ja der ursprüngliche Text von J. Weyl). Er ist
nicht als Beschreibung einer Naturstimmung gedacht, denn da
wäre er eher in einer B-Tonart geschrieben worden. Die Introduktion in A-Dur kann natürlich an die Vorstellung eines Flus-

ses erinnern, der im Licht der aufgehenden Sonne glitzert. Der Walzer „An der schönen grünen Narenta", op.227 von Karl Komzak (Sohn) beginnt in dieser Tonart und auch der Walzer „Les pâtineurs" (Schlittschuhläufer) von Émile Waldteufel. Noch mehr Funkeln verlangt schon E-Dur wie Joseph Lanners „Abendsterne" op.180 oder „Mondnacht auf der Alster" op.60 des einst populären Oscar Fetrás (eigentlich Otto Faster, 1854–1931). Fetrás hat sich als Verehrer und Förderer der Musik von Johann Strauß einen Namen gemacht hat; seine Johann-Strauß-Sammlung ging 1971 in den Besitz der Stadtbibliothek Wien über. Zu Recht wird der Donauwalzer um Mitternacht zu Beginn eines Neuen Jahres angestimmt, wenn Menschen einander umarmen, Liebe und Zuversicht für das Kommende einander schenken wollen. Max Schönherr, ein profunder Kenner dieses Genres, schreibt in seinem synoptischen Handbuch der Tänze und Märsche: Die „Blaue Donau" ist nur in D-Dur und der „Kaiser-Walzer" nur in C-Dur vorstellbar. (Schönherr 1982, X).

In der „Fledermaus" kommt D-Dur überwiegend in geradem Takt vor. Die auch als Tik-Tak-Polka (op.365) bekannt gewordene Weise „Eins, zwei, drei, vier" und das Champagnerlied „Im Feuerstrom der Reben" stehen für Witz und Laune, Freude und Übermut dieser Tonart. Wärme vermittelt die kurze Wanderung des Trinkliedes in diese Tonart „Flieht auch manche Illusion". Eine zu Lebensfreude polare Melancholie beherrscht den Csárdás „Klänge der Heimat" in h-Moll, die allerdings durch die rasche Frischka in D-Dur „Feuer, Lebenslust" abgelöst wird.

A-Dur ist auch eine Tonart der Liebe, aber diese Liebe ist irgendwie fragend oder kokett, verhüllt oder bedroht. Wohl singt Helene (im *Walzertraum* von Oscar Straus) „Ich hab' einen Mann, einen eigenen Mann", aber ihren Mann zieht es schon fort, in den duftenden Garten. In dieser Tonart liegt dem

Prinzen Sou-Chong und Lisa die Frage „Wer hat die Liebe uns ins Herz gesenkt" als Lied der Liebe auf den Lippen, aber das Paradies, aus dem der Traum ihnen zufliegt, tönt schon in d-Moll, es ist bedroht, und nur der Mittelteil („O Geliebter du") steht im D-Dur der überschwenglichen Liebe. Ist es ein Zufall, daß in der *Lustigen Witwe* diese Tonart (A-Dur) dreimal markant verwendet wird, im koketten Auftrittslied der Hanna („Hab' in Paris mich noch nicht ganz so acclimatisiert"), im Duett des hoffnungslos hoffenden Paares Valencienne und Camille („Das ist der Zauber der stillen Häuslichkeit") und im Lied vom dummen Reiter? Im geraden Takt steht diese Tonart für Festlichkeit und Jubel. Der Mittelteil des Radetzkymarsches von Johann Strauß Vater ist hier zu nennen oder der brillante Beginn der Einleitung zu Bizets *Carmen* (einer Vorwegnahme des Marsches im vierten Akt).

In der *Fledermaus* ist A-Dur selten: „Ein Souper uns heute winkt" ist das einzige bekannte Motiv, welches aber die genannte Charakteristik voll erfüllt. Dazwischen kommt A-Dur nur in kurzen Passagen vor (das etwas längere Ensemble „Nein, genug von diesem Spiel, wir verloren allzuviel" steht zwar im Autograph, aber schon vom Komponisten als Strich vorgesehen; im Klavierauszug kommt es gar nicht vor).

Damit sind wir schon bei E-Dur angelangt. In dieser Tonart steht in der *Fledermaus* das Motiv des Soupers, des Balls bei Orlofsky. Es klingt im Hintergrund, wenn Adele (in N°1) den Brief ihrer Schwester Ida („die ist nämlich beim Ballett") vorliest. In N°3, dem Duo zwischen Eisenstein und Dr. Falke, wird sie am Schluß durch das übermütige Lied in A-Dur „Ein Souper uns heute winkt" abgelöst, einer Melodie, die vibriert und lebt, deren Festesfreude von Akkorden der Harfe begleitet wird. E-Dur strahlt und glänzt! In dieser Tonart kann man auch träumen, aber meist etwas von der Wirklichkeit abgehoben. „Wär' es auch nichts als ein Augenblick" ist die Losung

Evas (in der gleichnamigen Operette Lehárs), angesiedelt zwischen Utopie und Wirklichkeit. Auf Giudittas Tanzlied in dieser Tonart werden wir noch zurückkommen.

Das innige Duett von Bronislava und Jan „Mit der Liebe Fessel binden" in *Der Bettelstudent* ist in E-Dur; in dieser Tonart bleibt für Angèle in *Der Graf von Luxemburg* der Ehestand unbekannt, deshalb nicht minder interessant, und läßt Tassilo die süßen, die reizenden Frauen im schönen Wien grüßen. In der Operette *Rund um die Liebe* von Oscar Straus steht das Duett Stella und Hans in E-Dur „Es gibt Dinge, die muß man vergessen" und wird von einem Walzer in G-Dur unterbrochen: „Ein Schwipserl wollt' ich haben".

E-Dur und gerader Takt ergeben oft eine vergnügliche Polka, eine ironische Stimmung. Die Polka „Lumperl, Lumperl, einmal muß es sein" (aus *Die blaue Mazur*) signalisiert das Ende der Freiheit, denn der Traualtar wartet – der Refrain „Mäderl, mein süßes Grederl" steht schon in wärmerem A-Dur! „Heute will ich was Närrisches tun" (aus *Paganini*) – da sagt der Titel schon alles. „Lehn deine Wang' an meine Wang'" und nichts läuft zwischen Franzi und Lothar (im *Walzertraum* von Oscar Straus). Der „Vergnügungszug", Polka schnell op.281 von Johann Strauß, ist schon unterwegs und in gemütlicherem Polkatempo singt man in der Ballettmusik der *Fledermaus*: „Marianka, komm und tanz me hier!"

Die zu einer Tonart gehörende Molltonart vermag das extreme Gegenteil der Durtonart auszudrücken. Die Absage an Fest und Feier ist der Tod. Mimis Tod in *La Bohème* wird von ergreifenden Klängen in cis-Moll begleitet, Violetta (in *La Traviata*) stirbt in des-Moll (was ja enharmonisch gleich cis-Moll ist). Die düstere Vorahnung Carmens beim Legen der Karten „Wenn dir die Karten einmal bittres Unheil künden" (N°20) steht in f-Moll und endet mit den Worten „der Tod" auf den Tönen *eses¹=d¹* und *des¹=cis¹*. Merkwürdig genug: Carmens Tod wird in Fis-Dur gestaltet (das Torerolied erklingt aus der Arena ein letztes Mal, aber vom unbeschwerten lebensfrohen F-Dur des zweiten Aktes in diese Tonart versetzt). Ist es die Gewalttätigkeit des Geschehens oder der Schmerz Don Josés, welche die Trauer in Moll nicht zulassen? Die Schlußakkorde sind in Fis-Dur!

Wenn E-Dur schon glänzt und funkelt, was macht dann erst H-Dur? Diese Tonart ist natürlich schon seltener aufzuspüren. In der Ouvertüre zu *Indigo und die vierzig Räuber* hat Johann Strauß das Thema des Schlummer verheißenden Trankes nach H-Dur versetzt (mit der geheimnisvollen Einleitung in h-Moll) „Der Phantasie leihst Flügel du". Christel verspottet in dieser Tonart den Grafen Stanislaus „Schau mir nur recht ins Gesicht", aber das Tempo ist den Text konterkarierend als Valse noble angegeben (wo? in Carl Zellers *Vogelhändler*), in Leo Falls *Dollarprinzessin* wird in wiegendem Walzertakt nur mehr abschätzig „Hm, la, la, la" gesungen bzw. in scharfem 6/8-Rhythmus den Dollarprinzessinnen die Absage erteilt: „Wo sie Feen gleich erschienen". Eva kann aber in Erinnerung an das schöne Haar ihrer Mutter ins Schwärmen geraten „Reich flutend gleich gesponnenem Gold". In der *Fledermaus* findet man H-Dur in den Seitenthemen der Polkas in E-Dur (N°3 bzw. N°6 und N°11, Ballett, Böhmisch).

Die Kreuztonarten sind typisch für die Wiener Walzer. Dies dürfte wohl mit der Geige als führendem Instrument dieses Genres zusammenhängen. Natürlich gibt es Walzer, die (überwiegend) in B-Tonarten geschrieben sind, aber ihre Titel und Themen sind auffällig oft mit der Natur verbunden: „Dorfschwalben aus Österreich", op.164 von Josef Strauß, „Rosen aus dem Süden", op.388, „Geschichten aus dem Wienerwald", op.325 und die herrlichen „Frühlingsstimmen", op.410 von Johann Strauß Sohn.

Im Quintenzirkel abwärts

Blumen und Blüten erklingen in F! Wer denkt da nicht an die
6. Sinfonie von Ludwig von Beethoven, von ihm selbst „Pasto-
rale" genannt? In dieser erblühen aber auch die Rosenknospe
(*Die Lustige Witwe*) und der Kirschenbaum (in Zellers *Der Vogelhändler*), rote Orchideen (in *Viktoria und ihr Husar* von Paul Abraham) und ein Kranz von Apfelblüten (in Lehárs *Das Land des
Lächelns*) und die Chrysanthemen am Paiho (in derselben Operette; Paiho – in der heutigen Umschrift Bai He – ist ein Fluß in
der Nähe von Beijing) und die Bäume im Prater (in dem bekannten Evergreen von Robert Stolz). Die Georginen (in *Rhapsodie der
Liebe* von Nico Dostal) blühen allerdings in Es-Dur, da ist es aber
– nach dem Text zu schließen – schon sehr herbstlich! In der
Fledermaus steht F-Dur für kokette Heiterkeit „Dieser Anstand,
so manierlich", aber es ist auch die Tonart des großen Ensembles: „Brüderlein, Brüderlein und Schwesterlein". Für wenige
Augenblicke kann man das Trugbild der von Dr. Falke insze-
nierten großen Welt in einem Badeort in der Nähe einer großen
Stadt vergessen, diese Melodie bezaubert, erweckt die Sehnsucht
nach Liebe und Geschwisterlichkeit, „wenn wir morgen noch
dran denken". Das Melodram klingt in dieser Tonart aus.

Auch B-Dur ist in der Fledermaus selten. Sie tritt einige
Male als Terzverwandte zu G-Dur auf: „Das beste wär, Sie
gehen hinaus" bzw. „Ach, mein armer, armer Mann" und „Du
bist meine Stütze, Freund". Lediglich die Schlußmelodie „O
Fledermaus, o Fledermaus, laß endlich jetzt dein Opfer aus"
wurde vielleicht schon in heiterem B-Dur konzipiert.

Es-Dur: ebenfalls Tonart der Liebe. Diese Tonart wird auch
für Serenaden verwendet. Einst ein Hit war das Ständchen aus
Don Cesar von Rudolf Dellinger „Komm herab, o Madonna
Teresa". In der *Nacht in Venedig* steht das Lied „Ninana,
Ninana, hier will ich singen" (N°12) in dieser Tonart. Viele

Tenorlieder Lehárs stehen in dieser Tonart: „Schweig, zagendes Herz" (aus *Das Fürstenkind), „*Zorika, kehre zurück" (aus *Zigeunerliebe*), „Gern hab' ich die Frau'n geküßt" (aus *Paganini)* und „Du bist meine Sonne" (aus der letzten, in der Wiener Staatsoper uraufgeführten Operette *Giuditta).* In der von Klotz etwas geschmähten Operette *Der Zigeunerbaron* (so schreibt er auf S. 47: „nur ausnahmsweise, zum Kontrast, werden auch solche Stücke beachtet werden, die musikdramatisch und ideologisch den Abwegen des Zigeunerbarons gefolgt sind", Klotz 1991) verwendet Strauß diese Tonart fast wie Lehár. N°8 mit dem Lied des Barinkay „In dieser Nacht voll herrlicher Pracht" und dem Duett „O Blick in Blick und Mund an Mund" ist in Es-Dur, ebenso wie das noch viel bekanntere Duett „Wer uns getraut" (N°11). Klotz kommt über das in dieser Tonart stehende Lied „Komm, komm! Held meiner Träume, mir ist so bang!" (aus *Der tapfere Soldat* von Oscar Straus, einer Operette nach B. Shaws *Helden)* richtig ins Schwärmen: „Eine schier unaufhaltsame Valse-lento-Melodie, die sich reckt und steigert; die ausgreift in immer höhere Lagen und heftigere Dynamik" (Klotz 1991, 577). Für unsere Betrachtungen ist es wichtig anzumerken, daß das Finale des zweiten Aktes durch diese Melodie in schärferem E-Dur („Ich war der Held deiner Träume, lang, lang ist's her!") eine gewaltige Steigerung erfährt, da die Trennung Nadines von Alexius Spiridoff offenkundig wird, der Skandal perfekt ist, die Stimmung dramatisch, die aber plötzlich aus derselben Melodie in friedvolles pathetisches F-Dur umschlägt („Das war der Held meiner Träume"). Auch Johann Strauß hat Es-Dur in diesem Sinn verwendet. Im *Zigeunerbaron* – wie schon erwähnt – zweimal: Im Duett von Barinkay und Saffi „In dieser Nacht voll herrlicher Pracht" und im Duett „Wer uns getraut" mit dem *dolcissimo* zu singenden Refrain „Und mild sang die Nachtigall". Als Karikatur dieser Grundstimmung ist dann zu sehen, wenn die

Sittenkommissions-Couplets („Nur keusch und rein soll Groß und Klein") in einem rustikalen gemütlichen Walzer in der gleichen Tonart folgen. Die Verwendung dieser Tonart im Trio des Zigeunerchores und des Einzugsmarsches ist hingegen von zwei Traditionen der Marschmusik bestimmt: Ein Marsch hat zumeist ein Trio in der Subdominante und B-Dur ist (wegen der Blechbläser?) eine beliebte Marschtonart.

Die wohl bekannteste Walzermelodie von Johann Strauß Vater, der erste Walzer der „Loreley-Rhein-Klänge", op.154 erklingt in Es-Dur. Da muß auch ein Wagnerianer sein Herz für die Straußdynastie entdecken. Es ist müßig zu spekulieren, ob Richard Wagner diese Melodie im Ohr hatte, als er die Tiefen des Rheines später auch in Es-Dur erwachen ließ. Es muß vielleicht am Rhein selbst liegen.

Und in der *Fledermaus*? Eher Leermeldung! Außer in kurzen Episoden (z. B. in der Abschiedsszene zwischen Alfred und Rosalinde: „Genug, mein Herr, es ist schon gut! Ein Küßchen noch, dann hab' ich Mut!") kommt Es-Dur nicht vor. Im Terzett N°4 stehen drei Bes, allerdings ist dort (überwiegend) c-Moll gemeint.

As-Dur vermag eine gewisse erwartungsvolle Stimmung auszudrücken; es liegt etwas in der Luft, Erfreuliches, Bedrohliches. So wird in N°9 nach dem Kokettieren in F-Dur die Stimmung dichter. „Ach wie wird mein Auge trübe, wie das Herz so bange schlägt" singt die von Eisenstein nicht erkannte und nicht durchschaute unbekannte Schöne in As-Dur (*mit schwacher Stimme, die Hand aufs Herz legend und zum Canapé wankend* lautet die Regieanweisung). In dieser Tonart grüßen einander Eisenstein und Direktor Frank „Herr Chevalier, ich grüße sie" „Merci, merci, merci! Auf ihr Spezielles, Herr Marquis!" (wenn sie mehr voneinander wüßten, wäre die Stimmung deutlich anders) und kündigt Eisenstein seine große Rache an „Ja, ich bins, den ihr betrogen".

Entfernte und verwandte Tonarten

Transpositionen können, wie schon erwähnt, durchaus innerhalb eines Werkes vorkommen. Das zuvor genannte A-Dur-
Thema der Operette *Ein Walzertraum* von Oscar Straus
erklingt in As-Dur im Entr'akt zwischen zweitem und drittem
Akt: die Katastrophe ist ja schon passiert, man wartet gespannt-
gemütlich auf die Lösung der Konflikte, die in dieser Operette
aber nicht mehr vollkommen ist; denn Franzi Steingruber, die
Dirigentin der Damenkapelle, verabschiedet sich mit den Worten: „Und ich geh' wieder arm von hier weg, aber das macht
nix!" und mit einem Violinsolo im G-Dur von Hoffen und
Bangen. Mariza singt „Träumen wir von einem Mann, spiel
dazu Zigeuner" in e-Moll, Tassilo „Hab' mich einmal toll verliebt, spiel dazu, Zigeuner", dieselbe Melodie in d-Moll. Antal
von Kàdar gesteht hoffend der Fürstin Santiago de Merimac
seine Liebe mit den Worten „Traumbegehrte Frau" zunächst in
G-Dur. Das Thema wird im Duett gesteigert in D-Dur fortgeführt, in welcher Tonart es als Reminiszenz im dritten Akt aufgenommen wird; aber am Schluß der fast vergessenen Operette *Eine entzückende Frau* von Richard Heuberger (einer
Umarbeitung von *Ihre Exzellenz*) steht es in A-Dur. Oft sind es
wohl Wünsche nach leichterer Sangbarkeit: Das Lied aus
Giuditta von Franz Lehár „Meine Lippen, sie küssen so heiß"
ist in brillantem E-Dur geschrieben (mit den rhythmisch
betonten Strophen in e-Moll), im Vorspiel zum fünften Bild
steht es in G-Dur bzw. in tragischem g-Moll, aber viele
gedruckte Ausgaben des Liedes sind (auch in Lehárs Verlag!)
in warmem D-Dur bzw. d-Moll erschienen. In der Operette
selbst steht dieses Lied nämlich im vierten Bild; Giuditta hat
Ottavio bereits verlassen, ihr Lied ist das Lied der Tänzerin,
für die eine tiefere Beziehung bereits Vergangenheit ist oder
unerfüllte Zukunft zu sein scheint. Außerhalb dieses Kontextes

(als Sololied) kann die bedrückende Stimmung, die durch die Brillanz von E-Dur besonders kontrastiert werden soll, vergessen werden, die warmen Töne der Lehárschen Liebestonart D-Dur überwiegen …

Entfernte Tonarten, entrückte Stimmung? Berühmt ist Franz Schuberts Impromptu Opus 90, Nr. 3 in Ges-Dur, welches auch in G-Dur gedruckt wurde. Mies berichtet über ein Experiment mit Schülern, das zu bestätigen scheint, daß es nur in Ges-Dur „richtig" klinge (Mies 1948, 9). Nun, die schwarzen Tasten auf einem Klavier werden im Schnitt viel weniger häufig angeschlagen als die weißen Tasten; vielleicht verändert das allmählich die Klangfarbe der Töne *cis=des, dis=es, fis=ges, gis=as, ais=be*, die aber alle zu Ges-Dur gehören. Diese Überlegung ist bei der Tatsache zu bedenken, daß zu Schuberts Zeiten wegen der damals tieferen Stimmung Ges-Dur unserem heutigen F-Dur vielleicht schon sehr nahe kam.

Die ergreifende Arie des Fürsten Gremin in *Eugen Onegin* („Ljubvi vse vozrasty pokorny" – „Ein jeder kennt die Lieb' auf Erden") steht ebenfalls in dieser Tonart, berückende Teile der Briefszene Tatjanas in derselben Oper sind in Des-Dur gesetzt. „Dein ist mein ganzes Herz" steht in Des-Dur, und als Prinz Sou-Chong die Kraft findet, auf Lisa zu verzichten, sie und Gustl in die Heimat ziehen zu lassen, erklingt nochmals „Wer hat die Liebe uns ins Herz gesenkt?", aber nach Ges-Dur entrückt (diese Beispiele sind aus Lehárs *Land des Lächelns*). In Nico Dostals *Ungarischer Hochzeit* wird Des-Dur im Finale des zweiten und des dritten Aktes verwendet: „Zeige, Geliebte, o zeige die Schönheit" und „Schweige, du süßes Verlangen", also an den Schlüsselstellen banger Hoffnung und Erwartung. Und „natürlich" singt Sou-Chong in dieser Tonart „Dein ist mein ganzes Herz."

Das mit Ges-Dur enharmonisch gleiche Fis-Dur steht am Beginn der Überreichung der Rose im zweiten Akt des *Rosen-*

kavaliers, aber am Schluß der Oper steht das Duett „Ist ein Traum, kann nicht wirklich sein" in G-Dur! Die Verzweiflung Giudittas am Ende des dritten Bildes hat Lehár in die noch exotischer wirkende Tonart as-Moll gesetzt, die Tonart, in welcher die Marcia funebre der Klaviersonate op.26 von Beethoven steht.

Natürlich hat jede Tonart mehrere Charaktere, und so ist Des-Dur überraschenderweise auch die Tonart coupletartiger Lieder. Vicomte Cascada und Raoul de St. Brioche agitieren und affichieren, Symon, der Bettelstudent, hat kein Geld und ist vogelfrei, Prinz Orlofsky lädt seine Gäste ein und wirft ganz ungeniert in dieser Tonart die Flasche an den Kopf.

Für die musikalische Aussagekraft eines längeren Stückes ist natürlich nicht allein die Wahl der Tonarten bedeutungsvoll, sondern auch die Gestaltung durch die kontrastive Wirkung verschiedener Tonarten. Der einfachste Wechsel ist als Quintverwandtschaft, d.h. als Wechsel zu einer Tonart, deren Grundton eine Quinte höher oder tiefer liegt, beschreibbar. Man wechselt von der Grundtonart (der Tonika) zur Dominante (genauer: Durdominante) oder der Subdominante (genauer: Dursubdominante). Sei etwa die Tonika C-Dur, so besteht der Dreiklang aus den Tönen *c-e-g* und die Durdominante aus den Tönen *g-h-d* (die alle zu C-Dur gehören, also, wie man sagt, „leitereigen" sind). Diese drei Töne bilden aber den Dreiklang zu G-Dur. Man ist also G-Dur schon sehr nahe und müßte nur *f* durch *fis* ersetzen, um ganz in G-Dur zu landen. Tatsächlich wird der Vierklang *g-h-d-f* (Septimakkord) verwendet, um eindeutig zu machen, daß man C-Dur noch nicht verlassen hat oder zu C-Dur zurückkehren will. Die Dursubdominante besteht aus den leitereigenen Tönen *f-a-c*, die miteinander den Tonikadreiklang von F-Dur bilden. Insbesonders in Musikstücken mit dem Aufbau A-B-A (wie Menuette, Scherzos, Märsche, Polkas, …) ist das Schema „Teil A in der Grundtonart,

Teil B in der Tonart der Dominante oder in der Tonart der Subdominante" so weit verbreitet, daß hier nur auf wenige Beispiele hingewiesen werden muß:

Radetzkymarsch op.228 von Johann Strauß Vater: Teil A in D-Dur, Teil B in A-Dur

„Vergnügungszug" Polka schnell, op.281 von Johann Strauß Sohn: Teil A in E-Dur (mit einem Ausflug nach H-Dur), Teil B in A-Dur

„Auf der Jagd" Polka schnell op.373 von Johann Strauß Sohn: Teil A in A-Dur, Teil B in D-Dur

„Im Krapfenwaldl" Polka française op.336 von Johann Strauß Sohn: Teil A in C-Dur, Teil B in F-Dur

„Die Libelle" Polka mazur op.204 von Josef Strauß: Teil A in D-Dur (mit einem Seitenthema in F-Dur, einer terzverwandten Tonart), Teil B in G-Dur.

Ein Beispiel von Franz Schubert sei genannt: Impromptu Nr.4 op.90 D899. Der Teil A steht überwiegend in As-Dur bzw. as-Moll, der Teil B in cis-Moll (=des-Moll).

Man beachte, daß der Wechsel von C-Dur zu G-Dur als Übergang zur Tonart der Dominante beschrieben werden kann, die Rückkehr zu C-Dur sodann aber einen Übergang zur Tonart der Subdominante (von G-Dur aus gesehen!) bedeutet.

Beim „Persischen Marsch" op.289 von Johann Strauß Sohn steht Teil A in einem „orientalisch" klingenden g-Moll, hingegen Teil B in einem durch die Baßfiguren bewegten B-Dur.

Sehr beliebt sind auch „entfernte Terzverwandtschaften", im einfachsten Fall als Wechsel zu einer Tonart beschreibbar, deren Grundton eine kleine oder eine große Terz *tiefer* liegt (näheres etwa bei Krämer 1997). Von C-Dur ausgehend gelangt man im ersten Fall zu A-Dur (mit dem Dreiklang *a-cis-e*), im zweiten Fall zu As-Dur (mit dem Dreiklang *as-c-es*). Ein schönes Beispiel findet sich im Walzer „An der schönen blauen Donau" im Walzer N°2: Teil A steht in D-Dur, Teil B in B-Dur.

In der *Fledermaus* findet man u.a.: In N°3 das pathetische Andantino „Doch meine Frau, die darf's nicht wissen" in C-Dur in das E-Dur der Ballstimmung hineingesetzt und in N°5 (Finale des ersten Aktes) den Einschub in As-Dur „Sie finden gewiß dort meinen Gemahl" (in das C-Dur des Schlusses).

Man kann natürlich auch eine kleine oder große Terz *höher* steigen, also von C-Dur zu Es-Dur bzw. zu E-Dur (natürlich ist von E-Dur aus betrachtet der Wechsel zu C-Dur eine Terzverwandtschaft im obigen Sinn): So wird in der Introduction (N°1) das „Täubchen, das entflattert ist" (in C-Dur) von der Ballmusik (in E-Dur) unterbrochen oder im Finale des dritten Aktes (N°16) die Aufforderung „O Fledermaus, o Fledermaus" in B-Dur zum Schluß in D-Dur übergeleitet. Eine schöne Fortschreitung durch zwei Terzverwandte findet man in *Wiener Blut*, der von Adolf Müller jun. nach Melodien von Johann Strauß arrangierten Operette (Libretto von Victor Léon und Leo Stein, den späteren Erfolgsautoren der *Lustigen Witwe*). Im Finale des ersten Aktes (N°5) begrüßt Gabriele ihr vertrautes Heim in G-Dur „Grüß dich Gott, du liebes Nesterl". Beim Anblick des Spinetts geht es weiter in E-Dur „Wie hab' auf dir ich musiziert" und vor dem Schlafzimmertür sodann in As-Dur (=Gis-Dur) „Mein Schlafgemach". Ob der Schlafrock des Hausherrn auch dort hängt, als Requisite, wie Rosalinde ihrem treuen Gabriel erklärt hat?

Der Haupteingang zur Wiener Weltausstellung 1873 mit Blick auf die Rotunde.

Statt einer Zeittafel

Auch ein großes Kunstwerk ist keine Insel. Mag es auch glanzvoll aus einer vergangenen Epoche in unsere Zeit herüberstrahlen, so ist es doch nicht in ‚splendid isolation' entstanden, ist vielmehr in ein historisches Ambiente, ein kulturelles Milieu, einen politischen Kontext eingebettet. Man kann sich diesen auf unterschiedliche Weise vergegenwärtigen und in das Bewußtsein heben: eine fortlaufende, detailreiche Darstellung der Entstehungszeit ist das eine Extrem, eine tabellarische Auflistung von Daten und Ereignissen der polare Gegensatz dazu. Die folgenden Seiten suchen einen Mittelweg zu gehen: Das Jahrfünft zwischen 1870 und 1875, also die eigentliche Genese der *Fledermaus* (1873/74) und ihre mittelbare zeitliche Umgebung soll mit einigen hervorstechenden historisch-politischen Ereignissen präsentiert und charakterisiert werden, wobei die Auswahl subjektiv bleiben muß. Danach werden die beiden entscheidenden Jahre mit anderen gleichzeitigen kulturellen Leistungen aus mehreren Bereichen vorgestellt und damit in das helle Licht vergleichender Konfrontation gerückt. Die Entdeckung simultaner Vielfalt zählt allemal zu den genußvollen geistigen Abenteuern.

Zu Beginn des Jahres 1870 wird der slawenfreundliche deutsch-liberale Politiker Leopold Hasner Ministerpräsident und scheitert bereits nach wenigen Monaten an unüberbrückbaren Meinungsverschiedenheiten. Ein Beschluß des Reichsrats vom 7. April bringt der Arbeiterbewegung einen nachhaltigen politischen Erfolg: Streiks werden ebenso wie Aussperrungen gesetzlich anerkannt.

Am 18. Juli beschließt der Kronrat auf Antrag des mächtigen ungarischen Ministers Graf Julius von Andrássy die Neutralität Österreich-Ungarn im Falle eines Krieges zwischen Deutschland und Frankreich, der tatsächlich bereits am nächsten Tag von französischer Seite erklärt wird.

Am 10. August 1870 löst Österreich das Konkordat definitiv auf und vollzieht damit die radikale Trennung von Kirche und Staat. Unmittelbarer Anlaß dafür ist das von Papst Pius IX. am 18. Juli verkündete Dogma von der Unfehlbarkeit in Glaubenssachen, mit dem der Kirchenfürst nicht zuletzt den drohenden weltlichen Machtverlust im Zuge der nationalen Einigung Italiens wettmachen will.

Unter dem neuen Ministerpräsident und Innenminister Karl Siegmund Graf Hohenwart, dem Führer der Deutschklerikalen, soll 1871 eine föderalistische Einigung den schwelenden Nationalitätenkonflikt mit den Tschechen und Polen in der Donaumonarchie beruhigen. Doch sein erzwungener Rücktritt im Herbst dieses Jahres macht den Lösungsversuch zunichte.

Franz Joseph I. und der inzwischen zum deutschen Kaiser gekrönte Wilhelm I. begegnen einander in Begleitung ihrer Außenminister mehrfach auf österreichischem Boden (Bad Ischl, Bad Gastein, Salzburg) und bereinigen in einem „vorläufigen Einverständnis" ihre getrübten Beziehungen.

Der gewiegte ungarische Politiker Graf Andrássy wird im November 1871 neuer Außenminister und vertritt nachdrücklich eine Partnerschaft mit dem Deutschen Reich.

Bereits im folgenden Jahr, zwischen 5. und 11. September 1972, kommt es in Berlin zum Treffen der Herrscher von Österreich-Ungarn, dem Deutschen Reich und Rußland. Das in der Folge mehrmals erneuerte „Dreikaiserbündnis" soll den Frieden in Europa erhalten.

Im Frühjahr 1873 genehmigt Franz Joseph I. ein neues Wahlrechtsgesetz, das die direkte Aussendung der Abgeordneten zum Reichsrat regelt. Durch den selektiven Steuerzensus sind nur etwa sechs Prozent der männlichen Bevölkerung wahlberechtigt, was die Dominanz der durchwegs begüterten Deutschliberalen untermauern soll.

Die Weltausstellung im eigens erbauten Rotunde-Gebäude auf dem Wiener Pratergelände (1. Mai bis 1. November 1873) ist als internationale Leistungsschau geplant und wird von starken ökonomischen Erwartungen getragen. Hoher Besuch (Zar Alexander II., König Viktor Emanuel II., Kaiser Wilhelm I. und sein Kanzler Bismarck) wertet das Ereignis zusätzlich auf. Doch die überhitzte Konjunktur führt zum Börsenkrach am ‚Schwarzen Freitag‘ (9. Mai 1873), der das vorläufige Ende der freien kapitalistischen Wirtschaftsordnung in Österreich bedeutet und zahlreiche Anleger in den Ruin führt, ja zum Selbstmord treibt. Die vorausgegangenen Spekulationen hatten weite Teile der Bevölkerung erfaßt und selbst vor dem Kaiserhof nicht Halt gemacht. Kompensatorische Maßnahmen der liberalen Regierung sollen die Wirtschaft wieder sanieren, doch die Rückkehr zur Schutzzollpolitik ist unvermeidlich. Im Hochsommer dieses Jahres verstärkt eine Cholera-Epidemie die lastende Katastrophenstimmung.

Am 5. April 1874, also am Uraufführungs-Tag der *Fledermaus,* findet in Neudörfl bei Wiener Neustadt ein sozialdemokratischer Geheimkongreß statt, der – zunächst ohne Erfolg – Richtungsstreitigkeiten beheben und einen Kontakt zu den linken Liberalen herstellen soll. Im folgenden Monat werden neue Kirchengesetze erlassen, die wegen der Aufkündigung des Konkordats fällig geworden sind. In einer freilich nur für kurze Zeit wirksamen Ordnung erhält der Staat das Aufsichtsrecht über die Klöster, sucht man durch administrative Umschichtung das Einkommen der einfachen Geistlichen zu erhöhen, werden weitere Religionsgemeinschaften offiziell anerkannt.

1875 wird endlich die Regulierung der Donau in Wien abgeschlossen. Der Gegenstand von Johann Strauß' wohl berühmtester Walzerfolge *An der schönen blauen Donau,* Werkverzeichnis Nr. 314 – seinerzeit zur Aufmunterung für das Wiener Gemüt nach dem verlorenen Krieg gegen Preußen geschrieben und am 13. Februar 1867 im Dianasaal aus der Taufe gehoben – präsentierte sich der Bevölkerung mit neuen Ufern. Aufstände in Bosnien, der Herzegowina und in Bulgarien gegen die osmanische Herrschaft beunruhigen ab dem Juli 1875 die österereichische Regierung und weisen auf die „orientalische Krise" der Folgejahre voraus.

Der Blick auf bemerkenswerte kulturhistorische Daten in den *Fledermaus*-Jahren 1873 und 1874 wird zunächst durch die Archäologie beansprucht. Denn Heinrich Schliemann entdeckt bei seinen anatolischen Grabungen am 31. Mai 1873 den sogenannten *Schatz des Priamos.* Im selben Jahr erscheint Jules Vernes utopischer Roman *In 80 Tagen um die Welt,* der unerhörte Zukunftsperspektiven eröffnet. Fast zeitgleich beginnt Leo Tolstoi in Rußland die Publikation seines großen Prosawerks *Anna Karenina,* mit dem er eine literarische Welle auslöst. Die seelische Situation der verheirateten Frau wird verstärkt zum Gegenstand der Schriftsteller. In Frankreich malt Paul Cézanne sein berühmtes Bild *Der Strohhut.* Im Jahr darauf, genau am 15. April 1874, beteiligt er sich an einer Pariser Ausstellung mit den Kollegen Claude Monet, Auguste Renoir, Alfred Sisley, Camille Pissarro und Edgar Degas. Im Gefolge ihrer ästhetischen Rezeption prägt ein Kritiker den Namen *Impressionismus* zur Bezeichnung der stilistischen Gemeinsamkeit. Auf dem Gebiet der Musik ist das Jahr 1874 neben der *Fledermaus* durch wenigstens drei Ereignisse geprägt: Wagner beendet die Komposition der *Götterdämmerung* und schließt damit sein opus magnum, den *Ring des Nibelungen,* ab. Modest Mussorgski schafft zur gleichen Zeit seine Oper *Boris Godunow* und den Klavierzyklus *Bilder einer Ausstellung.* Giuseppe Verdi wiederum vollendet in der großen Schaffenspause auf dem Gebiet der Oper – zwischen *Aida* und *Otello* – seine *Messa da Requiem.* Auf dem Sektor des Wortes sei wenigstens eines Werkes gedacht: Émile Zolas Roman *Der Bauch von Paris* wird zu einem Meilenstein in der Frühgeschichte des literarischen Naturalismus.

Wenn wir zum Abschluß nochmals in die Geschichte der Wissenschaft hineinleuchten, so gewinnt eine zeitliche Koinzidenz gerade durch den inhaltlichen Kontrast aparte Farbe: Während moderne Interpreten der *Fledermaus*-Handlung gerade die Abgründe der Seele analytisch ausloten und für ihre Entdeckung auf Sigmund Freud verweisen, hat Wilhelm Wundt im Jahr 1874 mit seinem Werk *Grundzüge der physiologischen Psychologie* jene orthodoxe Wissenschaft begründet, aus deren Grenzen sich der österreichische Neuerer wieder fortbewegt hat.

Wichtige Daten auf einen Blick

1825 Johann Strauß wird am 25. Oktober in Wien geboren.

1844 Am 15. Oktober debütiert Johann Strauß mit seiner eigenen Kapelle in Dommayers Kasino.

1849 Am 25. September stirbt Johann Strauß Vater. Der Sohn vereinigt die beiden Orchester.

1851 Roderich Benedix' Lustspiel *Das Gefängnis* wird am 11. Dezember in Berlin am Königlichen Schauspielhaus uraufgeführt. (Buchausgabe 1859).

1858 Am 21. Oktober Uraufführung von Jacques Offenbachs Operette *Orphée aux enfers* in Paris.

1862 Am 27. August heiraten Johann Strauß und Jetty Treffz im Wiener Stephans-Dom.

1864 Walzer-Wettstreit zwischen Jacques Offenbach und Johann Strauß.

1865 *Die schöne Helena* wird am 17. März im Theater an der Wien erstaufgeführt. Marie Geistinger debütiert in der Titelrolle.

1866 Offenbachs Operetten *Barbe bleue* und *La Vie parisienne* werden in Paris uraufgeführt.

1869 Marie Geistinger und Maximilian Steiner übernehmen mit 1. August die Leitung des Theaters an der Wien.

1871 Am 2. Februar wird die erste Operette von Johann Strauß *Indigo und die vierzig Räuber* im Theater an der Wien uraufgeführt.

1872 Das Vaudeville *Le Réveillon* von Henri Meilhac und Ludovic Halévy wird am 10. September am Pariser Théâtre du Palais Royal uraufgeführt.

1873 Am 1. März wird *Carneval in Rom* von Johann Strauß im Theater an der Wien uraufgeführt.

Am 25. Oktober singt Marie Geistinger bei einem Wohltätigkeitskonzert im Wiener Musikverein erstmals den Csárdás aus der Musik zur *Fledermaus* (Nr.10).

1874 Uraufführung der Meisteroperette *Die Fledermaus* am 5. April im Theater an der Wien.

1875 Am 27. Februar Uraufführung der Strauß-Operette *Cagliostro in Wien.*

1876 Am 31. Jänner singt Marie Geistinger zum letzten Mal *Die schöne Helena* und wechselt ins klassische Sprechfach.

1877 Am 10. März Uraufführung von Richard Genées Meisterwerk *Nanon* im Theater an der Wien.

Die zur Opéra comique umgestaltete französische Version der *Fledermaus* wird unter dem Titel *La Tzigane* am 30. Oktober im Pariser Théâtre de la Renaissance uraufgeführt.

1878 Am 7. April stirbt Jetty Strauß (-Treffz). Am 28. Mai heiratet Johann Strauß die Breslauer Sängerin Angelika („Lily") Dittrich.

1879 Maximilian Steiner resigniert als Prinzipal und übergibt die Intendanz des Theaters an der Wien seinem Sohn Franz.

1880 Am 5. Oktober stirbt Jacques Offenbach in Paris.

1894 Aufführung der *Fledermaus* im Hamburger Opernhaus unter der Leitung von Gustav Mahler.

Am Nachmittag des 28. Oktober findet, vom „Verwaltungsausschuß des Pensions-Instituts der k.k. Hofoper" veranstaltet, die erste Aufführung der *Fledermaus* im Haus am Ring statt. Anlaß ist das feierlich begangene fünfzigjährige Künstler-Jubiläum des Meisters.

1895 Am 15. Juni stirbt Richard Genée, der Librettist der *Fledermaus* und bewährte Mitarbeiter von Johann Strauß, in Baden bei Wien.

1899 Am 22. Mai dirigiert Johann Strauß die *Fledermaus*-Ouvertüre bei einer Aufführung in der Hofoper. Am 3. Juni stirbt er an den Folgen einer Lungenentzündung.

1904 Erstaufführung der französischen *Fledermaus*-Fassung *La Chauve-Souris* am 22. April im Pariser Théâtre des Variétés.

1926 Unter der Leitung von Bruno Walter erklingt *Die Fledermaus* bei den Salzburger Festspielen.

1929 Am Deutschen Theater in Berlin wird die musikalische Bearbeitung des Werkes durch Erich Wolfgang Korngold in der Regie von Max Reinhardt erstaufgeführt.

Literatur

Bartel, Kerstin 1992: *Faszination Operette. Vom Singspiel zum Film.* Laaber: Laaber Verlag

Batta, András 1992: *Träume sind Schäume. Die Operette in der Donaumonarchie.* Budapest: Corvina

Benedix, Roderich o.J.: *Das Gefängnis. Lustspiel in vier Aufzügen.* Halle /S.: Hendel

Brusatti, Otto 1991: *Alles schon wegkomponiert.* St. Pölten-Wien: Verlag Niederösterreichisches Pressehaus

Csáky, Moritz 1998 (2. Aufl.): *Ideologie der Operette und Wiener Moderne.* Wien. Köln. Weimar: Böhlau Verlag

Dahms, S. 1997: Quadrille. In: *Die Musik in Geschichte und Gegenwart* (Zweite, neubearb. Ausgabe hrsg. von L. Finscher) Sachteil **7.** Kassel: Bärenreiter & Weimar: Metzler

Decsey, Ernst 1922: *Johann Strauß. Ein Wiener Buch.* Stuttgart-Berlin: Deutsche Verlagsanstalt

Endler, Franz 1975: *Das Walzer-Buch. Johann Strauß: Die Wiener Aufforderung zum Tanz.* Wien: Kremayer & Scheriau

Fischer, Ralph 1999: Richard Genée. Annäherung an einen Unbekannten. Bad Emser Hefte Nr. 192

Finscher, Ludwig; Riethmüller, Albrecht (Hrsg.) 1995: *Johann Strauß. Zwischen Kunstanspruch und Volksvergnügen.* Darmstadt: Wissenschaftliche Buchgesellschaft

Flotzinger, Rudolf; Gruber, Gernot 1995: *Musikgeschichte Österreichs.* Bd.3. *Von der Revolution 1848 bis zur Gegenwart.* 2. überarb. u. stark erweit. Aufl. Wien-Köln-Weimar: Böhlau

Friedell, Egon 1976. *Kulturgeschichte der Neuzeit.* Bd.2. *Die Krisis der europäischen Seele von der schwarzen Pest bis zum Ersten Weltkrieg.* München: Deutscher Taschenbuch Verlag

Grun, Bernard 1961: *Kulturgeschichte der Operette.* München: Langen-Müller

Hadamovsky, Franz; Otte, Heinz 1947: *Die Wiener Operette. Ihre Theater und Wirkungsgeschichte.* Wien: Bellaria-Verlag

Hiltner-Hennenberg, Beate 1998: *Richard Genée. eine Bibliographie.* Frankfurt/Main: Peter Lang

Hoyer, Harald 1995: *Chronik der Wiener Staatsoper 1945–1995. Aufführungen – Besetzungen – Künstlerverzeichnis.* Wien-München: Herold

Jacob, Heinrich Eduard 1960. *Johann Strauß Vater und Sohn. Die Geschichte einer musikalischen Weltherrschaft (1919–1917).* Bremen: Schönemann Verlag

Jaspert, Werner o.J.: *Johann Strauß. Sein Leben – sein Werk – seine Zeit.* Wien: Perneder

Johann Strauß schreibt Briefe. Mitgeteilt von Adele Strauß 1926. Berlin: Verlag für Kulturpolitik

Johann Strauß. Unter Donner und Blitz 1999: Begleitbuch und Katalog zur 251. Sonderausstellung im Historischen Museum der Stadt Wien. Wien

Johnston, William M. 1992. *Österreichische Kultur- und Geistesgeschichte. Gesellschaft und Ideen im Donauraum 1848 bis 1938.* 3.Aufl. Wien-Köln-Weimar: Böhlau

Karbusicky, Vladimir 1986: *Grundriß der musikalischen Semantik.* Darmstadt: Wissenschaftliche Buchgesellschaft

Kemp, Peter 1987: *Die Familie Strauß. Geschichte einer Musikerdynastie.* München: Wilhelm Heyne Verlag

Klotz, Volker 1991: *Operette. Porträt und Handbuch einer unerhörten Kunst.* München. Zürich: Piper

Krämer, Thomas 1997: *Lehrbuch der harmonischen Analyse.* Wiebaden-Leipzig-Paris: Breitkopf & Härtel

La Chauve-Souris. L'Avant-Scène Opéra n°49 (1983). Paris: Éditions Premières Loges

Lackowitz, W. 1894: *Der Operettenführer. Textbuch der Textbücher.* Berlin: Verlagsanstalt

Lange, Fritz 1912: *Johann Strauß.* Leipzig: Reclam (Musiker-Biographien 31)

Lichtfuss, Martin 1989: *Operette im Ausverkauf.* Wien. Köln: Böhlau Verlag

Linke, Norbert 1989: *Johann Strauß (Sohn).* Reinbek bei Hamburg: Rowohlt Taschenbuch Verlag

Mailer, Franz 1974: *Glücklich ist, wer vergißt. Aus der Geschichte der „Fledermaus" in Wien.* In: ÖMZ 29, S.217–225

Mailer, Franz 1975: *Das kleine Johann Strauß-Buch.* Reinbek bei Hamburg: Rowohlt Taschenbuch Verlag

Mailer, Franz 1986: *Johann Strauß (Sohn). Leben und Werk in Briefen und Dokumenten.* Bd. 2. Tutzing: Hans Schneider

Mayer, Anton 1998: *Johann Strauß. Ein Pop-Idol des 19. Jahrhunderts.* Wien-Köln-Weimar: Böhlau

Meilhac, Henri; Halévy, Ludovic 1872: *Le Réveillon.* Comédie en trois actes. Paris: Lévy.

Mies, P. 1948: *Der Charakter der Tonarten.* Köln und Krefeld: Staufen-Verlag

de la Motte, Diether 1990: *Harmonielehre.* Kassel: Bärenreiter-Verlag & München: Deutscher Taschenbuch Verlag

de la Motte, Diether 1993: *Melodie.* Kassel: Bärenreiter-Verlag & München: Deutscher Taschenbuch Verlag

Pahlen, Kurt 1997: *Johann Strauß und die Walzerdynastie.* Überarb. Ausgabe. München: Heyne Verlag

Pipers Enzyklopädie des Musiktheaters. Oper, Operette, Musical, Ballett. Bd.6, 1997. München. Zürich: Piper

Prawy, Marcel 1975: *Johann Strauß. Weltgeschichte im Walzertakt.* Wien-München-Zürich: Fritz Molden

Racek, Fritz 1974: Revisionsbericht zur Ausgabe der Partitur der *Fledermaus.* Wien: Doblinger; Universal Edition 1974 (Gesamtausgabe II: Bühnen- und Vokalwerke, 3)

Racek, Fritz 1975: *Zur Entstehung und Aufführungsgeschichte der „Fledermaus".* In: ÖMZ 30, S.264–269

Rossbacher, Karlheinz 1992: *Literatur und Liberalismus. Zur Kultur der Ringstraßenzeit in Wien.* Wien: Jugend & Volk

Rumpler, Helmut 1997. *Eine Chance für Mitteleuropa. Bürgerliche Emanzipation und Staatsverfall in der Habsburgermonarchie* (= Österreichische Geschichte 1804–1914). Wien: Ueberreiter Verlag

Sadie, Stanley (Ed.) 1997: *The New Grove. Dictionary of Opera.* Vol.2. London: Macmillan

Schneidereit, Otto 1975: *Operette A – Z.* Berlin: Henschelverlag

Schönherr, Max 1982: *Lanner. Strauss. Ziehrer. Synoptisches Handbuch der Tänze und Märsche.* Wien-München: Doblinger

Schönherr, Max; Brixel, Eugen 1989: *Karl Komzak. Vater – Sohn – Enkel.* Wien: Österreichischer Bundesverlag.

Schönherr, Max; Ziegler, Johann 1981: *Aus der Zeit des Wiener Walzers.* Dortmund: Harenberg Kommunikation

Schorske, Carl E. 1994: *Wien. Geist und Gesellschaft im Fin de Siècle.* München-Zürich: Piper

Spiel, Hilde 1988: *Glanz und Untergang. Wien 1866–1938.* München: List

Stegemann, Thorsten 1995. *„Wenn man das Leben durchs Champagnerglas betrachtet ...“. Textbücher der Wiener Operette zwischen Provokation und Reaktion.* Frankfurt-Berlin-Bern: Peter Lang

Stoverock, Dietrich 1973: *Die Fledermaus.* [Die Oper – Schriftenreihe über musikalische Bühnenwerke]. Berlin-Lichterfelde: Robert Lienau

Strauß, Eduard 1906. *Erinnerungen.* Leipzig-Wien: Deuticke

Sträuße für Strauß. ÖMZ 1999, H.1–2. Wien

Swarowsky, Hans 1968: Anmerkungen und Revisionsbericht zum Erstdruck der Partitur der Fledermaus. Leipzig: Edition Peters EE 6359

Wagner, Heinz 1997: *Das große Operettenbuch.* Berlin: Parthas Verlag

Weigel, Hans 1978: *Flucht vor der Größe. Sechs Variationen über die Vollendung im Vollendeten.* Graz-Wien-Köln: Styria

Wellek, Albert 1982: *Musikpsychologie und Musikästhetik.* Bonn: Bouvier Verlag

Witeschnik, Alexander 1998: *Oje, oje, wie rührt mich dies. Die Walzer-Dynastie Srauß in Geschichten und Anekdoten.* Wien: Böhlau Verlag

Wunberg, Gotthart (Hrsg.) 1981. *Die Wiener Moderne. Literatur, Kunst und Musik zwischen 1890 und 1910.* Stuttgart: Reclam

Würz, Anton 1988: *Reclams Operettenführer.* Stuttgart: Reclam

Zimmerschied, Dieter 1988: *Operette. Phänomen und Entwicklung.* Wiesbaden: Breitkopf & Härtel

Musikalien

Cagliostro in Wien. Operette in 3 Acten von Richard Genée & F. Zell. Musik von Johann Strauss. Clavierauszug für Gesang u. Piano v. Richard Genée. Aug. Cranz in Hamburg. F.S. 23932

Der Carneval in Rom. Operette in 3 Akten von J. Braun. (Gesangstext von Rich. Genée) Musik von Johann Strauss. Klavierauszug für Gesang und Piano. Leipzig: Aug. Cranz 23 598

Johann Strauß: *Die Fledermaus.* Komische Operette in drei Akten. Text von Carl Haffner und Richard Genée. Originalfassung. Nach den Quellen herausgegeben von Hans Swarowsky Leipzig: Edition Peters EE 6359

Johann Strauß: *Die Fledermaus.* Vorgelegt von Fritz Racek. Wien: Doblinger; Universal Edition 1974 (Gesamtausgabe II: Bühnen- und Vokalwerke, 3)

Die Fledermaus. Komische Operette in 3 Akten nach Meilhac u. Halévy, bearbeitet von C. Haffner und Rich. Genée. Musik von Johann Strauss. Klavierauszug. Edition Cranz C. 43053

Die Fledermaus. Operette in drei Akten nach Meilhac u. Halévy von C. Haffner und Richard Genée. Musik von Johann Strauss. Vollständiger Klavierauszug mit Text, von Anton Paulik. Aug. Cranz C. 50021, J.W. 3015a

Indigo und die vierzig Räuber. Komische Operette in 3 Aufzügen von Johann Strauss. Vollständiger Clavier-Auszug mit Text, eingerichtet von Richard Genée. Wien, C. A. Spina C.S. 22 130–22 154

Nanon ("Die Wirthin vom goldnen Lamm"). Komische Oper in drei Acten von F. Zell und Richard Genée. Musik von Richard Genée. Klavierauszug. Verlag von Aug. Cranz in Hamburg C. 26020

Die Neuausgabe der Partitur in der Neuen Johann Strauß Gesamtausgabe (hrsg. von Michael Rot) war bei Abfassung des Manuskripts noch nicht erschienen.

Bildnachweis

Umschlagabbildung: Österreichischer Bundestheaterverband, Foto Axel Zeininger

Historisches Museum der Stadt Wien: Abb. Seite 2, 76, 98, 103, 115, 140

Bildarchiv der Österreichischen Nationalbibliothek Abb. S. 260

Wiener Stadt- und Landesbibliothek Abb. S. 12, 89, 101, 106, 152,

Archiv der Wiener Staatsoper Abb. S. 198

Österreichisches TheaterMuseum Abb. S. 9

Foto Fayer, Wien Bildteil zwischen Seite 120 und 121

Personenregister

Abraham, Paul 252
Achsel, Wanda 217
Ackermann, Otto 225
Adam, Adolphe 189
Adlmüller, Fred 209
Anday, Rosette 207, 217
Anders, Peter 222
Andrássy, Graf Julius von 261f.
Angerer, Margit 217
Anna Maria Carolina (Kaisersgattin)
    144
Anzengruber, Ludwig 124
Arnold, Alfred 222
Ascher, Leo 143
Audran, Edmond 150

Bach, Johann Sebastian 241
Baltsa, Agnes 230
Batta, András 55, 145
Beck, Carl Isidor 247
Beethoven, Ludwig van 170, 241,
    246, 257
Begemann, Max 222
Beirer, Hans 212
Bejart, Maurice 114
Benedix, Roderich 15ff., 32, 266
Berla, Alois 109
Bernhard, Thomas 120
Bernhardt, Sarah 128
Berry, Walter 211f., 215, 224, 226f.
Bibl, Rudolf 233
Binder, Erich 233
Bizet, Georges 30, 249
Björling, Jussi 225
Bodenstedt, Friedrich Martin von 186
Boesch, Christian 231
Böheim, Franz 210, 224
Böhm, Karl 228

Bohrmann-Riegen, Heinrich 118
Bokor, Margit 217
Bonney, Barbara 231
Boskovsky, Willy 227
Brahms, Johannes 52, 241
Brauer, Herbert 222
Braun, Hans 207
Braun, Joseph 83
Brendel, Wolfgang 230
Brownlee, John 223
Busch, Fritz 111, 223
Byron, Lord George Gordon 185

Cagliostro, Graf Alessandro von
    (Giuseppe Balsamo) 190
Canonero, Milena 212
Ceska, Hilde 209
Cézanne, Paul 264
Chopin, Frédéric 189
Charles-Hirsch, Esther 102
Christ, Rudolf 208, 210, 224
Claus, Lilly 217
Clemenceau, Georges 31
Conrads, Heinz 212
Crémieux, Hector 145
Csáky, Moritz 133
Curzi, Cesare 227

da Ponte, Lorenzo 29
Dallapozza, Adolf 227
Danon, Oscar 226
de la Motte, Diether 42, 50, 68
Decsey, Ernst 63f., 75
Degas, Edgar 264
Delacour, Alfred 111
Dellinger, Rudolf 150, 252
Dermota, Anton 207, 212, 218, 223,
    225